普通高等院校经济管理类"十三五"应用型规划教材
【工商管理系列】

员工招聘与录用
EMPLOYEE RECRUITMENT AND EMPLOYMENT

主　编　孔凡柱　赵　莉
副主编　石萍萍　张　勤　孙甫丽
参　编　田　兰　王　芳　孟涛涛

机械工业出版社
CHINA MACHINE PRESS

图书在版编目（CIP）数据

员工招聘与录用 / 孔凡柱，赵莉主编 . —北京：机械工业出版社，2018.1（2025.8 重印）
（普通高等院校经济管理类"十三五"应用型规划教材·工商管理系列）

ISBN 978-7-111-58694-4

I. 员… II. ①孔… ②赵… III. 企业管理－人力资源管理－高等学校－教材 IV. F272.92

中国版本图书馆 CIP 数据核字（2017）第 301110 号

招聘作为企业获取人才的主要途径，不仅是人力资源管理的一项职能，而且是首要的关键环节，具有"牵一发而动全身"的重要作用。因而，如何保证员工招聘工作的有效性就成为众多企业人力资源管理者关注的首要问题。本书作为"十三五"应用型规划教材，主要介绍了员工招聘与录用的理论和方法，其主要内容包括员工招聘概述、招聘准备与策略、招聘渠道与方法、初步筛选、诊断性面试、评价中心、员工录用和招聘评估。

本书主要适合普通高等学校人力资源管理类专业及参加高校就业指导课程的本专科生使用，也适合企事业单位的管理者、人力资源管理人员和其他理论工作者学习和使用。

出版发行：机械工业出版社（北京市西城区百万庄大街22号　邮政编码：100037）
责任编辑：谢莉琦　　袁 银　　　　　　　责任校对：李秋荣
印　　刷：北京建宏印刷有限公司
版　　次：2025年8月第1版第10次印刷
开　　本：185mm×260mm　1/16
印　　张：16.25
书　　号：ISBN 978-7-111-58694-4
定　　价：45.00元

客服电话：(010) 88361066　68326294

版权所有·侵权必究
封底无防伪标均为盗版

Preface 前　　言

著名管理学大师德鲁克认为："企业资源包括很多，但真正的资源只有一项，就是人力资源。"当今，人力资源对企业的重要性已不言而喻，如何获得所需人力资源是企业管理者的头等大事。招聘作为企业获取人才的主要途径，不仅是人力资源管理的一项职能，而且是首要的关键环节，具有"牵一发而动全身"的重要作用。只有有效地获取人力资源，才能进行必要的人力资源开发与管理，也才能进一步整合企业各项资源，盘活企业经营。因而，如何保证员工招聘工作的有效性就成为众多企业人力资源管理者关注的首要问题，是企业经营实践的内在需求。

虽然科学的制度建设、流程管理、甄选方法等技术性工作在有效招聘过程中发挥着重要作用，但不得不说的是，人才招聘也是由"人"组织实施的，招聘人员的软实力是招聘成功与否的根本性决定因素。因而，如何培养与选择合适的招聘人员就成为企业招聘需要首先解决的问题之一。高校毕业生是企业优秀人才的重要来源已成为毋庸置疑的事实，因此，如何培养既掌握扎实理论又懂得企业实践知识的大学生就成为各高校人才培养的方向之一。尤其是2014年国家提出"应用型人才培养"战略目标以来，这一问题更是成为高校和企业所共同关注的问题。就教学实践而言，如何编写一本适宜的融合理论与实践的应用型教材就自然而然成为高校应用型人才培养所面临的重要问题。本书正是在这一背景下进行筹划编写与组织出版的。

本书是机械工业出版社"十三五"应用型规划教材。本书有三个方面的特点：第一，本书的编写是由高校从事人力资源教学工作的一线教师和企业界从事人力资源管理工作的一线管理者共同承担的，克服了专业教师重理论轻实践、企业管理者重实践轻理论的单层缺陷，实现了理论与实践的双重结合。第二，在内容安排方面，本书在阐述员工招聘相关理论的同时，还介绍了一些员工招聘实践中的操作实务，并辅以图表说明，以利于学生学习和掌握。第三，采用一体化的学习体系。为使读者了解本书的基本内容，引发学习兴趣，在每章开始均设有学习目标和章首案例；为丰富学习内容，在多数章内容中穿插小应用、小案例、小知识等；为便于学生及时总结复习和能力训练，每章后均附有学习建议、课后思考与练习、章末案例、相关链接，以及针对性较强的实训应用。由此所组成的一体化学习体系，使本书在内容安排、体例设计、写作等方面与国际上同类教材接轨，不仅便于教师的教学和学生的学习，而且能够培养学生分析问题和解决问题的能力。

本书的主编是孔凡柱、赵莉，副主编是石萍萍、张勤、孙甫丽，孔凡柱、赵莉负责统稿、整理和定稿，田兰、王芳、孟涛涛参与了部分章节的编写。其具体分工如下：淮阴工学院的孔凡柱、上海冠松集团的王芳、阿思科力（苏州）生物科技有限公司的孟涛涛负责第1~3章，淮阴工学院的赵莉、闽南师范大学的田兰负责第4、6章，长江大学的张勤负责第5章，淮阴工学院的石萍萍负责第7章，南京大学的孙甫丽负责第8章。

在编写本书的过程中，我们参阅和引用了大量国内外学者的著作、论述和研究成果，在此谨向所有著述者表示诚挚的谢意；部分源自互联网的内容由于出处不明，未能一一标出来源，在此向所有隐名作者和资料提供者一并表示感谢。感谢机械工业出版社的编辑在本书编辑与出版过程中给予的大力支持和帮助，他们认真、朴实、细致的工作态度与敬业精神给我们留下了深刻印象，在此向他们表示最真诚的敬意和谢意！

由于作者水平有限，书中错误和疏漏在所难免，恳请读者朋友批评指正并提出宝贵意见，在使用过程中如有任何意见和问题均可发至电子邮箱 tongjihrd@163.com。

孔凡柱
2017年11月于淮安金鼎御庭

Suggestion 教学建议

教学目的

本书是人力资源管理专业的主干课程。本书教学旨在使学生对员工招聘与录用的一般理论、基本工作环节和工作技术有一定的了解及掌握,并结合教学过程中的实践环节,强化具体实践能力的培养,从而能够从事具体的员工招聘与录用各个环节的实践工作。

先修课程

本书的先修课程为人力资源管理、劳动经济学、组织行为学、统计学等。

课时建议

课时建议如下所示。

课时建议

章	教学内容	课时安排		备注
		本科	专科	
第1章	员工招聘概述	4	6	结合章首案例、实训应用、章末案例等使用
第2章	招聘准备与策略	6	4	
第3章	招聘渠道与方法	8	6	
第4章	初步筛选	8	10	
第5章	诊断性面试	10	8	
第6章	评价中心	10	12	
第7章	员工录用	4	6	
第8章	招聘评估	6	4	
合计		56	56	

说明:
1. 在教学时间方面,本书适合32~56学时的教学,教师可根据学生专业情况和人才培养方案等选择适宜的教学学时。
2. 课堂讨论、案例分析等时间已经包括在各章的教学课时内。
3. 实训应用项目时间可根据教学情况灵活掌握,一般情况下,教师可以提前布置给学生预习和准备。
4. 本书若用作培训等教材,建议教师根据学员具体情况选用适宜的教学方法和工具。

目 录 Contents

前　言
教学建议

第1章　员工招聘概述 /1

学习目标 /1
章首案例 /1
1.1　员工招聘的基本内涵 /5
1.2　员工招聘的激发因素 /6
1.3　员工招聘与企业竞争优势 /7
1.4　员工招聘的原则 /8
1.5　员工招聘的影响因素 /12
1.6　员工招聘的基本程序 /15
1.7　我国企业招聘现状及存在的问题 /16
学习建议 /20
核心概念 /20
课后思考与练习 /20
实训应用 /20
章末案例 /20
相关链接 /25

第2章　招聘准备与策略 /26

学习目标 /26
章首案例 /26
2.1　招聘工作的基本前提 /28
2.2　人力资源规划 /28
2.3　工作分析 /39
2.4　招聘需求分析与招聘计划制订 /45

2.5　招聘策略选择 /49
学习建议 /52
核心概念 /52
课后思考与练习 /52
实训应用 /53
章末案例 /54
相关链接 /56

第3章　招聘渠道与方法 /58

学习目标 /58
章首案例 /58
3.1　内部招聘 /59
3.2　外部招聘 /65
3.3　招聘渠道选择 /70
3.4　招聘方法与技术 /72
学习建议 /76
核心概念 /77
课堂讨论题 /77
实训应用 /77
章末案例 /78
相关链接 /81

第4章　初步筛选 /83

学习目标 /83
章首案例 /83
4.1　简历筛选 /85
4.2　申请表筛选 /89

4.3 笔试概述 /91

4.4 笔试的实施技术 /96

4.5 笔试试题样本 /100

学习建议 /108

核心概念 /109

课后思考与练习 /109

实训应用 /109

章末案例 /110

相关链接 /110

第 5 章 诊断性面试 /112

学习目标 /112

章首案例 /112

5.1 面试概述 /113

5.2 面试准备 /119

5.3 面试的实施与评价 /132

学习建议 /138

核心概念 /138

课后思考与练习 /138

实训应用 /138

章末案例 /139

相关链接 /141

第 6 章 评价中心 /142

学习目标 /142

章首案例 /142

6.1 评价中心技术概述 /145

6.2 无领导小组讨论 /152

6.3 角色扮演 /162

6.4 公文筐测验 /169

学习建议 /176

核心概念 /177

课后思考与练习 /177

实训应用 /177

章末案例 /179

相关链接 /181

第 7 章 员工录用 /182

学习目标 /182

章首案例 /182

7.1 员工录用概述 /184

7.2 员工录用的流程与方法 /188

7.3 新员工入职 /195

学习建议 /200

核心概念 /200

课后思考与练习 /200

实训应用 /200

章末案例 /201

相关链接 /202

附录 /202

第 8 章 招聘评估 /229

学习目标 /229

章首案例 /229

8.1 招聘评估概述 /231

8.2 招聘评估内容 /233

8.3 招聘评估方法 /234

8.4 招聘评估方案设计和招聘评估
报告 /243

学习建议 /248

核心概念 /248

课后思考与练习 /248

实训应用 /249

章末案例 /249

相关链接 /251

参考文献 /252

Chapter 1
第 1 章

员工招聘概述

学习目标

1. 掌握招聘的概念和目的
2. 熟悉招聘的原则
3. 理解招聘的意义和需求
4. 掌握影响招聘的因素
5. 理解招聘的基本程序
6. 熟悉我国企业招聘现状及存在问题

章首案例

案例 1　　　　　　　　中国企业人力资源招聘迷局

"知己知彼，百战不殆"。找工作也是如此，求职者都很想知道，企业究竟是如何进行人员招聘的？中国人力资源开发网"2015 年中国企业招聘现状"调查报告，用数据揭示了中国企业招聘的真实状况，为求职者破解招聘"迷局"提供了很好的借鉴。

迷局之一：企业用人是否都需要外部招聘？

调查结果表明，在企业中基层员工以外部招聘为主，中高层管理者，特别是高层管理者，从外部招聘的比例仅占一小部分，大部分管理者由内部提拔、培养或直接任命。在此提醒应聘者，企业中各管理职位外部空降的比例比较小，切忌在各公司之间频繁跳槽以期待更高的职位。尽量在同一公司从基层工作做起，通过自己的努力争取晋升的机会。

迷局之二：企业外部招聘主要选择哪些渠道？

调查表明，目前在我国企业中，各层级员工的招聘大都以网络招聘这种形式为主。猎头公司主要是为企业高层管理者寻觅适当人才的。员工或熟人推荐这种招聘方式目前比较流行，企业认为可信度比较高。人才招聘会也较受企业欢迎，校园招聘会为应届大学毕业生提供了很多基础工作职位。

在企业高层管理者的外部招聘中，选择猎头、网络、报纸、杂志作为招聘渠道的分别占比 45.11%、54.47%、29.57% 和 3.40%。有 46.17% 的企业高层管理者是由员工或熟人推荐而来的，36.17% 的企业选择人才招聘会。

在企业中层管理者的外部招聘中，选择猎头、网络、报纸、杂志作为招聘渠道的分别占比 14.89%、74.04%、38.09% 和 5.96%。有 50.85% 的企业中层管理者是由员工或熟人推荐而来的，57.23% 的企业选择人才招聘会。

在企业一般员工的招聘中，选择猎头、网络、报纸、杂志作为招聘渠道的分别占比 2.77%、59.79%、39.15% 和 4.89%。有 60.85% 的企业一般员工招聘由企业中现有员工或熟人推荐而来，66.17% 的企业选择在人才招聘会上招聘一般员工，37.87% 的企业会在每年的校园招聘会上招聘应届毕业生加盟。

迷局之三：不同层级的岗位竞争状况如何？

一般员工往往"供大于求"，随着应聘职位的不断增高，前来公司参与该职位应聘的人数会相应减少。调查表明，在企业各招聘职位中，一般员工的岗位竞争最为激烈，每个岗位通常会有 50 名以上的候选人前来应聘；中层管理者的岗位，通常在 6～10 名候选人中选择 1 名，而高层管理者的岗位，往往在 3～5 名候选人中选拔。这一数字表明，目前在我国人力资源市场上，一般员工往往是"供大于求"。调查显示，大部分企业能够在面试这一环节中挑选出胜任该岗位的员工并录用，一半以上的新员工基本可以顺利通过试用期，被企业正式录用。

迷局之四：企业选择什么方式对候选人进行评价？

企业对候选人进行评价时，选择的方式以经验考查和知识考查为主。调查表明，企业选拔人才，最注重的是以往的工作经验，以过去的经验作为重要因素来评价候选人能否胜任新工作。大部分企业也很注重知识掌握的程度，而且越是普通员工，就越注重其知识能力。

调查显示，目前我国企业对员工的心理测试重视程度很低，在管理层的选拔上，对应聘者进行心理测试的不足 1/3，普通员工仅有 18.09% 的企业会对其进行心理测试。企业在对候选人进行选拔的时候，没有一套较为完整的测试体系，随意性比较大，精心设计的面试普及率不足 1/3。企业除了对应聘者的知识和经验比较注重外，还特别注重应聘者的各方面背景，特别是高层管理者，多于一半的企业会对其背景进行考察。

迷局之五：企业最看重应聘人员的哪些素质？

调查显示，企业在招聘人员时，看重员工各方面的素质依次是：专业技能 80.21%，工作经验 80.21%，工作态度 70.21%，教育背景 48.09%，忠诚度 46.17%，职业道德 34.04%，年龄 20.21%，性别 7.87%，其他 1.06%。这表明，企业目前在用人方面，最注重的是专业技能和工作经验，很大程度上以此来判断该候选人能否胜任未来的工作。调查显示，多于 1/5 的企业对应聘者年龄很看重，7.87% 的企业对应聘者的性别看重，表明目前企业在用人方面还存在着一定的偏见，不能够一视同仁地选拔人才。

迷局之六：候选人能否被企业录用由谁决定？

调查显示，企业高层管理者的录用与否，公司最高层领导会起决定作用；企业中层管理者的录用与否，主管人力资源（HR）的高层领导的直接影响比较大；而一般员工的录用与否，主要由用人部门和人力资源部门起决定作用。由此可见，HR管理者在企业高层管理者的入职上，所起的决定作用很小，这表明目前中国企业对HR的认可程度还没有达到理想的高度。

资料来源：http://www.gkstk.com/article/wk-5821930373099-5.html.

案例2　　"跨界"招聘：企业发展的新动力

A公司是一家多种行业有机结合的电子商务公司，即具有零售、互联网技术、物流、呼叫中心等多种业态特点的企业。针对这些不同的业务功能，该公司各部门组织架构设置需要借鉴不同行业的特点和经验，也需要来自不同行业的优秀人才，并针对不同行业人群的特点对员工进行不同方式的激励和管理。

作为这个高速增长的新兴行业先行者，无成熟的同行业人力资源组织设置和管理模式可以借鉴，在这种情况下，该企业根据不同部门业态的特点，把各业态的传统行业作为招才纳贤的标杆和借鉴对象。该企业对于新招聘的非技术类人员，并不要求他们对电子商务很熟悉，但要求一定有对应传统行业的工作经验。如仓储部管理层来自传统零售企业的仓储部门，运输部管理层有大型快递行业的工作经历，招商或采购人员曾是知名零售公司以及百货企业的采购和招商人员。这些人员给公司带来许多其他传统行业成熟的管理模式和供应商资源，其丰富的从业经验构成了公司巨大的资源库。

以上是"跨界"招聘的案例，这种现象在我们身边时有发生，只是大多数企业没有发现这种人才招聘的方法，更没有将其提到人力资源管理的高度来考虑与实施。"跨界"招聘对企业发展有着独特的作用，它包括了跨行业、跨专业招聘等。

跨行业招聘

受制于业内优秀人才的紧缺，很多银行正在从投资银行业以外招聘人才，比如在消费品和快速消费品领域，因为这两个行业都已经相当成熟，而且在培训和培养高素质人才方面进行了大量的投资，行业人才也已习惯于跨国公司的工作环境和文化。

同样的情况在房地产行业发生，某品牌地产企业总经理认为，目前房地产行业经营方式还十分粗放，企业如果要持续倍速于本行业平均速度的增长，首先面临的就是人才的挑战，需要向更为成熟的行业学习，如消费品行业的品牌管理、品类细分、客户关系管理，制造业的品质管理、成本管理、流程优化以及售后服务，以及金融业的投资者关系管理等。基于此，该企业陆续引进了这几个行业中拥有国际化视野、完整职业化训练以及良好职业素养的人才加盟。该企业跨行业引进高端管理人才，意在为未来的高速发展突破人才瓶颈，打造新的管理平台。

跨专业招聘

东莞某信息科技公司招聘的岗位是技术支持工程师，却苦于没有合适的人才。该公司是一家机械信息企业，技术支持工程师要有较扎实的机械专业背景，还需要一定的计算机和英语能力。有跨学科的专业背景、学习能力强的求职者，是该企业青睐的目标对象。

深圳某科技发展公司技术部急需无线网络规划工程师，这同样是一个跨学科岗位，需要应聘者具备无线电和计算机知识。目前IT和机械、电子等行业的融合越来越多，但学校里迟迟不见开设类似的交叉学科专业，业界只得疯抢这类有经验的技术人员。

随着各行业、各专业之间的相互渗透，行业、专业之间的边界越来越模糊，互融互通，编织成愈来愈密集而复杂的网状结构，而新的商机发掘与管理提升往往产生于这些网格的节点。在本行业与本专业领域内无法解决的问题，如果能恰当地运用其他行业与专业领域的理论、方法和技术手段，换一个思维角度，很可能就豁然开朗。

尤其在高科技领域，专业的交叉与综合是技术创新的源泉活水，高科技的发展需要一大批具有跨学科视野和思维，具备多学科理论与方法，并善于学习、借鉴其他学科成果的高层次人才。

企业发展到一定阶段，必然需要考虑引进与培养具有复合型知识背景的高层次人才，因为跨行业、跨专业的知识背景和方法能够使这些高端人才自如应对瞬息万变的市场，妥善处理各种复杂问题，有效推进知识创新、技术创新和制度创新。当然，"跨界"招聘与培养人才是一个系统工程，要从人力资源管理的各环节入手，进行通盘考虑和统筹兼顾。

招聘是人才培养的起始环节，跨专业培养复合型人才的一个重要方面就是招收一定数量优质的跨行业、跨专业人才。因此，首先，企业要制定专门的政策，鼓励和支持"跨界"人员应聘，消除人为设置的门槛。

其次，招聘笔试题目的设置要突出综合性和基础性，减少纯专业性试题，要有意识地打破行业与专业界限，选择一些交叉的热点问题作为笔试题目，鼓励应聘者从不同视角分析和解答同一问题，对于灵活运用其他行业、专业理论与方法回答并言之成理、有创新见解的应聘者要给予认可。

再次，在面试环节，要注重考查应聘者知识的广度、深度，以及能力结构与素质结构的复合性程度；要考查应聘者运用知识解决问题的能力、口头表达能力和应变能力；对"跨界"应聘者，要有意识地提出一些与其原有专业背景相关的前沿问题，以检验其是否具备跨学科的思维方式。

最后，在录取环节，要在同等条件下优先录取"跨界"人才。通过招聘面试各环节的系列安排，营造一种有利于"跨界"人才脱颖而出的氛围，并从制度和政策上对其给予倾斜和扶持。

HR团队来源也需要"跨界"

对于"跨界"招聘岗位人才来源的目标行业、企业、层级，均需制定明确的任职资格要求。例如，对总监、经理等各级别的候选人在原行业的工作背景和工作经验设定具体的工作年限与岗位胜任力要求。为此，人力资源部团队也应由来自不同行业的人力资源从业者构成，比如在招聘团队中为各业务模块配备相应的专业招聘人员，也就是说，招聘人员必须是"跨界"的。

本案例开头提到的 A 公司，负责技术部员工招聘的 HR 来自互联网行业和高科技公司，负责招商和采购员工招聘的 HR 来自传统的零售百货业，负责物流管理层招聘的 HR 团队则大部分具有多年的物流行业人力资源管理经验。HR 团队的"跨界"策略，使得人力资源同事对各功能模块所对应的不同行业业态、行业中的企业状况、人员状况和组织设计、人才需求的特点与胜任力要求都非常熟悉，因此可以游刃有余地开展工作，这大大提高了人力资源各项服务的专业度和效率，也直接支持了公司各部门业务的快速发展需要，人力资源部在公司高速发展阶段的组织设计和变革管理中，发挥了有力的引擎作用。

由于"跨界"人才可能来自不同的行业，因而企业吸纳和保留人才需要面临不同的人员群体，针对这一情况企业可为不同的人员群体制定相匹配的薪酬体系。当然，由于薪酬福利设计与管理工作是一项难度较大的工作，因而只有企业在大规模招聘"跨界"人才，并且业务功能模式设置与"跨界"人才聚集状况紧密结合时，才需要设计个性化的薪酬策略。人力资源部在薪资调查的基础上，在确定各部门和岗位的薪资水平或标准时，可参考其业务功能模式所对应行业的薪资水平，也就是说不同的业务部门分别对应不同的行业薪酬方式。比如以提成制为主的销售部门可采用"底薪＋提成"制，而对仓储物流的员工，针对其工作性质和特点，则可采取更具激励性的计件制计薪方式。

企业在应届生起薪、调薪幅度、管理序列和技术序列晋升与薪酬福利项目等方面均可设计灵活的策略，量体裁衣定制化地满足不同"跨界"人才的心理需求，并提升市场竞争力。微软公司首席研究及战略执行官科瑞格·蒙迪表示："企业界正以一个更快的速度朝前发展，我们在不断挑战传统，不断冒各种各样的风险……人类面临的问题已经非常复杂，要想解决这些问题，单靠一个学科的人，靠一个人的知识是解决不了的，因此我们很看重人才跨学科思考解决问题的能力和团队合作能力。"企业"跨界"招聘将逐渐成为一个趋势，对企业人力资源管理提出新的课题，有远见的企业一定会提前做好"跨界"人力资源规划工作，前瞻性地构筑人才竞争优势，以使企业赢得持续发展的新动力。

资料来源：HRoot, http://www.hroot.com/contents/16/260356.html.

1.1 员工招聘的基本内涵

人是企业之本，企业成功的决定性因素是人。古往今来，人与才被称为企业发展的两驾马车。在知识经济时代的今天，企业间的竞争越来越激烈，要想在这场竞争中取得最终的胜利，归根结底是人才的竞争。人力资本已经成为比物质资本更重要的资本，它是企业提高自己核心竞争力的关键所在。比尔·盖茨曾说过："将我们公司最好的20人拿走，微软在世界上将变得无足轻重。"可见，企业要想长久发展重点在人力资本。招聘作为企业获得人力资本的主渠道，自然要被给予极大的重视。

员工招聘是组织为了发展的需要，根据人力资源规划和工作分析的数量与质量要求，通过信息的发布和科学的甄选，从组织内外获得组织所需人才，并安排他们到组织所需岗位上工作的过程。R.韦恩·蒙迪认为，招聘是能及时地、足够多地吸引具备资格的个人，并鼓励他们加入到组织中来工作的过程。通过招聘，企业能够获得高质量人才，引进先进的思想理念，提高核心竞争力；通过招聘，企业可以向外界展示自身实力，提高企业知名度。

员工招聘是企业整个人力资源管理活动的基础，直接关系到企业人力资源的形成，有效的招聘工作不仅可以提高员工素质、改善人员结构，也可以为组织注入新的管理思想，为组织增添新的活力，甚至可能给企业带来技术、管理上的重大革新。同时，员工招聘是人力资源管理其他职能活动的基础，有效的招聘可以为员工培训、绩效管理、薪酬管理、劳动关系等人力资源管理的获得奠定基础。

1.2　员工招聘的激发因素

员工招聘虽是企业获得人才的重要途径，但员工招聘不是一项可以"随便"的工作，需要全盘考虑和计划。在这其中首先需要解决的问题是"是否需要招聘"，这就要清楚企业产生招聘的原因。一般而言，企业产生招聘需求有如下几种情况。

（1）新公司成立。企业在设立新的子公司、设立新的职能部门、开拓新业务时往往需要招聘大量新员工以满足新的需求。

（2）员工队伍结构调整。为保持员工队伍的活力，需要适时地对员工队伍结构进行优化调整，当企业员工队伍结构失衡时需要进行招聘以补充新鲜血液。

（3）现有职位因晋升、辞退、辞职等原因发生永久性空缺。虽然有效的招聘可以降低人才流失率，但绝对的人才零流失是无法实现的。企业可能会因为晋升、退休、辞退和员工离职等原因而产生职位的长久性空缺，从而产生招聘需求。

（4）公司业务扩大，导致人手不足。企业成长都经历了从无到有、从小到大的过程，这期间会伴随公司业务的不断扩大，而产生新的人才需求。

（5）为改造企业文化而引进高层管理人员和专业人才。文化的作用越来越被企业所看重，培育优良的、富有特色的企业文化均被许多企业列为重大事项。但是新的企业文化的创建必须要突破原有文化的束缚和阻力，这就往往需要强有力的外来文化的推动和支撑。

（6）根据企业发展战略和人力资源战略的规划或预测，提前培训或储备一批人才。人才重要性的突显，促使越来越多的企业重视人才储备工作。因为，为企业未来发展储备人才也成为企业招聘的激发因素之一。

1.3 员工招聘与企业竞争优势

人才对于企业发展的重要意义已毋庸置疑,尤其是处于知识经济时代的今天,人力资源的重要性更加突显,已经上升到了企业战略层次,虽然这种说法已然成为一种"陈词滥调",但无论如何,这并不能改变它是真理的事实。人力资源一直是也仍将是一家企业成败的决定因素,谁拥有优秀的人力资源谁就能在激烈的竞争中获得优势。一言概之,人力资源已经成为企业获取竞争优势的最有力工具。

人力资源管理专家戴维·尤里奇（Dave Ulrich）是最早提出人力资源这一概念的管理学家。他认为,在不断变化的高科技驱使下的商业环境中,发现和留住人才将替代产品特色与成本领先成为竞争的重点。正如足球队、篮球队等体育团体积极网罗最佳人才而展开激烈的竞争一样,成功的企业将是那些最善于吸引、发展和留住具备必要技能与经验的人才的企业。招聘是人力资源管理的重要职能活动,是获取企业所需人才的最重要途径,有效的招聘活动自然能给企业带来所需人才,为企业构筑竞争优势。就招聘活动本身而言,其对企业竞争优势的作用主要表现在如下几个方面。

（1）降低企业成本。人力资源管理是一个计划、组织、指挥、协调和控制的过程,其核心是有效地配置企业人力资源,以实现企业的目标。具体来说,根据企业发展战略和目标的要求,获得具有较高素质的人力资源,并将他们安排到合适的工作岗位,既不人浮于事,也不因人设庙,这个环节本身就能大大节约劳动成本。另外,通过有效的招聘获得高素质员工,其培训和开发成本也因此而减少,同样也会因此而降低人才管理成本,并能够有效地提高员工的劳动效率和效益。

（2）降低人才流失率。正常的人才流动可以盘活企业人力资源,发挥人力资源的最佳状态,但人才流失却会给企业带来较大损失。就招聘成本而言,企业每招聘一名员工所花费的成本大约是该员工 6 个月的薪酬,员工要在公司工作 12 个月左右才能弥补企业招聘所花费的成本。有效招聘可以使企业更多地了解应聘者来企业应聘的动机与目的,找到符合企业发展需要,能够与企业共同发展的员工。同时,可以通过现实工作预览等方式让应聘者了解企业岗位需求和未来可能的工作状况,以降低新进人才的流失率,进而降低企业人才招聘成本。通过此种方式获取的员工对企业的认可度较高,可以实现愉快工作,增强企业内部凝聚力,降低人才维护成本,提高企业的人才工作效率。

（3）扩大企业知名度、提高企业美誉度。品牌是一种重要的无形资产,优良品牌的形象建立需要企业付出巨大成本。有效的招聘有助于企业扩大知名度、提高美誉度。一般认为,企业在规模扩张阶段才会产生人才招聘的需求,企业开展招聘活动不但可以使更多的社会公众认知到该企业的存在,也会使大众产生企业经营状况良好的正面认知,从而提高企业的知名度和美誉度。另外,就具体招聘活动而言,招聘人员在招聘过程中所表现出的正面形象（如完美的招聘过程组织、彬彬有礼的儒雅风度等）会促使求职人员产生对企业的正面认知,无形中提高了企业美誉度。有些企业还通过高薪、开展颇具规模和档次的招聘活动等方式吸引人才，同时也展现了企业实力，提高了企业美誉度。

（4）为企业注入新的活力，增强企业创新力。一个有效的招聘系统，不但能招聘到合适的人才，而且能够通过企业内部员工的合理配置为每一位员工找到适合的岗位。新招聘员工不仅能够将新的思想、方法、技术和工作模式等带入工作中，而且可以推动企业的制度创新、管理创新和技术创新。合理的人员配置系统也能够使新录用员工找到自己适合的岗位，有利于其积极性、主动性、创造性和潜能的发挥，最终实现人与企业的共赢。

1.4 员工招聘的原则

员工招聘的原则即是企业在员工招聘中所应遵循的规则，在招聘实施过程中既要考虑外部环境的约束，又要以能实现企业招聘目的为前提。由于用人政策的差异，不同企业可能会有不同的招聘原则，但一般来说员工招聘应遵循以下几个原则。

1. 能岗匹配原则

能岗匹配原则是员工招聘的首要原则，是指在企业招聘过程中应尽可能使人的能力与岗位要求的能力相一致。它包含两个方面的含义：一是指某个人的能力完全胜任岗位的要求，即所谓的人得其职；二是指岗位所要求的能力这个人完全具备，即所谓职得其人。能岗匹配原则是尽可能使人的能力与岗位要求的能力匹配，这种匹配包含着恰好的意思。因此，企业在招聘时应招聘最适合岗位要求的人，而不是一味追求"高层次"，这既是企业持续发展的需要，也是企业成本管理的需要。

2. 双向选择原则

用人单位根据自身发展和岗位的要求自主地挑选员工，劳动者根据自身能力和意愿，结合劳动力市场供求状况自主地选择职业，即企业自主选人，劳动者自主择业。双向选择原则一方面能使企业不断提高效益，改善自身形象，增强自身吸引力；另一方面还能使劳动者为了获得理想的职业，努力提高自身的知识水平和专业素质，在招聘竞争中取胜。

3. 高质量基础上的效率优先原则

效率高的一方能在激烈的市场竞争中赢得主动权，人员招聘工作也不例外。效率优先在招聘中的体现就是根据不同的招聘要求，灵活选用适当的招聘形式和方法，在保证招聘质量的基础上，尽可能降低招聘成本。一个好的招聘系统，能够保证企业用最少的雇用成本获得适合职位要求的最佳人选；或者说，以尽可能低的招聘成本录用到同样素质的人员，即体现效率优先原则。

4. 竞争、择优、全面的录用原则

员工招聘必须制定科学的考核程序、录用标准，选择合适的测试方法来考核和鉴别人才。只有根据测试结果的优劣来选拔人才，才能真正选到良才。在强调择优的同时注重全面的原则，对应聘人员的品德、知识、能力、智力、心理、过去工作经验和业绩进行全面考察。对知识面广、综合素质高的人才，还要重视他们的发展前景、未来的能力贡献等方面因素。

5. 多元化原则

世界之大无奇不有，实际上讲的就是多元化，只有实现了多元化世界才会变得美丽多娇，千万花朵才能争奇斗艳。企业是社会的一个重要组成部分，只有实现了企业的多元化存在，才能满足人类的不同需求。企业内部也是一样，企业内部有多重不同部门，负责不同业务，这就要求企业招聘不同类型的人以满足不同业务的需求。另外，即使同一业务部门、同一岗位的员工也应考虑人才的多样化，这样才能实现人才的优势互补，发挥 1+1>2 的叠加效应。试想，如果《西游记》中的取经团队是四个孙悟空或四个唐僧，四个猪八戒或四个沙和尚，他们会最终取得成功吗？

【小案例】　　　　同质化的高层管理者与企业倒闭

英国有一家轮胎公司，最高管理层有五个人，他们是同一所大学同一个系毕业的，大学毕业之后这五个人又考上了同一所大学的 MBA，然后一起担任这家公司的高级管理人员。平时这五个人都住在同一个小镇上，他们去同一家超市买东西，星期日一起去同一所教堂做礼拜。这五个人平日里总是形影不离，他们一起共同构筑生活的理想。不幸的是，这家公司后来倒闭了，这五个人也因此同时丢了饭碗。

资料来源：作者收集于互联网。

6. 价值观匹配原则

每家企业都有自己的企业文化和价值观，如果新员工认同企业价值观，则能较好地融入企业，否则可能会带来较强的负面效应。这就要求企业在招聘员工时要重点测量员工的价值观是否与企业已有的价值观相吻合，只招和公司价值观吻合的人。通用电气是价值观招聘的典型代表，前总裁杰克·韦尔奇先生按照价值观和能力两个维度，把员工划分为四类：第一类是能力很高，对公司价值观也很认同的，此类人是企业最需要的；第二类是能力不高，价值观也不认同的，此类人是肯定要淘汰的；第三类是能力很强，但价值观认同度非常低的，此类人也是不用的；第四类是能力一般，但价值观认同度非常高，这样的人是给机会的。韦尔奇先生将第三类人当作害群之马，原因有二：一是他本身和公司是拧着的，你没有办法去用他；二是他很能干，能力很强，还可能会把别人带坏，他说的话，没准员工会相信，最后你要用他，就比较麻烦。

资料链接

华为招聘原则

在企业中，由于高层管理者之间存在着教育文化背景的差异，并因此影响了他们用人的理念，经常是人事经理推荐的候选人被用人经理否决，而用人经理看重的人又得不到人事经理的赞同。因此要想提高招聘效率，必须建立一个大家公认的招聘原则。

华为认为，看一家企业的招聘是否有效，主要体现在以下四个方面：一是是否能及时招到所需人员以满足企业需要；二是是否能以最少的投入招到合适人才；三是把所录用的人员放在真正的岗位上是否与预想的一致，是否适合公司和岗位的要求；四是"危险期"（一般指进公司后的六个月）内的离职率是否为最低。

根据以上四个方面，结合公司的具体实际，华为制定了一套详细的招聘原则，力求实现招聘效益的最大化。

原则1：最合适的，就是最好的

标准要求是具体的、可衡量的，以作为招聘部门考察人、面试人、筛选人、录用人的标杆。因为人才不是越优秀越好，只有合适的才是最好的。

在华为，所谓"合适"，其标准如下：

（1）企业目前需要什么样的人？这是"软"的素质，这是由企业文化决定的，即选人是德才兼备、以德为先还是以才为先？是强调个性突出还是团队合作？是开拓型还是稳健型？等等。这些主要侧重于考察应聘者的兴趣、态度、个性等。

（2）岗位需要什么样的人？这就是"硬"的条件，人力资源部门通过职务分析明确岗位需要具备的学历、年龄、技能、体能等。这些侧重于考察应聘者的能力、素质等。只有掌握了标准，招聘人员才能做到心中有数，才能用心中的这把"尺"去衡量每一位应聘者，否则稀里糊涂，根本没有办法从众多的应聘者中挑出企业所需要的人，更严重的是若是经过"层层筛选"出来的优秀人才在试用一段时间后发现原来并不适合本企业，那么将造成企业财力和精力的极大浪费。

原则2：强调"双向选择"

此条原则即树立"双向选择"的现代人才流动观念，与应聘者特别是重点应聘者（潜在的未来雇员）平等地、客观地交流，双向考察，看彼此是否真正适合。华为在进行招聘的时候，会特别向招聘人员强调"双向选择"这条原则，绝不能为吸引应聘者，故意美化、夸大企业，对企业存在的问题避而不谈，以致应聘者过分相信招聘企业的宣传而对企业满怀期望。一旦人才进入企业，发现企业实际上并没有原先设想的那样好，就会产生失落、上当受骗的感觉，挫伤工作积极性。因此，无论是在最初的招聘现场，还是在最后一轮面试的双方交流中，华为始终把彼此满意作为获取人才的基础。特别是在最后安排应聘者与相关负责人谈话和吃饭的时候，负责人会把发展前景、发展现状、普遍存在的问题等实事求是地向应聘者做客观的介绍。

原则 3：招聘人员的职责 = 对企业负责 + 对应聘者负责

招聘人员既要对企业负责，也应对应聘者负责，要树立"优秀≠合适，招进一名不合适的人才是对资源的极大浪费"的观念。在华为，招聘部门会在每年年初就主动地参与企业和部门的人力资源规划，深入一线了解企业内部人员流动去向，随时掌握企业在各阶段的用人需求，以采取合适的招聘策略，及时为企业输送所需人才。

原则 4：用人部门要现身考场

在传统观念中，招聘是人事部门的事，用人部门只管提出用人需求。实际上，只有用人部门对自己需要什么样的人最清楚，而且招进来的人的素质和能力直接关系到部门的工作成效。宝洁前首席执行官说："在公司内部，我看不到比招聘更重要的事了。"由此可见，招聘不只是人力资源部的工作，而是上至 CEO，下至部门主管所有人的工作。在招聘的过程中，华为会要求具体的用人部门和招聘部门一起完成招聘工作，华为甚至认为用人部门对招聘的配合、支持程度如何，直接决定了招聘的成败。

原则 5：设计科学合理的应聘登记表

有的企业会事先设计一张科学合理的应聘登记表，让应聘者填写企业需要特别关注的项目，通过面试前审查应聘者填写的资料，招聘企业可以淘汰一大部分明显不符合企业要求的人员，筛选出意向对象邀请其参加面试。华为的应聘登记表经过科学的设计，一张小小的表格就能基本反映出一个人的所有情况，例如在华为的应聘登记表上把软件细分为系统软件和应用软件，大大降低了面试的时间。

原则 6：人才信息储备就是给企业备足粮草

在招聘实践中，常会发现一些条件不错且适合企业需要的人才，因为岗位编制、企业阶段发展计划等因素限制无法现时录用，但企业很可能在将来某个时期需要这方面的人才。华为绝不会轻易与这些人才擦肩而过，华为的人力资源中心会将这类人才的信息纳入企业的人才信息库（包括个人资料、面试小组意见、评价等），不定期地与之保持联系，一旦将来出现岗位空缺或企业发展需要，即可招入麾下，既提高了招聘速度也降低了招聘成本。

华为每年都会从高校和社会上招聘大量的人才，在招聘和录用中，招聘人员最注重应聘者的素质、潜能、品格、学历，其次才是经验。按照双向选择的原则，在人才运用、培养与发展上，提供客观且对等的承诺。华为有严格的面试流程，一般来说，一个应聘者必须经过人力资源部、业务部的主管等环节的面试，以及公司人力资源部总裁审批才能正式加盟华为。

为了保障人员招聘的实际效果，华为会在正式招聘之前建立一项面试资格人管理制度，对所有的面试考官进行培训，合格者才能获得面试资格。而且公司每年对面试考官进行资格年审，考核把关不严者将取消面试资格。华为认为，招聘人员是公司招聘人才的第一道门槛，如果这些人自身素质都很一般，那么是不可能指望他们能独具慧眼地选拔出公司需要的优秀人才的。

资料来源：作者根据网络资源整理。

1.5 员工招聘的影响因素

企业是一个开放的系统,其行为方式会受到外界各种因素的制约,作为企业人力资源管理活动重要组成部分的员工招聘也会受到多种因素的影响。企业具体招聘渠道和方式的选择,以及招聘策略和招聘习惯等往往是多种因素共同作用的结果。影响企业招聘的因素可归纳为外部因素、内部因素和个人因素三大类。

1.5.1 外部因素

(1) 社会经济制度和宏观经济形势。企业作为社会的一个组成部分,其经营和运营方式必然会烙有社会经济制度的影子。我国传统的计划经济体制限制了人才的发展,改革开放以来,企业的公开招聘制度逐步完善,招聘的方式与方法也日趋科学和完善。宏观经济形势对企业招聘的影响主要表现在三个方面:①宏观经济形势会影响企业的经营状况,进而作用于企业招聘的需求;②宏观经济形势中的通货膨胀会影响企业招聘的成本;③政府对宏观经济的调控直接影响企业的发展,进而影响企业吸纳人才的能力。

(2) 国家的政策法规。一般意义上,国家的法律法规对企业的招聘活动具有限制作用,它往往规定了企业招聘活动的外部边界。国家的政策法规从客观上界定了企业人力资源招聘的对象选择和限制条件,企业的员工招聘应该在国家政策法规限定的框架内进行,不能与之相违背。目前,《劳动法》和《劳动合同法》是我国就业领域的两部最重要的法律。此外,各地区和各行政部门可能会依据国家的法律法规,结合自身情况制定相应的地方性法规和行政规章制度,这些也是企业招聘所必须遵循的。

(3) 传统文化及风俗习惯。传统文化及风俗习惯对招聘的影响是潜在的、惯性的、顽固的,甚至是缺失理性的。例如,日本的终身雇用制度至今仍非常强烈地影响着日本企业的招聘模式,以及员工的就业前景。中国几千年积淀而成的传统文化也形成了对某些职位的固定看法,这些看法直接影响了企业招聘和求职者。正如鲁迅所说的"因袭的重负"的影响力是很大的。"官本位"的思想使人们更加看重职位和发展空间;传统的"三教九流"的职业分类依然使某些人不能正确评价某些岗位的价值和贡献,硕士研究生应聘清洁工引起社会的广泛议论就是最好的例证;"重男轻女"的思想也使一些企业在招聘中忽略了女性的才华。

(4) 外部劳动力市场。由于外部招聘主要是在劳动力市场进行的,因此市场的供求状况会影响招聘的效果,当劳动力市场的供给小于需求时,企业吸引人员就会比较困难,相反,当劳动力市场的供给大于需求时,企业吸引人员就会比较容易。在分析外部劳动力市场的影响时,一般要针对具体的职位层次或职位类别来进行。例如,现在技术工人的市场比较紧张,企业招聘这类人员就比较困难,往往要投入大量的人力、物力。

(5) 竞争对手。在招聘活动中,竞争对手也是非常重要的一个影响因素。应聘者往往是在进行比较之后才做出决策的,如果企业的招聘人员、招聘政策和竞争对手之间存在差距,那么就会影响企业的吸引力,从而降低招聘的效果。

【小作业】

请列出你所知道的有关招聘的法律法规和相关制度,以及你所在地区的文化和风俗习惯,并谈谈这些文化和风俗习惯与企业招聘可能存在的内在联系。

1.5.2 内部因素

(1)企业的经营战略和用人政策。一家企业的战略类型、战略决策的层次和企业文化等都会对企业的招聘产生影响。不同的企业发展战略对人员的需求量不同,而且在不同的发展战略下,企业招聘活动的重点也是不同的。企业高层决策人员的用人政策不同,对员工的素质要求也不同,同时,高层决策人员对内部招聘和外部招聘的倾向性看法,也会影响企业招聘的方式与方法。

(2)企业自身的形象和条件。一般来说,企业在社会中的形象越好,就越有利于招聘活动。良好的企业形象会对应聘者产生积极的影响,引起他们对企业空缺职位的兴趣,从而有助于提高招聘的效果。在当今社会中,个人所得往往被认为是自身价值的体现,是社会对自己的认可,不少求职者会着重关注企业所提供的福利待遇。在实际招聘中,公司也常常"打待遇牌",用高薪吸引人才。

(3)职位的性质。职位根据性质可以分为适需性和储备性职位。职位不同,招聘方法也应不同。高层管理者的招聘必须综合使用多种方法;特殊人才的招聘可以借助猎头公司和专业的评价中心;普通员工的招聘应考虑解约成本,而储备性人才的招聘则应与企业发展战略相结合,综合考虑他们的短期安排和长期发展。

(4)企业的招聘预算。企业的招聘预算对招聘活动有着重要的影响。充足的招聘资金可以使企业选择更多的招聘方法,扩大招聘的范围。例如,公司可以选择强势媒体来发布招聘广告。相反,有限的招聘资金会使企业进行招聘时的选择大大减少,这会对招聘效果产生不利的影响。

1.5.3 个人因素

个人因素是往往容易被忽略的影响企业最终招聘效果的因素,具体而言,个人因素包括招聘者的个体因素和求职者的个体因素两个部分。

(1)招聘者的个人特质。企业招聘者的个人特质会对最终的招聘结果产生影响。较好的个人形象、文雅的谈吐、温和的态度等积极特质会对求职者产生正向吸引,进而增加求职者接受企业应聘条件的概率。具体而言,招聘者的个人特质可以从以下几个方面来判定。

1)人的品德和外在形象。作为企业的招聘者应该具备良好的个人品格和修养,为人正直、客观、公正。在面试过程中,主考官代表着企业的形象,是联结企业和求职者的桥梁。他们应使每位求职者在与其的接触中感受到企业的文化及价值观。

2)学历。学历是个人能力的体现。在获得学历的过程中,个人是需要付出努力,掌握必备的知识与技能的,所以学历的高低能够体现招聘者的能力。

3）专业知识与经验。人力资源甄选人员具备人力资源专业或者其他相关管理专业的背景能够更好地掌控面试过程、挑选人才。相关研究显示，人力资源专业知识和工作经验与沟通能力、分析能力、识人能力、解决问题能力、服务意识能力、值得信赖能力、亲和力、自我控制能力、适应能力有较高或很高的正相关显著关系。

此外，招聘者能否准确地把握职位的潜在要求，能否熟练运用各种面试技巧控制面试进程，公正、客观地评价求职者，是否掌握人员测评技术等都会影响招聘的结果。

（2）求职者的求职动机和强度。求职者的求职动机和强度决定了求职者对所应聘职位的渴求程度。虽然求职者的求职动机和强度会受到诸如个人背景与经历以及个人财务状况等因素的影响，但总体而言，求职强度高的应聘者更容易接受企业的应聘条件，求职成功率高，反之亦然。对于求职动机的测量目前已有相当多的方法和技术，比较流行的是"职业锚"理论，以下将对此做简要介绍。

📥 资料链接

"职业锚"理论

"职业锚"是由美国埃德加 H. 施恩教授提出的，他认为职业规划实际上是一个持续不断的探索过程。在这一过程中，每个人都在根据自己的天资、能力、动机、需要、态度和价值观等慢慢地形成较为明晰的与职业有关的自我概念。施恩还说，随着一个人对自己越来越了解，这个人就会越来越明显地形成一个占主要地位的"职业锚"。所谓"职业锚"就是指当一个人不得不做出选择的时候，他无论如何都不会放弃的职业中的那种至关重要的东西或价值观。正如"职业锚"这一名词中"锚"的含义一样，"职业锚"实际上就是人们选择和发展自己的职业时所围绕的中心。一个人对自己的天资和能力、动机和需要以及态度和价值观有了清楚的了解之后，就会意识到自己的"职业锚"到底是什么。随着这几年的理论研究的发展，"职业锚"的类型从原来的五种发展为八种。

（1）技术/职能型：技术/职能型的人，追求在技术/职能领域中的成长和技能的不断提高，以及应用这种技术/职能的机会。他们对自己的认可来自他们的专业水平，他们喜欢面对来自专业领域的挑战。他们一般不喜欢从事一般的管理工作。

（2）管理型：管理型的人追求并致力于工作晋升，倾心于全面管理，独自负责一个部分，可以跨部门整合其他人的努力成果，他们想去承担整个部分的责任，并将公司的成功与否看成自己的工作。他们一般具有较强的分析能力、人际关系处理能力和感情控制能力。

（3）自主/独立型：自主/独立型的人希望随心所欲地安排自己的工作方式、工作习惯和生活方式。追求能施展个人能力的工作环境，最大限度地摆脱组织的限制和制约。他们宁愿放弃提升或工作扩展的机会，也不愿意放弃自由与独立。

（4）安全/稳定型：安全/稳定型的人追求工作中的安全与稳定感。他们可以预测将来的成功从而感到放松。他们关心财务安全，例如退休金和退休计划。稳定感包括诚信、忠诚以及完成老板交代的工作。尽管有时他们可以达到一个高的职位，但他们并不关心具体的职位和工作内容。

（5）创业型：创业型的人希望运用自己的能力去创建属于自己的公司或创建完全属于自己的产品（或服务），而且愿意去冒风险，并克服面临的障碍。他们想向世界证明公司是他们靠自己的努力创建的。他们可能正在别人的公司工作，但同时他们在学习并评估将来的机会。一旦他们感觉时机到了，他们便会走出去创建自己的事业。

（6）服务型：服务型的人指那些一直追求他们认可的核心价值，例如帮助他人，改善人们的安全，通过新产品消除疾病。他们一直追寻这种机会，这意味着即使变换公司，他们也不会接受不允许他们实现这种价值的工作变换或工作提升。

（7）挑战型：挑战型的人喜欢解决看上去无法解决的问题，战胜强硬的对手，克服无法克服的困难障碍等。对他们而言，参加工作或职业的原因是工作允许他们去战胜各种不可能。新奇、变化和困难是他们的终极目标。如果事情非常容易，它将马上变得非常令人厌烦。

（8）生活型：生活型的人喜欢允许他们平衡并结合个人需要、家庭需要和职业需要的工作环境。他们希望将生活的各个主要方面整合为一个整体。正因为如此，他们需要一个能够提供足够的弹性让他们实现这一目标的职业环境，甚至可以牺牲他们职业的一些方面，如提升带来的职业转换，他们将成功定义得比职业成功更广泛。

不同类型的人会围绕着自己的"职业锚"，设计职业生涯，寻找未来适合自己的工作。

1.6 员工招聘的基本程序

为保证招聘工作的科学规范，提高招聘效果，招聘活动要按照既定的程序进行，一般而言，员工招聘的基本程序划分为如下几个步骤：确定招聘需求、员工招募、员工甄选、员工录用和招聘评估，如图 1-1 所示。

1.6.1 确定招聘需求

确定招聘需求是员工招聘的首要工作，包括数量和质量两个方面。确定招聘需求就是要准确地把握组织对各类人员的需求信息，确定人员招聘的种类和数量。这项工作需要以人力资源规划和工作分析为前提与基础，通过人力资源规划和工作分析这两项前期工作来明确招聘需求与招聘工作特征及要求。

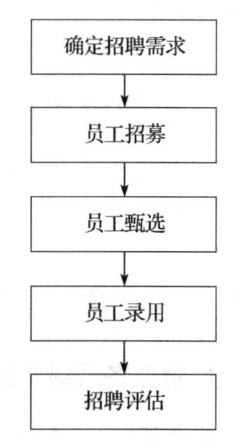

图 1-1 员工招聘的基本程序

1.6.2 员工招募

员工招募是一个寻找与吸引一群可由其中选出合格候选人的过程。在确定招聘需求之后，企业要选择合适的招聘渠道和相应的招聘方法，吸引合适的应聘者，以达到适当的效果，这一过程就是员工招募。简单来说，员工招募即是通过各种方法尽可能多地吸引应聘者前来应聘。员工招募主要包括两个步骤：一是发布招聘信息；二是接待应聘者，获取企业所需的应聘者的相关资料。

1.6.3 员工甄选

员工招募为企业吸引到了合适的应聘者数量，但并不是所有应聘者都符合企业需求，企业要运用科学的方法对应聘者的任职资格和对工作的胜任程度进行系统的、客观的测量与评论，从所有的应聘者中选择出最适合企业需要的那部分人员，这一选择的过程称为员工甄选。员工甄选的具体方法将在本书后续章节中详细介绍。

1.6.4 员工录用

员工录用是依据选择的结果做出录用决策并进行安置的活动，主要包括录用决策、发送录用通知、办理录用手续、员工的初始安置、试用、正式录用等内容。在这个阶段中，招聘者和应聘者都要做出自己的决策，以便达成个人和工作的最终匹配。

1.6.5 招聘评估

招聘评估是招聘工作的最后一个步骤，招聘评估可以帮助企业发现在招聘过程中存在的问题，以对招聘进行优化，提高以后的招聘效果。招聘评估主要包括两个方面：一是对照招聘计划对实际招聘录用的结果进行评价和总结；二是对招聘工作的效率进行评估，以便发现招聘中的问题，有利于企业不断改进招聘方式，以指导下一轮招聘工作高质量的进行。

1.7 我国企业招聘现状及存在的问题

本书主要根据2016年中国企业人力资源招聘现状调查报告进行部分整理，以使学生能对我国企业招聘现况有一个大体了解。

1.7.1 我国企业招聘现状[⊖]

1. 企业各层级管理者对招聘工作都比较重视

调查显示，21.96%的企业高层管理者对招聘工作非常重视，47.55%的企业高层

⊖ 此部分内容参考2016年中国企业人力资源招聘现状调查报告。本小节的部分数据由于四舍五入，加总不等于100%。

管理者对招聘工作比较重视，22.60%的高层管理者对招聘工作重视程度一般，6.61%的高层管理者对招聘工作不太重视，1.28%的企业高层管理者对招聘工作非常不重视。

11.30%的企业中层管理者对招聘工作非常重视，42.86%的企业中层管理者对招聘工作比较重视，36.67%的企业中层管理者对招聘工作重视程度一般，8.32%的企业中层管理者对招聘工作不太重视，0.85%的企业中层管理者对招聘工作非常不重视。

2. 用人部门掌握人才录用决策权

调查显示，40.21%的企业用人部门会对未来高层管理者的录用与否有直接影响，35.96%的人力资源部成员会对未来高层管理者的录用与否有直接影响，42.13%的企业主管人力资源的高层领导会对未来高层管理者的录用与否有直接影响，83.62%的公司最高层领导会对未来高层管理者的录用与否有直接影响。

58.51%的企业用人部门对未来中层管理者的录用与否有直接影响，51.06%的人力资源部成员对未来中层管理者的录用与否有直接影响，49.15%的企业主管人力资源的高层领导对未来中层管理者的录用与否有直接影响，46.81%的公司最高层领导对未来中层管理者的录用与否有直接影响。

80.43%的企业用人部门会对来应聘的一般员工是否被录用有直接影响，70.64%的人力资源部成员会对来应聘的一般员工是否被录用有直接影响，24.68%的企业主管人力资源部的高层领导会对来应聘的一般员工是否被录用有直接影响，14.26%的公司最高领导会对来应聘的一般员工是否被录用有直接影响。

公司最高层领导决定企业高层管理者的录用，主管人力资源的企业高层领导决定中层管理者的录用，而一般员工的录用与否主要由用人部门和人力资源部决定。可见，HR管理者在企业高层管理者的入职上，所起的决定作用很小，这表明目前中国企业对HR的认可程度还没有达到理想的高度，CEO、企业最高层的战略伙伴这一头衔对人力资源从业者来讲还只是一个理念。

3. 被录用者平均的应聘时间是 6～10 个工作日

调查显示，高层管理者到企业参与面试，从第一次面试到最后一次面试在两个工作日内的占7.04%，需要2～5个工作日的占19.83%，需要6～10个工作日的占28.58%，需要10个工作日以上的占44.56%。中层管理者到企业参与面试，从第一次面试到最后一次面试的时间在两个工作日内的占6.18%，需要2～5个工作日的占34.70%，需要6～10个工作日的占41.27%，需要10个工作日以上的占17.70%。普通员工从第一次面试到最后一次面试在两个工作日内的占28.57%，需要2～5个工作日的占38.17%，需要6～10个工作日的占24.09%，需要10个工作日以上的占9.17%。

企业在招聘高层管理者的时候，由于需要企业不同的管理者面试来决定是否录用，因而平均时间较长。这表明企业在招聘选拔管理人才方面，人力资源部门与其他业务部门的配合不够紧密，因而需要应聘者多次来公司参与面试。这种现象在中层管理者的面试中也存在。大部分企业在招聘普通员工时，需要一周左右的时间让应聘者多次来公司面试。总体看来，目前企业招聘人员时各部门配合得不够协调。

4. 大部分企业的招聘人员受过专业训练

调查表明，有 13.43% 的被调查者非常同意该企业从事招聘工作的人员（简称招聘专员）受过专业的训练，35.18% 的被调查者比较同意该企业的招聘专员受过专业的训练。12.79% 的被调查者比较不同意该企业的招聘专员受过专业训练，6.61% 的被调查者非常不同意该企业的招聘专员受过专业的招聘训练。另有 31.98% 的被调查企业尚不清楚该企业的招聘专员是否受过专业的招聘训练。

目前，我国企业还有 1/5 左右的企业招聘专员没有受过招聘方面的专业训练，加上 31.98% 的企业不清楚招聘专员是否受过专业训练，即近一半的企业招聘从业人员是没受过训练或训练不过关的。因此，企业加强对招聘从业人员相关专业的训练是目前人力资源部很紧要的问题。

5. 被录用的新员工多数能够通过试用期

调查显示，10.02% 的企业高层管理者通过试用期的比例少于 10%，10.02% 的企业高层管理者通过试用期的比例在 10%～40% 之间，14.29% 的企业高层管理者通过试用期的比例在 40%～70% 之间，23.45% 的企业高层管理者有 70%～90% 可以通过试用期，42.21% 的企业高层管理者有 90% 以上都可以通过试用期。4.69% 的企业中层管理者通过试用期的比例少于 10%，11.51% 的企业中层管理者通过试用期的比例在 10%～40% 之间，18.12% 的企业中层管理者通过试用期的比例在 40%～70% 之间，30.20% 的企业中层管理者通过试用期的比例在 70%～90% 之间，35.39% 的企业中层管理者有 90% 以上通过试用期。2.99% 的企业一般员工通过试用期的不足 10%，8.96% 的企业一般员工通过试用期的比例在 10%～40% 之间，15.57% 的企业一般员工通过试用期的比例在 40%～70% 之间，32.84% 的企业一般员工通过试用期的比例在 70%～90% 之间，39.66% 的企业一般员工通过试用期的比例超过 90%。

1.7.2 我国企业招聘存在的问题

1. 缺乏整体招聘程序和规划

许多企业在进行人才招聘时主要是采用收集简历、组织面试的方式。将应聘人员安排到相应的部门并对其提出一定的问题，进而从中选择出适合自身公司发展的人才，但是这样的招聘方式不够全面，从而影响到企业的招聘质量。对于企业的招聘来说，它的过程是一个循环的过程，同时还包括更多的招聘工作内容，让更多人能够参与企业的招聘工作中，帮助企业招聘到所需的人才。在进行招聘时，招聘人员要从招聘前的资料收集、招聘规程、招聘宣传等方式入手，还要了解每一位应聘人员的背景以及对招聘后试用期的表现等进行及时的反馈,这样才能够保证人才数据的真实性,才能为企业招聘到适合的人才。但是在实际的工作中,许多招聘人员只是简单地对简历进行搜集,在面试时进行问题提问,其他工作做得不到位,进而会影响整个招聘的质量。尤其是在当前我国现代企业中,它们缺乏整体的招聘规划,许多公司的招聘都是从每年的第一季度开始,按照每个部门的用人需求来制订用人计划。然后将相关数据报告给有关部门进行审批,之后由人力资源部门制订出招聘计划。这样的招聘方式使公司处于一种被动接受人员的状况,而不是根据公司的长远发展需求来制定招聘规划,使得招聘出现随意化和临时性等问题。

2. 招聘观念陈旧

企业在进行招聘时应该制订科学的招聘方案,这样才能够保证人才招聘的质量。但是在我国许多企业的招聘中,管理人员没有意识到招聘工作的重要性,使得大批人才流失,进而影响企业的发展。有的管理人员甚至认为招聘只和人力资源部门有关系,与自身的管理没有联系。还有一些管理人员对于校园中的招聘和现场招聘不够重视,只是派出人力资源管理部门的管理人员来进行招聘,使得所招聘的人员专业性不强,不利于企业的长远发展。除此之外,一些企业的管理人员在进行招聘时只顾眼前利益,缺乏长远的目光,没有意识到现在招聘的人才对企业今后发展的重要性。大部分企业负责人认为,合适的人才只有从外部能够得到,从而忽视了对企业内部人才的培养和选拔,这样不仅会降低企业内部人员的工作积极性,同时还会影响企业的经营效率。因此在今后的工作中,企业管理人员要树立正确的招聘观念,从企业的实际出发,制定科学的人才招聘制度,不断完善自身的招聘工作,促进企业的快速发展。

3. 缺乏科学的招聘标准

在现代企业人才招聘的过程中,由于缺乏科学的招聘标准,从而导致大批专业人才的流失,为企业的发展带来不良影响。许多现代企业的招聘标准过于死板,在招聘的原则上存在问题,使得招聘工作效率不高,招聘到的人才也不能够满足企业的实际发展需求。许多管理人员在进行人才招聘时无论招聘什么样职位的人才,都要求本科学历或者有 5 年以上的工作经验等,这样就会将大批优秀的人才阻止在企业招聘之外。企业管理人员将人才标准定在高学历以及长时间的工作经验人员中,这样的招聘制度是不科学的,同时也不能够达到企业理想的招聘目的。在招聘的过程中,招聘人员需要根据自身实际的需求来进行,同时还要根据人才的实际工作能力来招聘。许多人才的工作能力和自身的学历并不一定相符,有工作经验或者高学历的人不一定就有优秀的工作能力,而那些学历不高、工作时间不长的人员就不一定没有良好的工作能力。因此企业管理人员制定这样的招聘标准是不科学的,需要结合企业所要招聘的岗位来进行实际的定位,这样才能保证招聘的质量,为企业找到更加适合的人才,提升企业的市场竞争力。

学习建议

本章主要是提供企业员工招聘的概貌给大家。在学习过程中，大家应该把重心放在对概念的理解和把握上，同时，还要着重了解企业招聘的意义和原则。

【本章重点】

招聘的概念、招聘的原则和影响因素、我国企业招聘现状和存在的问题等。

【本章难点】

有效招聘的意义、功能，招聘的流程设计，招聘部门角色。

核心概念

人力资源管理、有效招聘、能岗匹配、职业锚、企业文化、价值观。

课后思考与练习

1. 什么是招聘？招聘与人力资源管理的其他职能存在什么关系？
2. 企业招聘应遵循什么原则？
3. 什么是有效招聘？有效招聘对企业有什么意义？
4. 影响企业招聘的因素有哪些？
5. 你认为，企业应如何保证招聘到所需的合适人才？
6. 试分析我国企业招聘现状和存在问题。
7. 你认为，企业招聘社会人员和应届毕业生应采取不同策略吗？为什么？

实训应用

实训项目：如何实现成功招聘？

实训目的：通过实训，学生能够更深刻地理解影响企业最终招聘效果的因素。

实训内容：将班级分成5～8人的工作小组，每个小组为一个招聘团队。虚拟一家企业，设定企业所属行业、规模、企业文化、拟招聘岗位类型等招聘所需材料，通过开放性讨论的方式确定影响本次招聘成功的因素，并初步拟订一份招聘计划。

章末案例

案例1　　　　　　　华为严打18种惰怠行为

华为成功的一个重要因素，就是始终警惕员工惰怠的蔓延和泛滥。任正非说："没有什么能阻挡我们前进的步伐，唯有我们内部的懒惰和怠慢。惰怠是一种最广泛、最有害的习惯，人人皆有可能为之，不要以为与己无关。置公司于死地的就是这种成功以后的惰怠。"华为轮值 CEO 徐直军在一次公开演讲中将管理者的惰怠行为概括为如下 18 条。

1. 安于现状，不思进取

安于现状，不思进取应该只适用于我们少数的管理者，虽然不多，但肯定存在。对于管理者而言，你敢不敢于去挑战新的领域，敢不敢于去挑战新的难题，敢不敢于有所追求？如果是不敢的话，都是安于现状的表现，也是不思进取的表现。

2. 明哲保身，怕得罪人

我们有的管理者，什么事情心里都清楚，什么事情都讲得头头是道，但就是不敢站出来说话、反馈问题，或者不敢去推动，怕得罪周边，怕得罪领导，还怕得罪下属。如此，在我们这么大的组织里，在流程还不健全的情况下，这种管理者怎么能推动解决问题，怎么能够当责，怎么能够持续改进？

3. 以领导为核心，不以客户为中心

现在公司最深恶痛绝的就是做胶片。有些主管在给上级做汇报前，为了做一个汇报胶片，不知道要召集自己的下属开多少次会。所以任总说，以后要做什么事情都不敢提前通知，全部临时通知，别为了他要来听一次汇报，要来看一看，下面就花费很多时间，安排很多人做胶片。

任总的所有讲话都是亲自写的，从来都不让别人写，他写完后再征求 EMT（EMT 是华为日常经营的最高责任机构，受董事会的委托执行华为的日常管理）成员的意见，让大家看写得对不对。

我们的主管就不能向任总学习吗？你要汇报的胶片，能不能自己写？写完了，可以像任总一样把大家召集起来一起评审。你要自己写的话，我相信不会超过很多页，也不会弄得花花绿绿，搞得那么漂亮了。为了美化、格式好看，而浪费下属和你自己大量的时间，这是不增值的。不能以领导为核心，我们首先不要组织大队人马来写汇报胶片。我们要做增值的部分，坚决不做不增值的部分。

4. 推卸责任

面对问题，部分高级主管已经形成了习惯：首先搞清楚是别人的问题，那就跟自己没关系了。如果发生任何事情，主管都习惯性地先看自己有什么问题，都先把自己的原因找出来，那么真正的原因就出来了。

我们最习惯的却是先找别人的问题，不找自己的问题；还有一种情况，就是老担心别人做不好，不担心自己做不好。现在很多人，很习惯去讲一大堆别人的问题，却从来不讲自己的问题。

5. 发现问题不找根本原因

马来西亚的事情是这样的，AIS（卫星 AIS 是一种船舶定位技术）也是这样，出了问题后的整个过程就是投诉、指责，却不知道到底是什么原因。相当多的管理者，养成了一个非常不好的习惯，出了什么事情，打个电话"你搞定"，上级领导问他"你抓了没"，他说"抓了"。我们只是打了一个电话，或者批示一下，这样怎么能够把事情弄透彻，怎么能够找到解决办法，怎么能真正解决问题？

6. 只顾部门局部利益没有整体利益

有些主管为了自己的部门利益，明明知道会影响公司的利益，明明知道公司的想法和要求，却在下面想方设法，花了很多时间、精力去计划他们的想法。这尤其在涉及业务拆分和整合、团队和人员要划分的时候表现得非常明显。你这样做，公司怎么敢交给你更大的责任。如果你的责任更大，你更以局部利益为主的话，那以后公司的整体利益谁来保证？

7. 不敢淘汰惰怠员工，不敢拉开差距，搞"平均主义"

其实主管对他的下属有没有惰怠很清楚，就是拉不下面子去处理，尤其是对老员工，有些还是自己的老领导或老同事，更拉不下面子。在这种情况下，你不淘汰，你不拉开差距，你就是对那些高绩效者、对那些优秀者不尊重。在我们身边，惰怠的员工比比皆是，那我们敢不敢给他们降级、降等、降薪？

8. 经常抱怨流程有问题，从来不推动流程的改进

有主管经常抱怨流程多、流程复杂，并且时时挂在口头上。如果真发现流程有问题，一定要指出哪里流程多、哪个流程有问题。我们希望所有觉得流程有问题、流程多的人，要向所在组织的质量与运营组织、品质保证（Quality Assurance，QA）组织提出来，这样才好改进。很多人就只抱怨，而且最后都成了口头禅，动不动流程很多、流程很长、流程阻碍了发展，但从来不去推动流程的改进，从来不指出哪里流程多了，哪个流程长了，哪个流程有问题。那怎么改进呢？

9. 不敢接受新挑战，不愿意离开舒适区

在研发部还好一点，因为没有哪个地方很差，但也有主管不想去新领域，不敢接受挑战。今年一个很重要的导向就是希望干部、骨干能到新领域去，有人就怕这个怕那个，患得患失。

10. 不敢为被冤枉的员工说话

有的主管不敢为被冤枉的员工说句公道话，因为说了，可能就会被公司"戴帽子"。如果你真的觉得某个员工被冤枉了，为什么不敢说呢？要么你根本就对这个员工不负责任，要么就是怕说了以后被主管批评，怕得罪人。但如果你都不敢说话，那又如何保护他们？

11. 只做二传手，不做过滤器

有很多主管只做二传手，不做过滤器。任何地方有事情，他立即就传下去了，不管这个事情该不该做、要不要做，反正不是自己亲自做，这样一来就让下属苦不堪言，不能聚焦工作。

12. 热衷于讨论存在的问题，从不去解决问题

很多主管讨论存在的问题的时候，都是洋洋洒洒，能道出具体问题来，但从不去解决问题。无论是潜规则还是流程问题，或者是现在政策执行上存在的问题。作为主管，如果能够把你的授权范围内可以解决掉的问题全部解决，那么很多问题就没有了，特别是潜规则。对于你解决不了的，不在你授权范围内的，若你不去推动解决，那怎么能够

解决？

13. 只顾指标不顾目标

在我们当中，存在一些主管只关注关键绩效指标（KPI）的完成，但不知道KPI完成得很好是为了什么。比如某个平台，每年的考核指标都很好，因为考核指标都是质量、进度、网上问题，但慢慢把自己做没了。华为到底是为了追求一个卓越的、有竞争力的嵌入式操作系统，还是仅仅为了追求网上没事故？因此各级干部都要思考，我们的工作到底是为了什么，不是为了几个考核指标。仅仅为了考核指标工作，就是不当责。当责的干部是有清晰的目标的。

14. 把成绩透支在本任期，把问题留给下一任

在研发部比较多的是，只关注当期不关注长期，只关注现在不关注未来，该投入的不敢投入，不敢在新领域、新产品上投入，不愿在架构、平台等长期才能看到绩效的工作上投入，甚至只关注仗打得漂亮，而忽视组织能力、流程优化、人员能力提升等长远的事。如果我们只关注眼前，华为就会失去竞争力，这样的干部就是不当责。

15. 只报喜不报忧，不敢暴露问题

捂盖子现象不能说少，无论是写总结还是做述职，讲起成绩、经验来头头是道，对问题和不足则一笔带过。最可怕的是质量上的捂盖子，搞"和谐"，不主动暴露质量问题、流程执行问题，甚至为了过技术评审（Technical Review，TR）而作假。如果我们睁一只眼闭一只眼，马马虎虎应付了事，那产品的质量就没办法保证，我们就会失信于客户。

16. 不开放进取，不主动学习，业务能力下降

有一部分干部凭着经验做事，走的是"经验主义"的老路。华为要从非正规军走向正规军，过去的成功经验并不是未来前进的方向标，必须开放自己，自我批判，时刻学习。我们在通信技术（CT）产业领域的成功，不能确保我们在信息通信技术（ICT）领域的成功。

17. 不敢决策，不担责，把责任推给公司

这一点跟前面讲的抱怨流程的问题类似。绩效考评是评责任、评结果，还是评亮点和表扬信？说起来我们都清楚，评的是责任、评的是结果，但真到评的时候却去评亮点。这些现象谁能纠正？就是我们的各位主管。

18. 只对过程负责，不对结果负责

这一点比较好理解，与只关注指标不顾目标相类似，有些主管只关注"我做了呀"，但不管做的结果如何。只对过程负责，不对结果负责，就会形式主义，很容易把事情复杂化，把动作做得很优美，效果却不好。

这就是我今天重点讲的管理者的惰怠行为，希望大家能把管理者的惰怠行为作为自我批判的依据。每个人都在自己身上去找几条出来，然后写几个案例，这也是一个反思的过程。不敢写自己的案例，事实上也是自我批判不够透彻。

我们也希望，每个主管能把这些惰怠行为贴在办公桌上、放在笔记本里，经常看一

看是不是又在产生惰怠行为了。这样，我们的管理者才能真正地从自我批判开始，与惰怠行为做斗争，管理者才能真正地担起责来。

问题：

华为 CEO 演讲的内容会影响企业招聘吗？企业招聘风格是如何形成的？

案例 2　　　　　　　丰田公司的全面招聘体系

丰田公司著名的"看板生产系统"和"全面质量管理"体系名扬天下，但是其行之有效的全面招聘体系却鲜为人知，正如许多日本公司一样，丰田公司花费大量的人力和物力寻求企业需要的人才，用精挑细选来形容一点也不过分。

丰田公司的生产体系基于决策的一致性、工作轮换制、富有弹性的职业发展路线。这就需要头脑开阔灵活、适应力强的员工队伍，而不是因循守旧的教条主义者，丰田公司的全面招聘体系正是为此而设计的。丰田公司全面招聘体系的主要特点如下。

（1）不仅仅是招聘员工的技能，还要考虑员工的价值观念。员工是否具备优秀的素质、持续改善精神、诚实可信等素质，对于员工基本价值观念的考察可以得出相关答案。全面招聘体系就是考察员工基于这些价值观念的团队精神。

（2）必须为复杂的招聘过程付出时间和精力。通常丰田公司在招聘初级员工的面试时间达到 8~10 小时是非常正常的，有时还可能高达 20 小时，大量时间和精力的投入是取得人才的关键。

（3）员工的自我选择也是重要的招聘过程。丰田公司不论在招聘初期，还是在长达 6 个月的试用期中，都会给予员工双向选择的机会，同时淘汰不能胜任的员工。整个全面招聘体系需要应聘员工做出同样的牺牲，员工需要花费大量的时间和竭尽全力才会得以入选。

丰田公司的全面招聘体系大体上可以分成六个阶段，前五个阶段的招聘要持续五到六天。

第一阶段：丰田公司通常会委托专业的职业招聘机构，进行初步筛选。应聘人员一般会观看丰田公司的工作环境和工作内容的录像资料，同时了解丰田公司的全面招聘体系，随后填写工作申请表。1 小时的录像可以使应聘人员对丰田公司的具体工作情况有一个概括了解，初步感受工作岗位的要求，同时这也是应聘人员自我评估和选择的过程。专业招聘机构也会根据应聘人员的工作申请表和具体的能力与经验做初步筛选。

第二阶段：评估员工的技术知识和工作潜能。公司通常会要求员工进行基本能力和职业态度的心理测试，评估员工解决问题的能力、学习能力和潜能以及职业兴趣爱好。如果是技术岗位工作的应聘人员，则需要进行 6 小时的现场实际机器和工具操作测试。通过第一、二阶段后，应聘人员的有关资料将转入丰田公司。

第三阶段：丰田公司接手有关的招聘工作。本阶段主要是评价员工的人际关系能力和决策能力。应聘人员将在公司的评估中心参加一个 4 小时的小组讨论，讨论的过程由丰田公司的招聘专家即时观察和评估。比较典型的小组讨论可能是应聘人员组成一个小组,讨论未来几年汽车的主要特征是什么。实地问题的解决可以考察应聘者的洞察力、灵活性和创造力。同样在第三阶段应聘人员需要参加5小时的实际汽车生产线的模拟操作。在模拟过程中,应聘人员需要组成项目小组,承担计划和管理的职能,比如如何生产一种零配件,对人员分工、材料采购、资金运用、计划管理、生产过程等一系列生产考虑因素的有效运用。

第四阶段:应聘人员需要参加1小时的集体面试,分别向丰田的招聘专家谈论自己取得过的成就,这样可以使丰田的招聘专家更加全面地了解应聘人员的兴趣和爱好,他们以什么为荣,什么样的事业才能使应聘人员兴奋,以便公司更好地做出工作岗位安排和职业生涯计划。在此阶段也可以进一步了解员工的小组互动能力。

第五阶段:身体检查。通过以上四个阶段,员工基本上被丰田公司录用。但是员工需要参加一项25小时的全面身体检查。了解员工身体的一般状况和特别情况,如酗酒、药物滥用等问题。

第六阶段:新员工需要接受6个月的工作表现和发展潜能评估,新员工会接受监控、观察、督导等方面严密的关注和培训。

问题:

丰田公司的全面招聘体系有何奥妙之处,对我国企业招聘有何启示?

相关链接

全国大学生创业服务网:http://cy.ncss.org.cn/

全国大学生就业公共服务立体化平台:http://www.ncss.org.cn/

中国人才网:http://www.cnjob.com/

中华英才网:http://www.chinahr.com/

智联招聘:http://ts.zhaopin.com/

前程无忧:http://www.51job.com/

中国人力资源网:http://www.hr.com.cn

中国人力资源开发网:http://www.chinahrd.net

中国外语人才网:http://www.jobeast.com/

中国汽车人才网:http://www.carjob.com.cn/

猎聘网:http://www.liepin.com/

人力资源总监:http://cho.icxo.com/

中国服装人才网:http://www.cfw.cn/

IT英才网:http://it.800hr.com/

应届生求职网:http://www.yingjiesheng.com/

过来人求职网:http://www.guolairen.com/

中国教育在线:http://www.eol.cn/

Chapter2
第 2 章

招聘准备与策略

学习目标

1. 掌握招聘工作的基本前提
2. 了解人力资源规划的流程
3. 熟悉工作分析的内容
4. 了解招聘需求分析的方法
5. 掌握招聘计划的内容
6. 熟悉招聘策略

章首案例 高效招聘面试的五要素

很多企业在人才竞争中从招聘面试环节开始就处于劣势,只有人力资源部在忙活招聘工作!人才选聘没有科学的评估标准(胜任素质)和评价方法!没有接受过系统训练的面试官在为企业引进大量的不合格人员,造成了企业直接和间接的经济损失!因此,管理者应树立正确的人才招聘观念,通过高效招聘的实施技巧及专业面试技巧的运用,帮助企业快速招到适合的人才。

第一要素,招聘面试理念:观念决定结果,意识决定行为

管理者建立正确的人员招聘意识和观念,正确对待招聘工作。从员工招聘的问题出发,运用行动学习的研讨方法,让管理者探讨和分析影响招聘质量的因素,导出系统提升招聘质量的关键要素。招聘必须支撑企业战略和企业的人力资源规划,建立招聘体系运作流程,选定招聘渠道。卓越管理者在招聘中定位角色,明确在招聘中需要承担的责任和使命,以及主要工作任务与要求。

第二要素,用人标准明晰:系统提升招聘质量的基石

从人才选聘的标准,导出胜任素质及其在招聘面试中的运用。帮助管理者明确岗位的用人标准和相关考察项目,从而为准确识别人才奠定基础。人才选聘的真正标准包括两个方面:一是胜任素质,二是岗位评价要素及用人标准的确定。通过明晰的岗位胜任

模型和岗位评价标准,确定人才选聘的具体衡量指标和选拔标准。

第三要素,人才选拔工具:管理者的"伯乐之剑"

正确使用科学的选拔方法和工具,能够帮助管理者高效识别人才,降低用人风险。可以运用结构化面试法、行为面试法和情境面试法等多种方法对求职者进行综合考评。

就结构化面试而言,操作者应注意以下几方面的问题:第一,设计与使用结构化面试,做到面试程序及时间安排结构化、面试评估要素结构化、面试问题设计结构化、面试评分标准结构化、面试考官结构化、面试考场准备及布置要求结构化。第二,设计结构化面试的内容。确定面试评估要素,编写各要素的详细定义说明,设计各要素的问题,确定要素的目标值和权重,编制结构化面试的评分表格。第三,结构化面试的实施步骤。结构化面试一般包括准备阶段、导入阶段、正式面试阶段和面试评价阶段四个步骤。相关招聘人员应理解各阶段的工作要求和重点,做好结构化面试的过程组织和管理工作。第四,结构化面试中的核分规则与决策。使用关键行为面试法,掌握关键行为面试的理论基础及要点,分辨不完整的 STAR 和假 STAR,根据应聘者的行为分析素质情况,掌握行为事例、问题设计要求及发问技巧。

第四要素,高效面试实施:专业面试技巧训练

在面试中观察应聘者的言行举止,更好地倾听和反馈,适当针对性提问,并刨根问底了解应聘者真实的情况,提高面试官的面试质量。一要望,学会观察。了解面试中观察的内容和重点,掌握应聘者谎言的识别技巧和肢体语言的解码技巧。二要闻,善于倾听。面试官要善于倾听,掌握有效倾听的技巧,挖掘应聘者更多的信息,规避倾听中常见误区。三要问,善用提问。设计与使用引入式问题,设计与使用行为式问题,设计与使用智力式问题,设计与使用动机式问题,设计与使用压力式问题。四要切,深入追问。通过追问确保信息的有效性,掌握追问的时机及方法,分析信息的真实性。

第五要素,高效猎取人才:管理者的"伯乐之术"

利用传统的招聘方法已经很难招到企业需要的人才,管理者结合企业的需求,快速锁定和猎取目标人选,人才高效猎取技术已成为卓越管理者管理人才的基本功。一要向猎头学习招聘,二要知晓高效猎取人才的要求及特点,三要掌握高效猎取人才的四大步骤。首先,明晰需求,锁定目标,通过多种方法进行明确的招聘需求分析,确定企业人才招聘目标和目标人员来源。其次,经营招聘渠道,多管齐下,建立人才库。选择和用好招聘渠道,分类比较常用渠道,高效实施内部推荐,运用定点猎聘技术的方法和工具,提高猎头招聘的质量和效率。再次,高效面试实施——把握质量和效率的双重标准,进行更好的简历筛选,通过电话面试锁定候选人,通过电话面试吸引人员到场面试,提高面试的效率。最后,说服与吸引目标候选人,把握成交的钥匙。吸引候选人的途径及策划,塑造雇主品牌,做好录用跟进与管理。

资料来源:http://blog.hr.com.cn/html/97/n-91697.html。

2.1 招聘工作的基本前提

招聘即是为企业寻找并获得合适人才的过程。大多数企业均有一个由人力资源管理部门负责的招聘部门。当处于一个大多数组织均专注于如何高度及有效地经营组织的时代，招聘合适的人才就成为企业最优先的事。招聘工作的开展有两个基本问题需要解决：一是招聘人才的数量，即招聘多少人；二是招聘人才的标准，即招聘什么样的人。这两个问题的解决有赖于人力资源规划和工作分析。

如果预期的人力资源需求超过了现有的人力资源供给，企业就产生了潜在的招聘需求。当然，除了招聘新员工外，企业还有其他选择。一些可能的选择包括临时雇用、现有员工的加班、人力资源外包等。经过分析和权衡，企业认为招聘新员工是最为合适的解决方案时，招聘需求也即产生。

另外，招聘包括寻找、吸引并选择合格适当的候选人等活动。如果企业对需要补充人员的岗位定义模糊，也就不可能清楚用人标准和选才依据，则成功的招聘会相当困难。无论这个需要补充新员工的岗位是已经存在的还是新增的岗位，工作的资格条件必须尽可能定义准确才能使招聘有效。接下来要讲的工作分析能提供一些与特定工作的本质及资格条件有关的信息。人力资源规划、工作分析与员工招聘三者之间的关系可用图2-1解释。

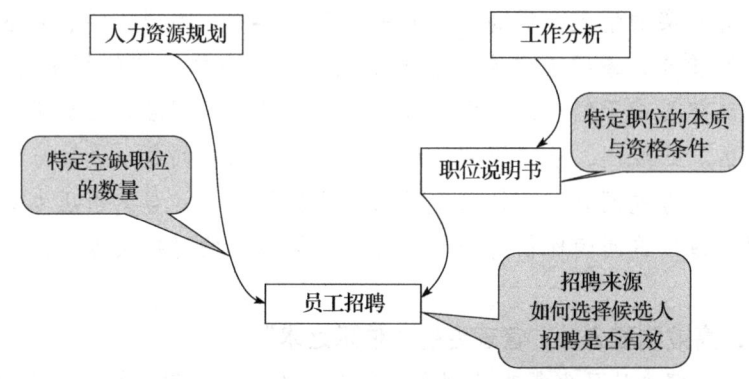

图 2-1　人力资源规划、工作分析与员工招聘的关系

由图 2-1 可知，人力资源规划为人才招聘提供了数量标准，工作分析为特定工作提供了工作的内容性质、职责与资格条件。员工招聘就是为填补这些职位空缺，提供一群合格人选，并从中选出最为合适人才的过程。可以说，人力资源规划与工作分析是招聘工作的两个基本前提和条件。

2.2 人力资源规划

2.2.1 人力资源规划的概念

人力资源规划是企业从战略规划和发展目标出发，根据其内外部环境的变化，预测企业未来发展对人力资源的需求，为企业发展提供符合数量和质量要求的人力资源方案。其主要目的是为及时更新、补充、调整、重新配置人力资源提供解决方案。

为何要做人力资源规划呢？原因有二：①任何组织和企业都处在一定的外部环境之中，其各种因素均处于不断的变化和运动状态。这些环境中政治的、经济的、技术的等一系列因素的变化，势必要求组织和企业做出适当回应，而这种适应环境的变化一般都要带来人员数量和结构的调整。②组织和企业内部的各种因素同样是无时无刻不在运动和变化着，人力因素本身也会处于不断的变化之中。比如离退休、自然减员、企业内部进行的工作岗位调动、晋升等导致人员结构的变化。

因此，为了适应组织环境的变化和技术的不断更新，保证组织目标的实现，就必须加强人力资源规划，这对正在走向市场的中国企业尤其重要，否则必然一方面是不合要求的人员大量过剩，另一方面是某些具有特殊技能和知识人才的紧缺，企业的竞争能力和效益就会难以提高，以致在激烈的竞争中遭到失败。人力资源规划是企业建立战略性人力资源管理系统的前瞻性保障，对企业人力资源供给与需求分析，预测企业的数量和质量要求，以此作为确定招聘的数量需求，方便企业确定可行的人力资源方案。

人力资源规划就像航行出海的船，在出行前要找到适合的、明确的目标与方向，这就需要确定 HR 工作目标定位和实现途径。人力资源规划的目的在于结合企业发展战略，通过对企业资源状况以及人力资源现状的分析，找到未来人力资源工作的重点和方向，并制订具体的工作方案和计划，以保证企业目标的顺利实现。人力资源规划的重点在于对企业人力资源管理现状信息进行收集、分析和统计，依据这些数据和结果，结合企业战略，制订未来人力资源工作的方案。正如航行出海的船只的航标导航仪，人力资源规划在 HR 工作中起到一个定位目标和把握路线的作用。

人力资源规划是使企业稳定的、拥有一定质量的和必要数量的人力，以实现包括个人利益在内的该组织目标而拟定的一套措施，从而获得人员需求量和人员拥有量在企业未来发展过程中的相互匹配。

2.2.2 人力资源规划对招聘的影响

人力资源规划是企业人才招聘的基础性工作，对招聘的影响主要表现在如下几个方面。

1. 确保企业在发展中对人力资源的需求

企业在进行人力资源规划时，可以了解本企业人力资源的状况、存在的问题。在市场竞争越来越激烈的同时，认清自己的人才储备、人才需求是取得胜利的保障。企业通过事先的人力资源规划，可以减少企业在发展过程中人才供应不足、人浮于事等问题。

2. 为企业的人事决策提供依据和指导

人力资源规划对企业的人力资源供给和需求的预测要从数量与质量两方面进行分

析。人力资源规划的结果对企业的招聘数量与质量提出了要求。招聘活动要以人力资源规划的方案为依据。

3. 合理调配人才，降低用人成本

人力资源规划使企业了解人力资源配置的结构，有利于企业在了解人员当前余缺、能力与岗位的匹配状况时，有效地重新分配人员，使企业人力资源结构趋于合理，从而降低组织的用人成本。

4. 提供均等的就业和提升机会

经过规划的人力资源不仅在年龄结构、知识结构、专业结构、能力结构等方面趋于合理，而且可以把切实的就业机会提供给有需要的人，促进企业的能岗匹配。

5. 满足员工需求，调动员工积极性

人力资源规划在对企业进行人力资源储备情况了解后，会改善企业中存在的能岗不匹配、岗位空缺等问题。有能力的人可能会被重新安排岗位或者晋升，其有利于调动员工的工作积极性。

6. 加强人力资源使用的前瞻性，提升企业竞争力

企业的核心竞争力主要表现在人才和科学技术上，企业的竞争归根结底是人才的竞争。人力资源规划有利于企业及时储备所需人才，使企业在未来的竞争中处于领先地位。

2.2.3　人力资源规划的内容和类别

人力资源规划按照不同的分类标准可以有不同的内容。

1. 按照内容可以划分为总体规划和专项规划

人力资源总体规划也称为人力资源战略规划，属于第一层次。人力资源总体规划是对计划期内人力资源规划结果的总体描述，包括预测的需求和供给分别是多少，人力资源净需求，做出这些预测的具体依据是什么，企业平衡人力资源供需的原则和总体政策。人力资源总体规划具体包括三个方面的内容，分别是人力资源数量规划、人力资源素质规划和人力资源结构规划，如图2-2所示。

人力资源数量规划是依据企业未来业务模式、业务流程、组织结构等因素确定未来企业各部门人力资源编制以及各类职位人员配比关系、需求计划和供给计划。人力资源素质规划是依据企业战略、业务模式、业务流程确定企业人员的基本素质要求、行为能力和标准，并在此基础上制订企业未来人力资源素质提升计划和培养激励计划。人力资源结构规划是依据行业特点、企业规模、战略重点发展的业务及业务模式，对企业人力资源进行分层分类，设计和定义企业职位种类与职位责权界限的综合计划。

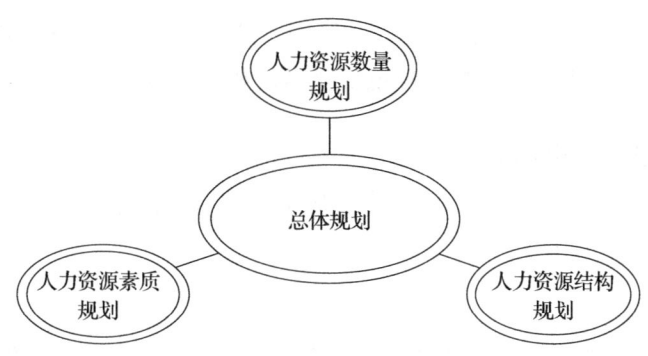

图 2-2 人力资源总体规划的内容

人力资源专项规划也称为战术计划和行动方案，属于第二层次，即专项业务计划。专项业务计划是总体规划的展开和具体化，专项业务计划包括人员补充计划、人员使用计划、人才接替及提升计划、培训与开发计划、评价与激励计划、劳动关系计划和退休与解聘计划等内容，每项计划均由目标、任务、政策、步骤和预算等要素组成，其具体内容如表 2-1 所示。

表 2-1 人力资源规划的具体内容

计划类别	目 标	政 策	步 骤	预 算
总体规划	总体目标（绩效、人力资源总量、素质、员工满意度）	基本政策（如扩大、收缩、改革、稳定等）	总体步骤（按年安排）	总体预算（××万元）
人员补充计划	类型、数量、对人力资源结构及绩效的改善等	人员标准、人员来源、起点待遇	拟定标准、广告宣传、招募筛选、录用（时间）	招聘、挑选费用（××万元）
人员使用计划	部门编制、人力资源结构优化及绩效改善、职务轮换幅度	任职条件、岗位轮换的范围和时间	略	按使用规模、类别及人员状况决定的薪资预算
人才接替及提升计划	后备人才数量保持、优化人才结构、提高绩效	选拔标准、资格、试用期、提升比例	拟定人员接替和提升的员工，接替和提升条件、渠道、模式	职位变化引起的薪酬变化
培训与开发计划	素质及绩效改善、企业文化推广、员工入职引导	时间保证、培训效果保证（待遇、考核、试用）	拟定培训人员、内容、时间、方式、地点，培训费用估算	培训投入、工作脱产损失
评价与激励计划	人才离职率降低、士气水平、绩效提高	激励重点、工资政策、奖励政策、反馈	略	增加工资、奖金
劳动关系计划	降低非期望离职率、减少投诉率及不满	参与管理、加强沟通	略	诉讼费及相关费用
退休与解聘计划	编制、人力成本降低及生产率提高	退休政策、解聘程序	略	安置费、资遣费、人员重置费

资料来源：作者根据资料整理而成。

2. 按照时间可以划分为长期规划、中期规划、短期规划

短期规划一般是 1 年内的规划，这种规划要求明确、任务具体、可操作性强。中期规划一般在 1～5 年内，这种规划需要对企业总体要求、方针政策做出明确规定，但没

有短期规划那样具体。长期规划一般在 5 年以上，这种规划是对企业未来发展方向、愿景、目标的概括说明，需要企业根据环境变化做出相应的调整。

2.2.4 人力资源规划的程序

进行人力资源规划有一定的程序，其具体步骤可分为准备阶段、预测阶段、实施阶段、评估阶段，如图 2-3 所示。

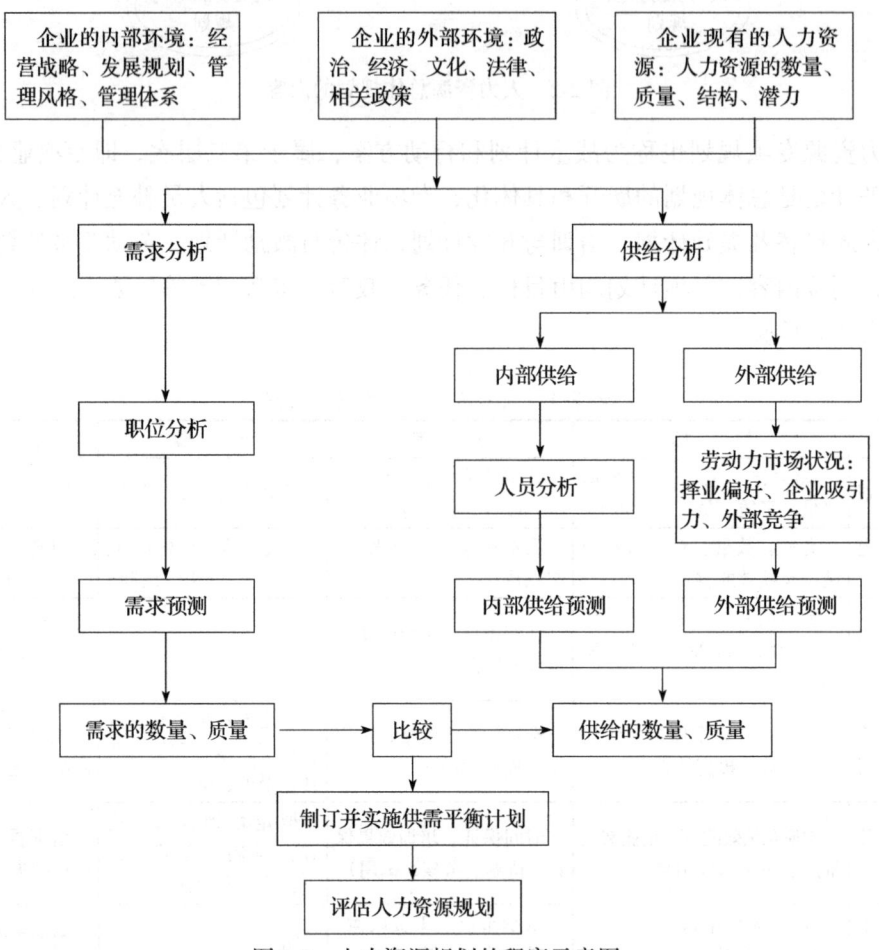

图 2-3 人力资源规划的程序示意图

资料来源：董克用，叶向峰，李超平. 人力资源管理概论 [M] . 2 版. 北京：中国人民大学出版社，2007：225.

准备阶段：为了后期能够预测企业的人力资源供给和需求，企业要对内外部环境进行分析。准备阶段的主要任务就是搜集相关的各种信息，如内部环境、外部环境、现有状况。

预测阶段：利用已掌握的信息，选择合适的预测方法，预测企业未来某一时期的人力资源供给和需求。

实施阶段：比较供给和需求，预测两者之间的结果，制定实施平衡供需的措施，使企业满足对人力资源的需求。

评估阶段：评估包括两层含义，一是在实施过程中，对人力资源规划要实行动态的调整，根据内外部环境的变化，修正供给与需求的预测结果，并及时做出调整。二是对此次活动的评估，对预测的准确性和措施的有效性做出衡量，找出存在的问题，为以后的改进提供帮助。

以上所讲的人力资源规划程序为理论上的一般程序。就人力资源规划实践来说，在具体开展人力资源规划工作时，可以将该工作具体划分为四个阶段：人力资源现状分析、人力资源需求分析、人力资源供给分析、人力资源供需平衡分析。

1. 第一阶段：人力资源现状分析

人力资源现状分析也称为现有人力资源盘点，即是对企业目前的人力资源状况做详细分析，弄清企业人力资源状况。人力资源现状分析可以有很多种不同内容，比如数量分析、质量分析、结构分析、部门分析、工作职位类别分析等，企业可以根据人力资源规划的具体要求进行全部或单项分析。在分析时视企业人力资源管理状况采用合适的方法，如果企业人力资源管理较为完善，可以利用人力资源管理系统（多数情况下是指软件分析）进行分析，既方便又快捷，分析结果也可以采用图表等形象化的形式表示，易于对结果进行分析。如果没有人力资源管理系统，则要采用其他诸如问卷调查、访谈、抽样调查等方式进行，此种方式速度慢，而且要花费较长的时间和较多的成本。

2. 第二阶段：人力资源需求分析

人力资源需求分析即人力资源需求预测，是指根据企业的发展规划和企业内外部环境条件，选择适当的预测技术，对企业未来人力资源需求的数量、质量和结构等进行预测。一般来说，企业未来人力资源需求状况会受到组织外部环境、组织内部环境和企业目前人力资源状况三因素的影响。其中，组织外部环境包括经济、社会、政治、法律、技术、竞争对手等，组织内部环境包括企业战略、预算、政策、工作设计、组织扩张等，人力资源状况包括现有人力资源数量、质量和结构等。

目前，人力资源需求预测主要有以下几种方法。

（1）管理人员判断法。管理人员判断法指企业各级管理人员根据自己的经验和直觉，自下而上确定未来所需人员。其具体做法是：先由企业各职能部门的基层领导根据自己部门在未来各时期的业务增减情况，提出本部门各类人员的需求量，再由上一层领导估算平衡，最后在最高领导层进行决策。这种方法适用于短期预测。

（2）德尔菲法。德尔菲法是专家咨询的一种特殊形式，往往采用背对背的方式征询专家小组成员的预测意见，经过几轮征询，使专家小组的预测意见趋于集中和一致，最后得出符合未来发展趋势的预测结果。专家的选择基于他们对影响企业的内部因素的了解程度，既可以是一线的管理人员、高层经理，也可以是外请的顾问和参谋。例如，在估计将来公司对劳动力的需求时，公司可以选择在计划、人事、市场、生产和销售部门任职的经理作为专家。

资料链接

德尔菲法简介

德尔菲法是在20世纪40年代由 O. 赫尔姆和 N. 达尔克首创,经过 T. J. 戈尔登和兰德公司进一步发展而成的。德尔菲这一名称起源于古希腊有关太阳神阿波罗的神话,传说中阿波罗具有预见未来的能力。因此,这种预测方法被命名为德尔菲法。1946年,兰德公司首次用这种方法进行预测,后来该方法被迅速广泛采用。

德尔菲法也称专家调查法,是一种采用通信方式分别将所需解决的问题单独发送到各个专家手中,征询意见,然后回收和汇总全部专家的意见,并整理出综合意见。随后将该综合意见和预测问题再分别反馈给专家,再次征询意见,各专家依据综合意见修改自己原有的意见,然后再汇总,这样多次反复,逐步取得比较一致的预测结果的决策方法。

德尔菲法依据系统的程序,采用匿名发表意见的方式,即专家之间不得互相讨论,不发生横向联系,只能与调查人员发生联系,通过多轮次调查专家对问卷所提问题的看法,经过反复征询、归纳、修改,最后汇总成专家基本一致的看法,作为预测的结果。这种方法具有广泛的代表性,较为可靠。

德尔菲法的具体实施有如下几个步骤:

第一,组成专家小组。按照人力资源预测所需要的知识范围确定专家。专家人数的多少,可根据预测课题的大小和涉及面的宽窄而定,一般不超过20人。

第二,向所有专家提出所要预测的问题及有关要求,并附上有关这个问题的所有背景材料,同时请专家提出还需要什么材料,然后由专家做书面答复。

第三,各个专家根据他们所收到的材料,提出自己的预测意见,说明自己是怎样利用这些材料并提出预测值的。

第四,将各位专家第一次判断意见汇总,列成图表,进行对比,再分发给各位专家,让专家比较自己同他人的不同意见,修改自己的意见和判断;也可以把各位专家的意见加以整理,或请身份更高的其他专家加以评论,然后把这些意见再分发给各位专家,以便他们参考后修改自己的意见。

第五,将所有专家的修改意见收集起来,汇总,再次分发给各位专家,以便做第二次修改。逐轮收集意见并为专家反馈信息是德尔菲法的主要环节。收集意见和反馈信息一般要经过三四轮。在向专家进行反馈的时候,只给出各种意见,但并不说明发表各种意见的专家的具体姓名。这一过程重复进行,直到每一个专家不再改变自己的意见为止。

第六,对专家的意见进行综合处理。

(3) 定量分析方法。上述分析方法均是定性分析方法,可能会存在主观误差,因此需要与定量分析方法结合运用。常用的定量分析方法有趋势分析法、比率分析法、散点图分析法等。趋势分析法的基本思路是确定组织中与劳动力数量和结构关系最大的因素，找出这一因素随雇用人数的变化趋势，由此推出将来的变化趋势。使用该方法要假设除某一因素外其他因素都保持不变或者变化幅度保持一致，并忽略季节变动、循环波动和随机波动等因素，才能根据趋势预测员工需求量。一般适合短中期预测或者比较稳定的预测。

比率分析法与趋势分析法相类似，即依据已经存在的人力资源方面的比例关系，来推测未来的发展情况。例如部门管理人员与该部门员工、员工数量与机器设备数量的比率来估计预测期内的比例关系，进而预测人员需求。

散点图分析法可以说是趋势分析法和比率分析法的综合体。首先收集企业在过去几年内人员数量的数据并据此画出散点图，把企业经济活动中某种变量与人数间的关系和变化趋势表示出来。如果两者之间存在相关关系，可以用数学方法得到一条曲线，企业据此预测未来的人力资源需求。

上述预测方法只是为了叙述方便而进行的简单分类，实际上企业进行人员需求预测时往往较为复杂，而不得不采用多种方法，甚至会延伸出一些变形方法。以比率分析法为例，简单的可以直接套用的比率关系往往是不存在的，在实际应用时会根据情况进行调整和变换。比如，企业往往依照公司未来生产经营计划及劳动定额或每个人的生产能力、销售能力、管理能力等进行人力资源需求预测，虽然也属于比率分析法，但其中的劳动额和劳动生产率等可能会随着机器设备的更新、工人的熟练程度等进行调整，这种比率已经不是单纯的两种要素之间的固定比率，而是处于动态变化中的比率。

3. 第三阶段：人力资源供给分析

人力资源供给分析是指对在未来某一特定时期内能够提供给企业的人力资源数量、质量和结构所做的估计。人力资源供给分析和需求分析的一个重要差别在于：需求分析仅研究企业内部对人力资源的影响，而供给分析则需要研究企业内部和外部两个方面，因此不确定性因素较多。

人力资源供给分析需要注意的是：第一，企业需要考察现有的人力资源存量，假定企业现行的人力资源管理政策保持不变，对未来的人力资源供给数量进行预测；第二，在预测过程中，企业需要考虑内部的晋升、降级、调配等因素，还要考虑员工的辞职、退休、被开除等因素的影响；第三，得到的预测结果不应仅仅是员工的数量，而应该是员工规模、经验、能力、人工成本等各个方面的综合反映。

（1）人力资源内部供给分析。由于人力资源的内部供给来自企业内部，企业在预测期内所拥有的人力资源就形成了内部供给的全部来源，所以内部供给分析主要是对现有人力资源的存量及其在未来的变化情况做出判断，这种分析主要有以下两种。

现有人力资源的分析。人力资源不同于其他资源，即使外部条件都保持不变，人力资源自身的自然变化也会影响未来的供给。因此，在预测未来人力资源的供给时，需要对现有的人力资源状况做出分析。一般来说，主要是对年龄结构、性别、身体状况等进行分析。

人员流动的分析。在进行人员流动分析时，假定人员的质量不发生变化，企业内部人员流动如图2-4所示。人员流动主要包括人员由企业流出和人员在企业内部流动两种。由企业流出的人员数量就构成了内部人力资源供给减少的数量；人员在企业内部流动的分析应针对具体的部门、职位层次或职位类别来进行，虽然这种流动对于整个企业来说并没有影响到人力资源的供给，但是对内部的供给结构却造成了影响。

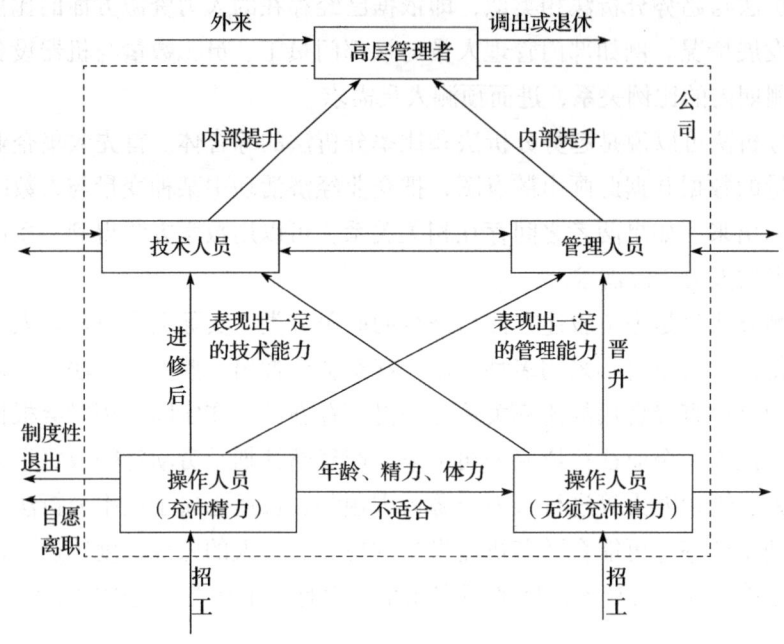

图2-4　企业内部人员流动图

资料来源：赵西萍，宋合义，梁磊.组织与人力资源管理［M］.西安：西安交通大学出版社，1999：91.

（2）人力资源外部供给分析。相比内部供给来说，企业对外部人力资源供给的可控性是比较差的。因此，人力资源外部供给分析主要是对影响人力资源供给的因素进行判断，从而对外部人力资源供给的有效性和变化趋势做出预测。

一般来说，影响人力资源外部供给的因素主要有外部劳动力市场状况、人们的就业意识、企业的吸引力和外部竞争等。当外部劳动力市场紧张时，外部供给的数量就会减少，而当外部劳动力市场宽松时，外部供给的数量就会增加。如果企业不属于人们择业时的首选行业，那么外部供给量自然就比较少，反之就比较多。当企业对人们的吸引力比较强时，人们都会愿意到这里来工作，供给量也就比较多，相反，如果企业不具有吸引力，人们就不愿意到这里来工作。

（3）人力资源供给预测的方法。人力资源供给预测的方法主要是针对内部供给预测而言的，以下主要介绍几种比较有代表性的方法。

技能清单。技能清单是一个用来反映员工工作记录和能力特征的列表。这些能力特征包括培训背景、以往的经历、持有的证书、已经通过的考试、主管的能力评价等。技能清单是对员工实际能力的记录,可帮助人力资源规划人员估计现有员工调换工作岗位的可能性,以及确定哪些员工可以补充当前的岗位空缺。表 2-2 是一个技能清单的示例。

表 2-2 技能清单示例

姓名:		部门:		到职日期:		来源:		出生年月:		最高职称:
教育背景		类别		学位种类		毕业日期		学校		主修科目
		高中								
		大学								
		硕士								
		博士								
训练背景		训练主题			训练机构			训练时间		
技能		技能种类					证书			
评价										
需要何种培训		改善目前的技能和绩效:								
		提高晋升所需要的经验和能力:								
目前可晋升或流动至何岗位										

资料来源:张小兵,孔凡柱.人力资源管理[M].2 版.北京:机械工业出版社,2013.

技能清单的一般用途包括晋升人选的确定、管理人员接续计划、对特殊项目的工作分配、工作调配、培训、薪酬奖励计划、职业生涯规划和企业结构分析等。在利用技能清单的时候,组织必须先要收集员工能力特征和工作经历的资料。

人员核查。人员核查是通过对企业现有人力资源的数量、质量、结构和在各职位上的分布状态进行核查,从而掌握企业可供调配的人力资源拥有量及其利用潜力,并在此基础上,评价当前不同种类员工的供应状况,确定晋升和岗位轮换的人选,确定员工特定的培训或发展项目的需求,帮助员工确定职业开发计划与职业通路。运用人员核查的前提是企业应建立人力资源管理信息系统。

管理人员继任计划。这是预测管理人员内部供给的最简单的方法。该方法是企业高层和人力资源管理部门对现有管理人员的状况进行调查、评价之后,列出未来可能的人选,从选定的人中寻找未来的管理者。使用该方法要将满足企业对人员的需求与人员的选拔、晋升,以及企业战略有机地结合在一起。

该方法目前在许多公司中都得到运用,效果比较明显,例如 IBM 公司、通用汽车公司(GM)用于选拔和培养企业管理者。IBM 公司称之为管理者继任计划,实施该计划的目的是"保证高层管理者的素质,为公司遍布世界的所有管理者的职位做好人才准备"。

管理者继任计划的运作程序:要按照一定的标准选择候选人,即选择潜在的职位接替者。对三类岗位人员进行评估,即对现有的管理人员、接替人员和其他岗位人员进行工作绩效与发展潜力的评估。把各类人员按照绩效或潜力排队,组成岗位接替图(见图 2-5)。

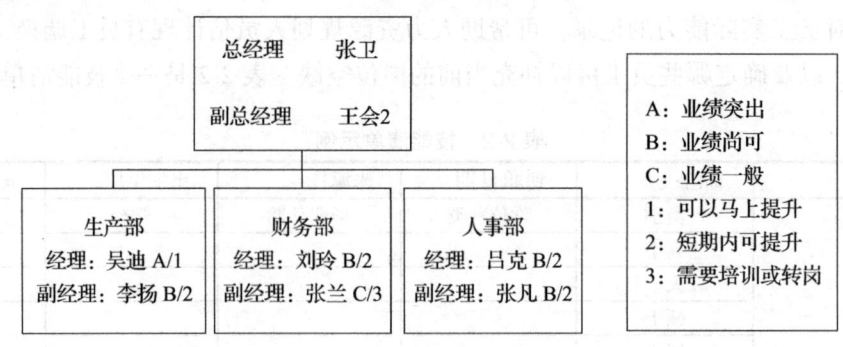

图 2-5　管理人员岗位接替示意图

资料来源：张小兵，孔凡柱.人力资源管理［M］.3 版.北京：机械工业出版社，2017.

员工接续计划。员工接续计划是通过人员接替图来预测企业内部的人力资源供给情况。图 2-6 所示为企业具体某一岗位替代情况，如果所有岗位替代情况分析完之后，可以将所有岗位替代合并起来，就可以得出企业未来各个层次岗位的内部供给量以及总的供给量。

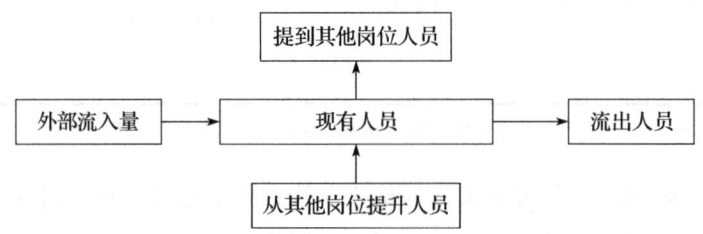

岗位员工内部供给量=现有人员数量+外部流入量+从其他岗位提升人员−提到其他岗位人员−流出量

例：

该岗位员工内部供给量=现有人员数量+流入量−流出量＝51（人）

图 2-6　人员接替图

资料来源：张小兵，孔凡柱.人力资源管理［M］.3 版.北京：机械工业出版社，2017.

马尔科夫（Markov）分析矩阵法。该方法的假定前提是企业内部员工的流动模式与流动概率有一定规律，且该规律在规划期内不会发生变化。所以，如果给定各个状态（各类）的人数、转移率和从外界补充进来的人员数目，就可以预测各类人员在未来时刻的人数（详细计算方法略）。

4. 第四阶段：人力资源供需平衡分析

人力资源规划的最终目的是要实现企业人力资源供给和需求的平衡，因此，在预测出人力资源的供给和需求之后，就要对两者进行比较，一般会有几种结果：供给和需求在数量、质量以及结构方面都基本相等;供给和需求在总量上平衡,但是结构上不匹配;供给大于需求;供给小于需求。第一种情况比较理想,对于后三种情况,要根据比较的结果采取相应的措施。

(1)供给和需求在总量上平衡,结构上不匹配。对于结构性的人力资源供需不平衡,一般要采取下列措施实现平衡:第一,进行人员内部的重新配置,包括晋升、调动、降职等,来弥补那些空缺的职位,满足这部分的人力资源需求。第二,对人员进行有针对性的专门培训,使他们能够从事空缺职位的工作。第三,进行人员的置换,释放那些企业不需要的人员,补充企业需要的人员,以调整人员的结构。

(2)供给大于需求。当预测的供给大于需求时,可以采取以下措施从供给和需求两个方面来平衡供需:第一,企业要扩大经营规模,或者开拓新的增长点,以增加对人力资源的需求,例如,企业可以实施多种经营吸纳过剩的人力资源。第二,永久性地裁员或者辞退员工,这种方法虽然比较直接,但是由于给社会带来不安定因素,因此,往往会受到政府的限制。第三,鼓励员工提前退休,冻结招聘,通过自然减员来减少供给。第四,缩短员工的工作时间或者降低员工的工资,对富余员工实施培训。

(3)供给小于需求。当预测的供给小于需求时,同样可以从供给和需求两个角度来平衡供需,可以采取以下措施:第一,从外部雇用人员,包括返聘退休人员,这是最为直接的一种方法,可以雇用全职的也可以雇用兼职的,这要根据企业自身的情况来确定。第二,提高现有员工的工作效率。第三,延长工作时间,让员工加班加点。第四,降低员工的离职率,减少员工的流失,同时进行内部调配,增加内部的流动来提高某些职位的供给。第五,可以将企业的有些业务进行外包,这其实等于减少了对人力资源的需求。

2.3 工作分析

2.3.1 工作分析的内涵

工作分析(Job Analysis,JA)又称职位分析,是指完整地确认工作整体,对组织中某一特定工作或职位的目的、任务、职责、权利、隶属关系、工作条件、任职资格等相关信息进行收集和分析,并确定完成工作所需的能力和资质的过程或活动。

对工作分析的概念,需要从以下几方面把握:

(1)作为人力资源管理的一项职能活动,工作分析活动的主体是工作分析者,客体是组织内部的各个职位,内容是与各个职位有关的情况,结果是工作说明书,其也可以叫作职位说明书或岗位说明书。

(2)工作分析主要回答和解决"某一职位是做什么事情的"与"什么样的人来做这些事情最适合"两个主要问题。具体来说,工作分析就是要为管理活动提供与工作有关的各种信息,这些信息可以用6W1H来概括:Who,谁来完成这些工作? What,这一职位具体的工作内容是什么? When,工作的时间安排是什么? Where,这些工作在哪里进行? Why,从事这些工作的目的是什么? For Whom,这些工作的服务对象是谁?

How，如何来进行这些工作？

（3）工作分析的本质就是研究某项工作所包括的内容及工作人员必需的技术、知识、能力与责任，并区别本工作和其他工作的差异，即对某项工作的内容及有关因素做全面的、有组织的描写或记载。

2.3.2 工作分析的内容

工作分析的任务就是为人力资源管理的各个方面提供基础、标准和依据。一般来说，工作分析包括两个方面的基本内容：第一，确定工作岗位的具体特征，如工作内容、任务、职责、环境等；第二，找出工作岗位对任职人员的各种要求，如技能、学历、经验等。前者的结果表现为工作描述，后者的结果表现为工作规范，它们的文本形式就是工作说明书。

（1）工作描述。工作描述具体说明工作的物质特点和环境特点，主要解决工作内容、任务、责任、权限、标准、工作流程、环境等问题。工作描述没有统一的严格标准，在内容上一般包括以下几方面：①工作基本资料，包括工作名称、直接上级职位、所属部门、对应岗位等级、薪资水平、所辖人员、工作性质等。②工作详细说明，包括工作概述、工作职责、工作权限、所使用的材料和设备、工作流程、工作结果、与其他工作的关系等。③组织提供的聘用条件，主要描述工作人员在组织中的有关工作安置情况。④工作环境说明，包括工作条件、物理环境、安全性等说明。

资料链接

招聘专员工作描述

职位名称：招聘专员

所属部门：人力资源部

直接上级职务：人力资源部经理

职位代码：XL-HR-021

工资等级：9-13

（一）工作目的

为企业招聘优秀、合适的人才。

（二）工作要点

1. 制订和执行企业的招聘计划。

2. 制定、完善和监督执行企业的招聘制度。

3. 安排应聘人员的面试工作。

（三）工作要求

认真负责、有计划性、热情周到。

（四）工作责任

1. 根据企业发展情况，提出人员招聘计划。
2. 执行企业招聘计划。
3. 制定、完善和监督执行企业的招聘制度。
4. 制定面试工作流程。
5. 安排应聘人员的面试工作。
6. 应聘人员材料管理。
7. 应聘人员材料、证件的鉴别。
8. 负责建立企业人才库。
9. 完成直属上司交给的所有工作任务。

（五）衡量标准

1. 上交的报表和报告的时效性与建设性。
2. 工作档案的完整性。
3. 应聘人员材料的完整性。

（六）工作难点

如何提供详尽的工作报告。

（七）工作禁忌

工作粗心，留有首尾，不能有效地向应聘者介绍企业的情况。

（八）职业发展道路

招聘经理、人力资源部经理。

资料来源：作者根据网络资料整理。

（2）工作规范。工作规范也称为任职资格说明，要求说明从事某项工作的人员必须具备的资历、生理和心理要求，主要包括：①资历要求。它主要是指任职所需的最低学历，职位所需的性别、年龄规定、培训的内容和时间，从事与本职相关工作的年限和经验等。②生理要求。它主要包括健康状况、体能要求、运动的灵活性、感觉器官的灵敏度等。③心理要求。它主要包括观察能力、集中能力、记忆能力、学习能力、解决问题能力、性格、态度、合作性等。

资料链接

招聘专员任职资格说明

（一）生理要求

年龄：23～35岁

性别：不限

身高：女性 1.55～1.70m，男性 1.60～1.85m

体重：与身高成比例，在合理的范围内均可

听力：正常

视力：矫正视力正常

健康状况：无残疾、无传染病

外貌：无畸形，出众更佳

声音：普通话发音标准、语音和语速正常

（二）知识和技能要求

1. 学历要求：本科，大专需从事专业工作 3 年以上

2. 工作经验：3 年以上大型企业的工作经验

3. 专业背景要求：曾从事人事招聘工作 2 年以上

4. 英文水平：达到国家四级水平

5. 计算机：熟练使用 Windows 和 MS Office 系列

（三）特殊才能要求

1. 语言表达能力：能够准确、清晰、生动地向应聘者介绍企业情况；并准确、巧妙地解答应聘者提出的各种问题

2. 文字表述能力：能够准确、快速地将希望表达的内容用文字表述出来，对文字描述很敏感

3. 观察能力：能够很快地把握应聘者的心理

4. 逻辑处理能力：能够将多项并行的事务安排得井井有条

（四）综合素质

1. 有良好的职业道德，能够保守企业人事秘密

2. 独立工作能力强，能够独立完成布置招聘会场、接待应聘人员、应聘者非智力因素评价等事务

3. 工作认真细心，能认真保管好各类招聘相关材料

4. 有较好的公关能力，能准确地把握同行业的招聘情况

（五）其他要求

1. 能够随时准备出差

2. 不可请 1 个月以上的假期

资料来源：作者根据网络资料整理。

【小练习】

请你课后找点空闲时间去大街、超市、小巷、人才市场等地方，搜集一些企业、用人单位所打出来的招聘广告。这些招聘广告中是否含有所招聘岗位的工作说明和详细的任职资格条件呢？如果没有，你能否指出其缺陷和不足呢？

2.3.3 工作分析的程序

工作分析是人力资源管理工作的一项复杂过程，包含了一系列的工作流程。工作分析的主要流程有：

（1）制订工作分析计划。工作分析的首要环节，是由人力资源管理部门负责制订工作分析计划。工作分析计划包括：①确认被考察的各种职位的特点和属性。例如，这些职位是否属于职员性的职位，是某一部门内的职位还是整个企业的全部职位。②审查确认已有资料。在确认阶段，还要对现有文件资料进行审查，如现在的各种工作说明书、组织系统结构图、以往的工作分析信息、其他与工作分析有关的资料。③选定参加工作分析的人员和所使用的具体方法，确定在职员工和管理人员将以何种方式参与工作分析的过程，必须将哪些员工的职位列入工作分析范围等。

（2）向经理和员工说明工作分析过程。在工作分析中，要向管理人员、将受到影响的员工和其他的有关人员说明工作分析的过程。需要解释和说明的事项一般包括工作分析的目的、采取的步骤、时间安排、管理人员和员工如何参与、谁来进行工作分析、有问题时应该与谁联系等。

（3）进行工作分析。接下来就要采取行动去获取工作分析信息，即分发问卷、安排面谈、到现场进行观察等。此后，分析人员必须与有关人员保持跟踪联系，以提醒管理人员和员工归还问卷和按时参加面谈。在取得了工作分析信息后，分析人员应该进行仔细审阅，分析其是否完整。如果有必要，分析人员可以安排进行进一步的面谈，以获取澄清某些问题所需要的补充信息。

（4）准备工作说明书。在获取了所需要的信息资料后，首先应该对其进行分类和筛选，然后就可以用来起草工作说明书。起草工作说明书一般由人力资源管理部门负责，在完成第一稿后，应该分发给有关的经理和员工进行审阅，根据审阅意见，再进行必要的修改，直到形成最终的工作说明书。

（5）保持和更新工作说明书。在形成了正式的工作说明书后，还必须建立一套制度来使其能够根据新情况不断得以反馈、更新。否则，整个工作分析过程就可能每隔几年重复一次。企业是不断演化的动态实体，组织在多年内始终保持不变的情况罕见。所以，这个反馈和自动变迁机制是极其有必要的。

【小讨论】

讨论话题：如果在工作分析过程中，工作分析岗位上的员工不配合或有抵触情绪，这时候工作分析小组人员该如何解决？

2.3.4 工作分析的主要方法

要进行完整的工作分析，必须收集足够的有关工作的信息。获取这些信息的方法很多，常用的工作分析方法有如下几种。

1. 观察法

观察法是通过对特定对象的观察，把有关工作的内容、原因、方法、程序、目的等信息记录并收集的一种方法。该方法适用于大量标准化的、周期短的、以体力活动为主的工作。观察法的优点是工作分析人员能够比较全面和深入地了解工作要求。其缺点是不适用于脑力劳动为主的活动和处理紧急情况的间歇性工作，而且不易得到有关任职者要求的信息。

2. 工作日志法

工作日志法也称为现场工作日记法，是在主管人员的领导下由员工本人自行进行的一种职务分析方法。它要求员工在每天的工作过程（时间允许的情况下）中记下工作的各种细节，由此来了解员工实际工作的内容、责任、权利、人际关系及工作负荷。

3. 访谈法

访谈法（又称面谈法）是通过工作分析者和工作执行者面对面地谈话来收集信息资料的方法。采用面谈法时，应使面谈者的总体构成具有代表性，并注意选择参加座谈的工作执行人员；另外，要提前准备好面谈（问题）提纲。面谈法的优点是能够迅速而简单地收集工作分析资料，适用面广，由任职者亲口讲出工作内容，具体而相对准确。缺点是员工容易把工作分析当成绩效考核，而夸大其承担的责任和工作难度，会引起工作分析信息的失真和扭曲。因此，面谈法不适合作为工作分析信息收集的唯一方法，而应与其他方法结合使用。

4. 问卷调查法

问卷调查法是通过结构化的问卷来收集信息的一种方法。通过在岗人员填写工作信息调查表来获取有关工作的信息，是一种快速而有效的方法，其使用范围较广。问卷调查表一般应包括基本资料（员工基本信息）、工作时间要求、工作内容、工作责任、任职者所需知识技能、工作的劳动强度和工作环境。问卷调查表的调查问题可以根据工作分析的目的加以调整，内容可繁可简。

问卷调查法的优点是不必亲临工作现场，手续简便，便于全面开展调查，节省时间，速度快，而且容易获得广泛、丰富的资料，加之问卷调查表是一种标准化、格式化的表格形式，便于资料整理工作的进行。该方法的缺点在于被调查者的主观态度对调查结果的干扰性较大，由于填表人的原因造成所填内容与事实不符，使调查所获信息的真实性降低。

5. 关键事件法

关键事件法是认定员工与职务有关的行为，并选择其中最重要、最关键的部分来评定其结果。在工作分析信息的收集过程中，往往会遇到这样的问题：工作者有时并不十分清楚本工作的职责、所需能力等。此时，工作分析人员可以采用关键事件法。具体的方法是，分析人员可以向工作者询问一些问题，比如"请问在过去的一年中，您在工作中所遇到的比较重要的事件是怎样的；您认为解决这些事件的最为正确的行为是什么；最不恰当的行为是什么；您认为要解决这些事件应该具备哪些素质"等。

值得注意的是，在进行工作分析时往往根据需要采用多种方法，以克服单一方法所带来的误差，表 2-3 详细列示了上述各种方法的优缺点。

表 2-3 分析方法的优缺点

分析方法		优点和缺点
观察法	优点	根据工作者自己陈述的内容，直接到现场深入了解状况
	缺点	干扰正常的工作行为或工作者的心智活动；无法感受或观察到特殊事故；如果工作本质上偏重心理活动，则成效有限
工作日志法	优点	可充分了解工作，有助于主管对员工的面谈；逐日或在工作活动后做记录，可以避免遗漏；可以收集到最详尽的数据
	缺点	主要收集描述性资料，分析性较弱；需进行较长时间的资料收集
访谈法	优点	可获得完整的工作数据，免去员工填写工作说明书的麻烦；可进一步使员工和管理者沟通观念，以获取谅解和信任；既可不拘于形式，问句内容较有弹性，又可随时补充和反问，是填表法不能办到的；收集方式简单
	缺点	信息可能受到扭曲——因访谈对象怀疑分析者的动机、无意误解或分析者访谈技巧不佳等因素而造成信息的扭曲；分析项目繁杂时，费时又费钱；占用员工工作时间，妨碍生产
问卷调查法	优点	成本较低，迅速；容易进行，且可同时分析大量员工；员工有参与感，有助于双方的了解
	缺点	很难设计出一个能够收集完整数据的问卷；一般员工不愿意花时间填表，因而，很少正确地填写问卷调查表
关键事件法	优点	针对员工工作中的行为，能够深入了解工作的动态性；由于行为是可观察、可衡量的，因而记录的信息应用性强
	缺点	需花大量时间收集、整合、分类资料；不适于描述日常工作

【小练习】

请采用面谈法和问卷调查法来调查你所在学校宿舍楼宿管阿姨的工作情况（包括工作性质、职责、工作内容和任职要求等），调查问卷在面谈之后设计，小范围使用后，再征求资深宿管的意见，并进行修改后大范围发放问卷。

另外，你觉得宿管阿姨这一岗位能否采用观察法来进行工作分析？为什么？

2.4 招聘需求分析与招聘计划制订

2.4.1 招聘需求分析

招聘需求分析是招聘工作的第一步，有时与人力资源规划一起完成，是人力资源规划的实践表现。人力资源规划倾向于宏观层次，招聘需求分析倾向于微观层次，即服务于单项招聘活动。招聘需求分析是依据人力资源管理规划进行的招聘必要性分析，即解决是否要展开招聘活动的问题。通过人力资源规划，企业明确了未来一段时间人力资源的需求和供给状况，掌握了未来需要补充的人员数量和质量，但一般并未清晰指出人员需求的具体时间。招聘需求分析就是分析在某一具体时间的人才需求，据此为招聘活动提供支持。广义来说，员工招聘包括临时性招聘和长期招聘，临时性招聘用以满足企业的临时性人才需求,或者说是结构性空缺,而长期招聘是用以满足企业的长期性人才需求。短期人才空缺多是由临时性动因造成的,比如员工休假、额外订单等非固定业务量的增加。长期人才空缺多是永久性空缺,比如员工退休、离职、公司规模扩张、新兴业务产生的崭新岗位等(如无特殊说明,本书所指招聘是指长期招聘)。

招聘需求的产生多是以人员需求表的形式来展现的。人员需求表载明需要招聘新人的理由及条件,许多公司会将职位说明书附于人员需求表之后,用以明示所需招聘人才的资格条件,为人才的甄选提供依据。值得一提的是,不同公司的人员需求表内容可能会有所差异,但都大同小异。表2-4 为某公司的人员需求表。

表2-4 某公司的人员需求表

申请部门		岗位名称		人数	
申请理由 (请在相应的 字母上打√)	A.扩大编制 B.辞职补充 C.储备 D.补充编制				
	具体理由				
	若替换请写明被替换人的姓名				
用工性质	A.劳动合同工 B.聘用工 C.临时工				
应到岗时间		工资范围		试用期:	转正:
招聘建议	A.部门内部招聘 B.公司内部招聘 C.外部招聘				
任职资格(扩大编制或在编请附工作说明书)					
岗位概述					
主要职责					
性别	A.男 B.女 C.不限		年龄	岁到 岁	
学历			婚姻	A.已婚 B.未婚 C.不限	
知识					
技术					
能力					
个性品质					
工作经验					
特殊要求					
申请部门意见: 签名_____ 日期_____					
分管领导意见: 签名_____ 日期_____					
人力资源部意见: 签名_____ 日期_____					
总经理意见: 签名_____ 日期_____					

2.4.2 招聘计划制订

在确定招聘需求之后,企业人力资源部就要着手进行招聘计划的制订(实际上,获取招聘需求也是招聘计划的一部分),因为招聘计划是一项事前的谋划,为后续的具体招聘活动提供指导。一般来说，招聘计划是人力资源部根据企业人力资源战略和规划，明确一定时期内招聘的职位类型、人员数量和资质条件等因素，并制订具体的招聘活动的执行方案。

虽然不同企业制订的招聘计划会有所差异，但一般会包括如下几项内容。

（1）人才需求清单。它包括招聘的职位类型、数量和任职资格。

（2）组建招聘小组。明确招聘小组的人员构成，确定每个人的职责。

（3）确定人才招聘渠道和具体招聘方式。首先要明确人才的来源，即内部招聘或外部招聘，再根据不同的人员来源渠道确定具体的招聘方式（此部分内容将在下节做详细介绍）。

（4）应聘者的考核方案。考核方案应尽量详细，具有可执行性。

（5）时间安排。最为重要的是明确人才上岗时间，据此确定合理的招聘起止时间。严格来说，招聘计划应对招聘活动中的每一项具体事务安排确定时间，包括招聘信息的发布时间、面试时间、笔试时间、试用时间等。

（6）招聘成本。初步核算招聘所可能发生的费用，包括资料费、广告费、人才交流会费用等。

（7）招聘广告样稿。如果可能还应拟制好招聘广告样稿。

另外，在制订招聘计划时要考虑具体的招聘策略。招聘策略是招聘计划的具体体现，是为实现招聘计划而采取的具体策略。在招聘中，必须选择适合本组织实际情况的招聘策略。招聘策略包括招聘人员策略、招聘地点策略、招聘时间策略等。

招聘人员对于招聘起着至关重要的作用。因此，在选择招聘人员时，应选择具有良好的个人品质和修养，具备多方面能力和知识的人参加，还要注意个人在知识、能力、气质、性别等方面的互补性。此外，部门经理也应参加到招聘工作中，因为部门经理更加了解岗位的技能要求。

招聘地点是指企业要在多大的地域范围内进行招聘活动。从招聘的效果考虑，范围越大，效果相应也会越好，但是随着范围的扩大，企业的招聘成本会增加，因此对于理性的企业来说，招聘的范围应当适度。

由于招聘工作本身需要耗费一定的时间，再加上选拔录用和岗前培训的时间，因此填补一个职位空缺往往需要相当长的时间，为了避免企业因缺少人员而影响正常的运转，企业要合理地确定自己的招聘时间，以保证职位空缺的及时填补。当然在招聘实施过程中，由于各种原因的存在，企业要随时对招聘时间进行调整。

案例链接

招聘计划（样稿）

一、招聘目标（人员需求）

职务名称	人员数量	其他要求
软件工程师	5	本科以上学历，35岁以下
销售代表	3	本科以上学历，相关工作经验3年以上
行政文员	1	专科以上学历，女性，30岁以下

二、信息发布时间和渠道

1．××日报　　　　　　　　1月18日

2．××招聘网站　　　　　　1月18日

三、招聘小组成员名单

组长：王岗成（人力资源部经理）对招聘活动全面负责

成员：赵子龙（人力资源部薪酬专员）

具体负责应聘人员接待、应聘资料整理

杨雪（人力资源部招聘专员）

具体负责招聘信息发布，面试、笔试安排

四、选拔方案及时间安排

1．软件工程师

资料筛选　　　　　开发部经理1月25日

初试（面试）　　　开发部经理1月27日

复试（笔试）　　　开发部命题小组1月29日

2．销售代表

资料筛选　　　　　销售部经理1月25日

初试（面试）　　　销售部经理1月27日

复试（面试）　　　销售副总1月29日

3．行政文员

资料筛选　　　　　行政部经理1月25日

面试　　　　　　　行政部经理1月27日

五、新员工的上岗时间

预计在2月1日左右

六、费用招聘预算

1．××日报广告刊登费　　　　　　　4 000元

2．××招聘网站信息刊登费　　　　　800元

　　　　　　　　　　　　　合计：4 800元

七、招聘工作时间表

1月11日：起草招聘广告

1月12～13日：进行招聘广告版面设计

1月14日：与报社、网站进行联系

1月18日：报社、网站刊登广告

1月19～25日：接待应聘者、整理应聘资料、对资料进行筛选

1月26日：通知应聘者面试

1月27日：进行面试

1月29日：进行软件工程师笔试（复试）、销售代表面试（复试）
1月30日：向通过复试的人员通知录用
2月1日：新员工上班

人力资源部
××年×月×日

问题：
请根据上述招聘计划样稿指出该招聘计划的不合理之处？

2.5 招聘策略选择

招聘策略可分为战略性招聘策略和战术性招聘策略两类，战略性招聘策略一般是根据企业发展阶来确定，而战术性招聘策略是为某一项具体招聘活动来服务，是解决企业对人力资源的需求而进行的具体招聘行动计划，是招聘计划的具体表现。其主要分为人员策略、时间策略和地点策略。

2.5.1 战略性招聘策略

按照企业生命周期理论，企业一般会经历初创期、成长期、成熟期和衰退期四个阶段，接下来就分别针对这四个不同阶段谈谈招聘策略。

1. 初创期的招聘策略

处于初创期的企业一般实力较弱、规模较小、人员较少、社会知名度不高，但企业却有极强的灵活性和成长性。初创期的企业管理制度尚不成熟，尚未形成固定的用人文化和人才政策，企业招聘往往由老板一人做主。此时企业的主要目标是生存，其业务的开展主要依靠创业元老的个人能力，大家高度团结，效率高。初创期高层团队依靠创业精神维系比较稳定，中层相对稳定，但一般员工却因企业管理制度不完善、保障体系不健全、工资待遇低等因素的影响而流动率通常较高。

初创期企业对人才的需求一般是基层销售人员为主，基本没有中高层招聘，但对人员的要求却较高，丰富的工作经验和工作业绩是重点选择的标准，最好是多面手，尤其是一些对企业发展方向和目标比较认同、年龄较小的人员，吸引人才的手段主要依靠其良好的职业前景、工作的挑战性和领导者的个人魅力。由于企业资金不充裕，招聘费用较低，多采用朋友介绍、网络招聘等招聘渠道，因而在人员甄选方面还未形成较完善的选材体系，甄选主要依赖老板的个人判断力。用人的灵活性较强，一人多岗和因人设岗的现象明显，对招聘时间和招聘效率没有明确的要求。

2. 成长期的招聘策略

成长期的企业逐步走向正规化，经营规模不断扩大并快速增长，人员迅速膨胀，品牌知名度急剧上升，机构和规章制度不断建立与健全，企业的经营思想、理念和企业文化逐渐形成；跨部门的协调越来越多，并越来越复杂和困难；企业面临的主要问题是组织均衡成长和跨部门协同。高层之间开始出现分歧，跟不上企业发展步伐的员工主动辞职，员工流动性相对较大。

成长期的企业人才需求较大，以外部招聘为主，招聘人员类型包含中、高、低各个层次。对专业技术人才和中层管理人才的需求大幅度增加，对人才的要求也随之提高，一般要求具备相同职位工作经验，能直接上手，且具备一定的发展潜力。此时，企业吸引人才的手段主要依靠较大的晋升空间、良好的发展前景和与行业平均水平接近或以上的薪酬。成长期的企业一般设置了专门的人力资源管理部门，有了专业管理人员，采用的招聘方式多以招聘会为主，网络招聘为辅，在专业人才的招聘上开始引入猎头公司等专业人才招聘机构。

3. 成熟期的招聘策略

成熟期的企业规模大，业绩优，资金充盈，制度和结构也很完善，决策能得到有效实施，企业非常重视顾客需求、注重顾客满意度，一切以顾客至上为原则，重视市场和公司形象，要求计划能得到不折不扣的执行，而如何使繁荣期延长并力争使企业进入一个新的增长期，成为企业制定发展战略的关键。在企业的成熟期，晋升困难，各层面人员的流动率低，人员规模相对稳定。企业的发展主要是靠企业的整体实力和规范化的机制，企业内部的创新意识可能开始下降，企业活力开始衰退。

成熟期的企业人才需求不多，外部招聘数量少，只在企业开拓新业务和新市场时才会产生大量的外部人才需求。但对人员的要求却较高，强调综合能力素质，尤其是创新意识、执行力和明确的职业发展方向。吸引人才的手段主要依靠企业实力和形象与领先于行业平均水平的薪酬。企业内部人力资源管理制度较为完善，人力资源部的专业性较好，开始使用评价中心技术对人才的能力素质进行评价，业务水平由用人部门的部门经理进行评判。高级人才的招聘以猎头为主，辅以内部推荐、专场招聘会、网络招聘、校园招聘、平面媒体等丰富多样的招聘渠道。

4. 衰退期的招聘策略

衰退期是企业生命周期的最后一个阶段，企业市场占有率下降，整体竞争能力和获利能力全面下降，盈利能力全面下降，资金紧张，危机开始出现，企业战略管理的核心是寻求企业的重整和再造，使企业获得新生。企业内部官僚风气浓厚，人浮于事，制度多却缺乏有效执行，员工做事越来越拘泥于传统、注重于形式，只想维持现状，求得稳定。人心涣散，核心人才流失严重，一般人员严重过剩，高层更替频繁，并波及中层。

衰退期的企业外部招聘非常少，相反被动型离职（如裁员）却很多。对外部人才的需求主要集中在高层管理人员，要求高管人员具有改革意识、大局观、决策能力、战略眼光和驾驭企业的整体能力，尤其是同行业类似企业的运营经验，有扭亏为盈的经历最好。其他层级基本以内部竞聘为主。处于衰退期的企业往往失去了往日的光环，因而对人才的吸引力下降，吸引人才的手段主要依靠利益分享机制和操作权限。高层管理人员的招聘仍然以猎头为主，其选拔通常由董事会直接进行评价，并引入专业的人才评价机构辅助。

2.5.2 战术性招聘策略

战术性招聘策略是指为保障招聘活动成功、有效而采取的一些方法上的技巧。战术性招聘策略主要包括人员策略、时间策略和地点策略。

1. 人员策略

人员策略主要是指对招聘人员的选择。招聘人员作为企业代表与应聘人员接触交流，他们所代表的不仅仅是个人，更重要的是企业形象。因而，在选择招聘团队成员时要注意人员的专业素质、个人修养和外在形象。合格的招聘人员需要有良好的品质与修养、具备专业领域知识技能、广阔的知识面、良好的沟通能力等。招聘往往由一个团队完成，因而在选择团队成员时除了关注个人素质和修养外，还要注意团队成员之间的多样化和互补，人员的选择应该满足能力互补、知识互补、年龄互补、性别互补等原则。另外，还需要用人单位的参与，因为它们更了解岗位的技能需求。

2. 时间策略

时间策略主要是指招聘活动的时间安排技巧，包括两个方面：一是招聘的时间段安排，二是招聘起止时间的安排。由于人力资源市场上人力资源在一年当中的不同时间段的供给量不同，因而为了实现有效招聘，招聘应安排在人力资源供给数量较多的时间段。一般来说，校园招聘供给数量最多的时候是大学生毕业前的 5 月，但由于企业间激烈的竞争和人才重要性的日益突出，企业选择校园招聘的时间越来越早，在每年 10～12 月基本就形成了校园招聘的高峰。另外，在年终往往会形成一波小的离职跳槽潮，因而每年春节前后也就成为人力资源部最为繁忙的一段时间，既要进行各种年终级别评定、年终奖发放，还要开展更为重要的人才招聘。

人才招聘除了考虑人力资源的供给因素外，还要考虑企业人才需求和到岗时间，合理设定招聘的起止时间。不同岗位类型的人才招聘难度不同，其所需要的时间也会有所差异。一般来说，岗位级别越高，招聘所花费的时间也就越长。对于基层员工招聘，招聘开始应至少在用人单位要求的到岗时间的一个星期前开展招聘，对于中高层员工招聘则大约需要提前 1 个月进行。

3. 地点策略

地点策略是指选择什么地点进行招聘。招聘地点的选择要考虑人力资源供给数量较多的地方，以便于招聘到合适的人才，另外还要考虑经济因素，招聘地点距离企业所在地越远，招聘所花费用可能会越高。因而，在能保证招聘人员数量和质量的前提下，应尽可能选择就近原则。除此之外，招聘地点的选择还与企业的人才政策和所要招聘的职位类型有关，一般来说，职位越高，招聘的地点范围就越大。因为每家企业的人才政策均不同，此处不再阐述人才政策与招聘地点选择的关系。

学习建议

在本章的学习过程中，大家应该把重心放在招聘需求分析和招聘计划的制订方面，理解人力资源规划和工作分析与招聘之间的关系，懂得如何组建招聘团队。

【本章重点】

人力资源规划、工作分析与招聘的关系、招聘需求分析、招聘计划制订、招聘策略选择。

【本章难点】

人力资源规划制定过程的把握，工作分析过程的把握和结果运用。

核心概念

人力资源规划、人力资源供给、人力资源需求、人力资源供给预测、人力资源需求预测、人力资源供需平衡、工作分析、工作描述、工作规范、工作说明书、招聘需求、招聘计划、招聘策略、招聘团队。

课后思考与练习

1. 人力资源规划的含义及目的是什么？
2. 人力资源规划的内容有哪些？
3. 人力资源规划的操作程序是怎样的？
4. 工作分析的含义及目的是什么？影响人力资源规划的内外部环境因素有哪些？
5. 工作分析的内容是什么？
6. 工作分析的操作程序是怎样的？
7. 人力资源规划与招聘需求的关系是怎样的？
8. 工作分析与招聘的关系是怎样的？
8. 如何进行招聘需求分析？
9. 何为招聘计划？招聘计划的内容有哪些？如何制订招聘计划？
10. 为实现有效招聘，如何选择招聘策略？

实训应用

实训应用 1

实训项目：编制企业人力资源管理计划

实训目的：通过实训，了解和掌握企业人力资源管理计划的制订原则、主要内容以及人力资源管理计划编撰的方法、程序。

实训指导：指导教师主要给予实训对象两个方面的指导：一是企业人力资源管理计划相关基础知识要点的指导，主要包括制订人力资源管理计划的原则、人力资源管理计划的内容（主要包括职务编制计划、人员配置计划、预测人员需求、人员供给计划、人员培训计划、人力资源管理政策调整计划、人力资源管理费用预算、风险分析与对策等）、编撰人力资源管理计划的步骤；二是指导实训对象深入企业人力资源管理部门，获取一手资料。

实训组织：实训开始前，要求实训对象已经阅读过相关书籍，并已获得企业人力资源管理的真实资料。

实训开始后，进行分组讨论，每组 3～5 人，每人充分发表个人意见和观点。指导教师进行点评。实训对象选择某家企业，编撰该企业人力资源管理计划。

本实训项目实训时间以 2 小时为宜。

实训案例资料：成立于 1995 年的 Q 公司，在经历 1997～1999 年的高速扩张后，于 2000 年年初放缓了发展的脚步，因为总经理感受到高速扩张带来的两个头痛问题：一是高速扩张后带来的管理人才紧缺，管理机制出现了一些问题；二是企业的发展方向，经过几年的发展，企业已经发展壮大了，资金已经不再是制约公司发展的一个关键问题，但未来的投资领域在哪？于是，总经理调整了公司战略，决定 2017 年以完善公司内部管理为基础，优化企业人力资源为关键，并且还专门找了一家咨询公司对公司进行诊断和咨询，整理出了公司战略发展计划如下。

愿景：致力于成为高效、优质、服务良好的公司，建立以管理和先进研发技术为核心竞争力的光通信产品供应商。

使命：享受沟通的快乐。

战略：①整合企业价值体系，创建具有 Q 公司特色的企业文化；②以优良的办公和内部环境吸引人，建设高绩效的管理团队，合理配置人力资源；③以客户服务为中心，建立优质服务体系；④建设高效的运作流程，使公司高效运作；⑤实行全员质量管理；⑥加强与外界的技术交流，提高技术研发能力，创造优质产品；⑦以社会责任为己任，尽公司所能捐赠慈善事业和参加其他公益活动，树立公司良好形象。

战略目标（人力资源部分）：①人员规划：2017 年 1 980 人，2018 年 2 200 人，2019 年 2 500 人，2020 年 2 800 人，2021 年 3 000 人；②人员素质结构比例：到 2021 年，博士 1%，硕士 5%，本科 20%，大专 40%，中专（包括技校和高中）20%，其他 14%；③人员总体结构比例：管理人员 12%，技术人员 20%，生产人员 50%，生产幕僚 8%，其他 10%；④员工培训：管理干部全年不低于 80 小时，技术、管理职员全年不低于 60 小时，一般员工全年不低于 30 小时；⑤员工流失率不低于 3%，不高于 8%；⑥工资调整幅度：结合公司经营情况及上一年的目标完成情况，公司总体工资按 2% 的比例上浮。

实训考核：实训结束后，每位学生必须当场编撰并完成实训报告，实训指导教师可给予点评。实训报告要求语言流畅、文字简练、条理清晰。实训报告内容主要包括实训报告封面（实训日期、实训人姓名、专业、班级等信息）、实训项目名称、实训目的、实训内容、实训资料（实训所依据的原始资料和使用的工具、材料等）、实训过程（实训采用的方法、步骤等）、实训结果或结论、收获与体会、实训指导教师评价意见等。

实训成绩按优秀、良好、中等、及格和不及格五级计分法评定。

实训应用 2

实训项目：编制企业招聘计划

实训目的：通过实训，了解和掌握企业招聘计划的制订原则、主要内容及编制方法等。

实训内容：上海孔氏控资控股有限公司是世界 500 强企业之一，主营虚拟现实业务，根据业务发展要求，现需要招聘 VR 技术研发人员 5 名，市场销售人员 2 名，高级会计师 1 名，大华东区经理 1 名。到岗时间均要求在 2018 年 7 月 1 日。请根据上述资料设计一份招聘方案，并说明设计的理由和注意事项，如果认为所提供资料不齐备，请自行补充，并按照补充的资料进行招聘计划的编制。

📚 章末案例

案例 1　　　　　　　　苏澳玻璃公司的人力资源规划

2015 年以来苏澳玻璃公司（简称苏澳公司）常为人员空缺所困惑，特别是经理层次人员的空缺常使公司陷入被动的局面。2016 年 12 月，苏澳公司进行了人力资源规划。公司首先由四名人事部的管理人员负责收集和分析目前公司对生产部、市场与销售部、财务部、人事部四个职能部门的管理人员与专业人员的需求情况以及劳动力市场的供给情况，并估计在 2017 年，各职能部门内部可能出现的关键职位空缺数量。

上述结果用来作为公司人力资源规划的基础，同时也作为直线管理人员制订行动方案的基础。但是在这四个职能部门里制订和实施行动方案的过程（如决定技术培训方案、实行工作轮换等）是比较复杂的，因为这一过程会涉及不同的部门，需要各部门的通力合作。例如，生产部经理为制订将本部门 A 员工的工作轮换到市场与销售部的方案，则需要市场与销售部提供合适的职位，人事部做好相应的人事服务（如财务结算、资金调拨等）。职能部门制订和实施行动方案过程的复杂性给人事部门进行人力资源规划增添了难度，这是因为有些因素（如职能部门间合作的可能性与程度）是不可预测的，它们将直接影响到预测结果的准确性。

苏澳公司的四名人事管理人员克服种种困难，对经理层的管理人员的职位空缺做出了较准确的预测，使该层次上人员空缺减少了 50%，跨地区的人员调动也大大减少。另外,从内部选拔工作任职者人选的时间也减少了50%,并且保证了人选的质量,合格人员的漏选率大大降低,使人员配备过程得到了改进。人力资源规划还使公司的招聘、培训、员工职业生涯计划与发展等各项业务得到改进,节约了人力成本。

苏澳公司取得上述进步,不仅仅是得益于人力资源规划的制定,还得益于公司对人力资源规划的实施与评价。在每个季度,高层管理人员会与人事咨询专家共同对上述四名人事管理人员的工作进行检查评价。这一过程按照标准方式进行,即这四名人事管理人员均要在以下14个方面做出书面报告:各职能部门现有人员、人员状况、主要职位空缺及候选人、其他职位空缺及候选人、多余人员的数量、自然减员、人员调入、人员调出、内部变动率、招聘人数、劳动力其他来源、工作中的问题与难点、组织问题及其他方面(如预算情况、职业生涯考察、方针政策的贯彻执行等)。同时,他们必须指出上述14个方面与预测(规划)的差距,并讨论可能的纠正措施。通过检查,一般能够对下季度在各职能部门中应采取的措施达成一致意见。

在检查结束后,这四名人事管理人员对他们分管的职能部门进行检查。在此过程中,直线经理重新检查重点工作,并根据需要与人事管理人员共同制订行动方案。当直线经理与人事管理人员发生意见分歧时,往往可通过协商解决,行动方案上报上级主管审批。

问题:

1. 苏澳玻璃公司的人力资源规划为什么能够取得如此成功?
2. 苏澳玻璃公司的人力资源规划是如何实施的?在此过程中出现了哪些障碍?

案例2　　　　思科系统公司的人才招聘策略

思科系统(Cisco Systems)公司(简称思科)成立于1984年,总部设在美国加利福尼亚州圣何塞,是一家标准硅谷模式的高科技公司,创始人是来自斯坦福大学的一对教授夫妇。1990年思科在纳斯达克(NASDAQ)上市,市值曾一度达到5 500亿美元。Cisco一词源自旧金山的英文名SanFrancisco的尾词,公司Logo的灵感来自美国金门大桥形象,寓意思科通过网络联结全人类。思科的招聘特点主要表现在如下几个方面。

1. 招聘总动员

思科的招聘广告是:我们永远在雇人。对优秀人才思科永远有兴趣。在互联网世界里,最关键的是人才的获取和保留。思科在互联网领域走得非常快,以致整个业界人才的供应跟不上思科成长的速度。

2. 全面招聘

思科的招聘方式是全面撒网,招聘广告、网站、猎头、人才招聘会等都用上,面对思科每年60%的增长速度对人才张开的巨口,这些方式都显得不够得力。好的方式还没有,所以是摸着石头过河。思科经常到IT界人才会议中做人才资源收集的工作。对思科最有效的方式是用猎头公司,这样的成本很高,但是面对大量高技术人才缺乏的情况，思科还是有大概 40% 的员工是猎头公司找来的，思科用猎头公司招人是从上到下不分职位的。思科还有大概 10% 的应聘者是通过员工互相介绍进来的，思科有一项特别的鼓励机制，鼓励员工介绍人加入思科，方式有点像航空公司累积旅程。思科的规定是：介绍一个人来面试就给你一个点数，每过一道面试关又有一个点数，如果员工最后被思科雇用，则有事成的奖金，这些点数最后累积折成海外旅游。这是思科创造性的做法，让所有员工都是猎头代理，有合适的人一定会介绍到公司来。

3. 进入学校培养员工

思科的发展速度要求员工能够自己很快独当一面，所以对应届毕业生使用得比较少。思科从 1999 年开始在一些大学设立虚拟的网络学院（Networking Academy），通过提供一些设备和课程，让学生熟悉互联网环境，而且对学生有一个笔试的 CCNA 认证，让学生对互联网有一个基本的了解。思科在过了这一关的学生中挑选一些人做见习员工。另外思科也在学校开始一些助理工程师的培养，这些学生经过半年到一年的培养，成为思科正式的工程师。

4. 人人都需领导特质

思科在决定录用一个人时，除了基本条件的要求外，还要求应聘者具备领导特质。因为在思科每一名员工都是一个单兵作战的单位。例如思科的系统工程师，不是简单做产品规格，工程师可能要到客户那里去做报告，需较好的表达能力。所以思科在招聘时考虑应聘者的综合素质，其需要有领导特质和专业精神，对工作的需要和客户的需要都能有敏锐的反应。思科的业务不是做一次买卖，而是与客户建立一种长久的关系，需要员工能够感觉客户的需要就是思科的需要，这样的敏感度和成熟度必需反映到每个人的身上。对于行政部门的员工，公司也需要他们给别人提供好的服务。

5. 反问面试员

思科非常重视面谈的开始和结束，思科强调面试人员需要一项完整的培训。招聘者不只是懂得问什么问题，还要给应聘者一个愉快的环境，让应聘者不要等得太久。面试员的一个责任是在面试程序上做总结，所有面试员在面试结束后会问那些应聘者，他们哪些环节做得不好，希望应聘者对面试提出意见。如果应聘者多次对招聘人员在某些方面的意见都是一致的，例如说等了一个小时，时间太长，思科内部会针对应聘者提出的问题做修正。思科美国公司做得更细致，给那些应聘者提供一个跟踪电话，并附给他们正式表格，让应聘者谈谈对上次面试有什么看法，这样公司对招聘真正有一个监督。

问题：

思科的招聘有何特色？这些特色是如何与企业需求相匹配的？

相关链接

全国大学生创业服务网：http://cy.ncss.org.cn/

全国大学生就业公共服务立体化平台：http://www.ncss.org.cn/

中国人才网：http://www.cnjob.com/
中华英才网：http://www.chinahr.com/
智联招聘：http://ts.zhaopin.com/
前程无忧：http://www.51job.com/
中国人力资源网：http://www.hr.com.cn
中国人力资源开发网：http://www.chinahrd.net
中国外语人才网：http://www.jobeast.com/
中国汽车人才网：http://www.carjob.com.cn/
猎聘网：http://www.liepin.com/
人力资源总监：http://cho.icxo.com/
中国服装人才网：http://www.cfw.cn/
IT英才网：http://it.800hr.com/
应届生求职网：http://www.yingjiesheng.com/
过来人求职网：http://www.guolairen.com/
中国教育在线：http://www.eol.cn/

Chapter3
第 3 章

招聘渠道与方法

学习目标

1. 了解内部招聘概念及原则
2. 掌握内部招聘的途径及优缺点
3. 了解外部招聘概念及原则
4. 掌握外部招聘的途径及优缺点
5. 掌握招聘渠道选择的技巧
6. 熟悉招聘信息的制作和发布

章首案例　从内部提拔还是从外部招聘

A公司的业务发展正处于蒸蒸日上的时期，但是最近老总却陷入烦恼中。公司一名骨干产品经理跳槽离开公司，是选择通过对外招聘给这个职位着陆一个"空降兵"呢，还是通过公司内部提拔来填补这个空缺？如果采用外部招聘的方法，公司很难保证在短时间内找到熟悉这个产品的合适人选，但如果选择内部提拔的方法，这个部门里其他主管的能力又确实与产品经理的职位要求存在一定距离。

面对公司中高层管理职位的空缺，是"输血"还是"造血"，这个问题一直未有定论。美国一些知名企业对这个问题给出了完全不同的答案，其中一个极端的例子是通用电气，该公司80%的高层职位由内部提拔产生，这些高层人士在通用电气度过了他们几乎全部的职业生涯。"我们的原则是挖掘内部人才。"通用电气人力资源部经理威廉·科纳蒂（William Conaty）表示"除非迫不得已，我们不想依赖外来者"。他说，这一点从通用电气在位于纽约州的管理培训中心以及其他内部管理者发展项目上每年10亿美元的投资足可见一斑。与通用电气不同，思科系统（Cisco Systems）公司则希望在外部招贤纳士。思科首席执行官约翰·钱伯斯（John Chambers）表示，这些年来，思科只有60%的空缺由内部人士填补，其他均来自外部。"从人才的选择面以及战略发展考虑，外部人才更容易激发创新灵感"。

问题：

你认为公司招聘在内部提拔和外部招聘两种渠道上应如何抉择？应考虑哪些因素？（参考答案见本章末。）

招聘渠道是获取职位候选人的途径。一般来说，招聘渠道可以分为两类：内部招聘渠道和外部招聘渠道。在每一类招聘渠道中，又有许多不同的细分渠道。不同的招聘渠道能够满足组织对人才的不同需要，组织在招聘的过程中应具体问题具体分析，根据组织的需要确定招聘渠道。

3.1 内部招聘

3.1.1 内部招聘的概念及原则

1. 内部招聘的概念

内部招聘是指从企业内部选拔出合适的人员补充到空缺或新增岗位上的活动。内部招聘的做法通常是企业在内部公开空缺职位，吸引员工来应聘。这种方法的作用就是使员工有一种公平合理、公开竞争的平等感觉，它会使员工更加努力奋斗，为自己的发展增加积极的因素。

2. 内部招聘的原则

企业进行内部招聘时，应遵循如下原则。

第一，机会均等。内部招聘信息的覆盖面应该是整个内部组织的全体员工，应当让每个人都清楚空缺职位的招聘条件、要求、时间等，从而使所有符合招聘条件的员工都能有均等的获得该职位的机会。

第二，任人唯贤，唯才是用。"贤"和"才"是人才的客观标准，"任"是主观上对人才运用做出的决策，只有解决好对人才的选任问题，才能保证合格的优秀人才有适合自己发挥才干的岗位和机会。

第三，激发员工积极性。无论是内部晋升还是职务调动，都是为了使广大员工认识到，只有不断提高自己的工作能力，才有可能获得更好的工作机会，从而调动他们的工作积极性。

第四，人事匹配。人事匹配是内部招聘中的一条重要原则，也是一条根本原则。如果忽视了人事匹配，招聘成功反而既有损于企业的发展，导致企业人力资源的工作效率低下，也有害于录用者个人，因为这将影响到其个人职业生涯的有序发展。

3.1.2 内部招聘的来源和方法

1. 内部招聘的来源

内部招聘的来源渠道主要有内部晋升、工作调换、工作轮换、人员重聘。员工通过这些途径，在组织内部进行流动。从某种意义上讲，内部招聘也是企业员工职业生涯管理实现的重要途径。

1）内部晋升。内部晋升是一种用现有员工来填补高于其原级别职位空缺的政策。内部晋升政策给员工提供更多的发展机会，从而使其对组织产生献身精神。大多数员工在其职业生涯中主要考虑的是组织能够在多大程度上帮助自己实现个人的职业目标。因此，内部晋升制度在增加员工忠诚度及留住人才的措施中是处于中心地位的。许多对员工有高度认同感的组织，都有综合性的内部晋升规划，而那些与富有献身精神的员工紧密联系在一起的组织更有完善的内部晋升政策。世界上最大的日用品公司之一的宝洁公司，已有180余年的历史。宝洁公司成功的一个秘诀就是拥有完善的内部晋升制度，也就是说其所有的高级员工基本上都是从内部晋升的。

2）工作调换。工作调换也即平调，是在职务等级不发生变化的情况下，工作岗位发生变化。它是企业从内部获得人员的一种渠道，它一般用于中层管理人员的招聘。例如海尔推行届满调动制，对于任期届满的干部，企业有计划地组织岗位转换。一方面，干部面对全新的工作环境、工作内容和要求，会产生一种新鲜感和应付挑战的亢奋，从而提高工作积极性，以防止干部长期任职于某部门而思想僵化，缺乏创造力与活力；另一方面，轮岗制对年轻干部还可增加锻炼机会，有利于他们全面熟悉业务，取得不同岗位的工作经验，迅速成长为业务技术骨干，为企业发展蓄存更多的人力资源。

3）工作轮换。与工作调换不同，工作轮换多用于一般员工的培养上，让有潜力的员工在各方面积累经验，为晋升做好准备，也可以减少员工因长期从事某项工作而带来的枯燥、无聊。例如一家汉堡快餐公司，可以让员工在柜台、煎区、炸区、大堂等区域的不同岗位之间轮换。海尔的新进员工，经过岗前培训后，就有机会通过1～2年的工作轮换方式，在企业中寻找最适合自己的位置。

4）人员重聘。人员重聘也称返聘，它是指组织将解雇、提前退休、已退休或失业的员工再召回组织工作。这些人可能是由于某种客观原因（如组织机构变革或达到退休年龄）而不得不离开工作岗位，但是他们仍然具备劳动工作能力。他们对组织和工作已相当熟悉，有一定技能，所以，不需要过多的培训。例如，学校里许多有能力、有学识的老教师或老教授尽管已经退休，但是他们在某方面具有特殊的能力或在某领域的研究成果丰富而被学校返聘继续担任教师或从事某项科研工作。由于他们经验丰富、学识广博，他们的成就得到了学校和社会的肯定，因而能继续为社会创造知识财富。我国目前存在着严重的灰领人才短缺现象。例如，浙江一家企业曾以年薪70万元从日本请来一名已经退休的高级技工。通过这种方式吸收的人员，在工作上表现出很强的归属感，而且还会为组织的发展贡献全力。

案例链接

通用电气公司接班人的内部选拔

韦尔奇的伟大之处,不仅在于对通用电气公司的管理革命,还在于如何选择接班人。在选择接班人这方面,韦尔奇坚持应从公司内部选择,并为此做了不懈的努力。

早在1994年6月,韦尔奇就开始与董事会一道着手遴选接班人的工作,而且几乎事必躬亲。在秘密敲定十几位候选人名单后,他会经常性地安排他们与董事会成员打高尔夫球或聚餐跳舞,让董事有更多的感性认识。娱乐活动轻松活泼,看似不经意,但座次安排、组合配对等细节都是韦尔奇亲自安排的。当然,对候选人也有多种明察暗访的考核。

经过6年零5个月的筛选,最后三名候选人是詹姆斯·麦克纳尼、罗伯特·纳尔代利、杰弗里·伊梅尔特,他们分别是通用电气公司下属飞机发动机、电气涡轮机、医疗设备业务的负责人,各自在辛辛那提、奥尔巴尼、南卡罗来纳办公。此前他们各自隐约知道自己是候选人之一,但并不知道还有多少竞争对手,因而并没有面对面的竞争机会,一直保持良好的同仁与朋友关系,这正是韦尔奇所需要的。在宣布接班人之前的感恩节周末,韦尔奇的行踪显得有些诡秘。

周五,他邀请伊梅尔特和妻儿从南卡罗来纳飞到自己在佛罗里达棕榈滩的寓所共度感恩节,但并不让他乘坐通用电气公司的飞机,而是乘坐一架与其他公司合用的商务飞机绕一圈后才到达佛罗里达,以避免公司内部人员的议论。韦尔奇与伊梅尔特在周六谈了一整天,晚餐就在韦尔奇家中进行。周日上午,伊梅尔特一家坐上一架与他人合用的商务飞机直奔纽约。下午,韦尔奇通知自己的飞行员改变飞往纽约的计划改飞辛辛那提。在雨夜着陆后,韦尔奇在飞机库一个隐秘的房间里,与詹姆斯·麦克纳尼详谈了一会儿。回到飞机上后,他再次令飞行员惊奇,还不能去纽约,而是与纳尔代利见了面,并交谈了一阵。晚上10点钟,韦尔奇终于飞到纽约。此时他百感交集:"为我的继任者感到高兴,为告诉朋友坏消息而伤心,同时也觉得松了口气。"

周一上午8点,通用电气公司在纽约宣布,44岁的杰弗里·伊梅尔特将成为全世界最有价值的公司的下一任CEO。

3周后,在通用电气公司董事、高级主管及配偶于曼哈顿通用电气公司的"彩虹室"聚餐和跳舞时,麦克纳尼和纳尔代利与伊梅尔特一样,得到大家的起立鼓掌。

2. 内部招聘的方法

内部人员招聘的方法主要包括员工推荐、档案法以及布告法等。

1)员工推荐。员工推荐可用于内部招聘,也可用于外部招聘。它是由本组织员工根据组织的需要推荐其熟悉的合适人员,提交用人部门和人力资源部门进行选择与考核。由于推荐人对用人部门与被推荐者均比较了解，使得被推荐者更容易获得组织与职位的信息，便于其决策，也使组织更容易了解被推荐者，因而这种方式较为有效，成功的概率也较大。据了解，美国微软公司 40% 的员工都是通过员工推荐方式获得的。为了鼓励员工积极推荐，企业可以设立一些奖金，用来奖励那些为公司推荐优秀人才的员工。

2）档案法。企业人力资源部门都有员工的档案，从中可以了解员工的各种信息，帮助用人部门或人力资源部门寻找合适的人员补充空缺的职位。尤其是建立了人力资源管理信息系统的企业，则更为便捷、迅速，并可以在更大范围内进行挑选。档案法只限于员工的客观或实际信息，如员工所在职位、教育程度、技能、教育培训经历、绩效等信息，而对主观的信息如人际技能、判断能力、正直等难以确认，且对很多工作而言，这些能力是非常重要的。这种方法可以和布告法共同使用，招聘人员在浏览员工档案后，会与有条件的员工接触，一方面引起他们对招聘信息的注意，另一方面进一步了解他们是否想提出申请。

3）布告法。布告法也称张榜法，它是内部招聘常用的方法，尤其是对非管理层的职位而言。布告法的目的在于使组织中的全体员工都了解到哪些职位空缺，需要补充人员，使员工感觉到组织在招募人员这方面的透明度与公平性，并认识到在本组织中，只要自己有能力，通过个人的努力，是有发展机遇的。这有利于提高员工士气，培养积极进取精神。布告法是在确定了空缺职位的性质、职责及其所要求的条件等情况后，将这些信息以布告的形式，公布在组织中一切可利用的墙报、布告栏、内部报刊上，尽可能使全体员工都能获得信息，号召有才能、有志气的员工毛遂自荐，脱颖而出。对此职务有志趣者即可到主管部门和人事部门申请。主管部门和人事部门经过公正、公开的考核择优录用。

3.1.3 内部招聘的优缺点及适应性

1. 内部招聘的优点

内部招聘方式主要具有以下优点。

1）招聘的风险较低，成功率高。企业内部的候选人已经在企业中工作过一段时间，企业对其了解程度必然高于外聘者。候选人在企业中工作的时间越长，企业对其工作能力、业绩、人格特点、与组织的相容性等了解得就越深。因此，成功确定岗位合格人选的概率就比较高，从而降低了招聘的风险。

2）产生激励效果、好榜样力量。内部招聘制度尤其是提拔晋升能够给员工提供晋升机会，使组织的成长与员工的成长同步，容易鼓舞员工士气，形成积极进取、追求成功的气氛。同时，获得晋升的员工能为其他员工树立榜样，发挥带头作用。

3）提高员工的忠诚度。获得聘用的内部员工本身就是在品德、能力和专业方面都比较优秀的员工，他们不仅把企业当作自己"事业的平台"，更重要的是把企业当作"命运的共同体",因而对组织的忠诚度较高。

4)成本低、效率高。内部招聘可以节约高昂费用,同时还可以省去一些不必要的培训,减少了间接损失,而且人才离职、流失的可能性小。现有的员工更容易接受领导和管理,易于沟通与协调,消除人际摩擦,易于发挥组织效能。

5)适应性强。员工能力的发挥主要取决于他们与组织文化的融合、对组织本身及其运行特点的了解程度。现有的员工更了解和熟悉本组织的运作模式、业务流程、人际关系等,与外部招聘的新员工相比,定位过程更短,能更好地适应新工作。

2. 内部招聘的缺点

1)易造成"近亲繁殖"。内部员工在推荐人选时往往推荐与自己关系密切的人,时间长了,员工中会出现一些小团体和裙带关系,这不仅使所选拔的人不能胜任实际工作,而且还会助长在组织内拉帮结派、各自为政的不良倾向。这会给组织的管理带来很大的困难,从而不利于文化的融合和工作的开展。

2)易产生内部争斗。有时,一名优秀的员工可能会被几个部门竞争。有的部门经理比较受人欢迎,员工也会倾向于到他所在的部门。由于部门职位之间待遇上的差别,员工会选择薪资高的职位。因此,内部招聘可能会带来不稳定的因素。而且,应聘者通常认为自己已经具备了担任该职务的能力,在这种情况下,一旦落选,难免会产生挫折感和失落感,进而会降低员工的工作积极性并产生疏远组织的情绪。

3)缺乏创新。内部招聘使人员流动仅发生在组织内部,容易形成组织自我封闭的局面。组织长期雇用同一员工在同一群体工作,可能形成思维定式和行为定式,出现员工墨守成规、跳不出以前工作模式的圈子的情况,创新的意见易被习惯性的做法所压抑,使组织缺乏应有的活力,而不断创新则是组织生存与发展必不可少的因素。

4)选择范围有限。从内部招聘到的人可能只是组织中最合适的人,但却不一定是最适合职位的人。在组织中存在较多的主管空缺职位,而组织内部的主管人才储备只是在量上能满足需要,在质上却不符合职务要求,如果仍然坚持从内部招聘,就将会使组织失去得到一流人才的机会,又会使不称职的人占据主管职位,这对组织活动的正常进行以及组织的发展是极为不利的。

案例链接

内部招聘,防范"士气危机"

小张和小王同一天进入了心仪已久的 J 公司的质检部。由于是进入了各自梦寐以求的企业,小张和小王都兴奋不已,在正式工作后,他们总是干劲十足,工作满意度较高,而且也为公司解决了不少质检技术和管理上的难题。尤其值得一提的是,一次供应商在傍晚时送来了一车货物,眼看就要下班了,质检组长意欲将其"免检"好早点下班,而小张和小王却坚持要抽样检查,结果抽样合格率很低,达到了公司退货的标准。

看到这样的结果，组长惊出了一身冷汗，并连忙感谢小张和小王。对此，质检部也受到了公司领导的表扬。一年后，由于公司业务扩大，决定从企业内部招聘一名采购经理助理。质检部将小张和小王同时推荐上去。凭借二人对公司采购物品十分了解的优势和质检部经理的大力推荐，二人很快成为该岗位的热门人选。最后经过重重选拔，小张成功地成为该岗位的录用者，各方都对这次招聘表示满意。然而一个月后，小王却带着困惑离开了心仪已久的公司，小张也在新的岗位上情绪低落，原来高涨的工作热情消逝得荡然无存。

资料来源：http://blog.hr.com.cn.

3. 内部招聘的适应性

1）内部人力资源储备雄厚。企业内部有比较雄厚的人力资源储备，也就是说，企业可以通过内部平调或职位升迁等办法解决职位空缺的问题。随着人才市场竞争的日趋激烈，许多大型企业都设立了自己的人才储备库，一旦职位出现空缺，就能够有足够的人才迅速填补空缺职位，从而尽量减少不必要的损失。

2）选拔重要的管理人员。这适用于企业内部重要管理人才的选拔。一般来说，企业对重要管理人才的选拔，大多通过企业内部招聘的方式解决。这样做的好处是：一方面，企业内部人员比较熟悉企业经营战略和企业文化，能够迅速适应岗位的需求，从而降低风险；另一方面，内部招聘也可以加强组织内部成员的积极性、主动性和创造性，使企业内部形成一种良好的竞争氛围。

3）对内部人力资源进行合理筹备。从目前国际人力资源管理的流行趋势看，建立人才储备库已经成为大型企业人才管理的必然趋势。人才的竞争，尤其是高级人员的竞争，已经到了一种非常残酷的地步。企业解决人力资源问题可以利用自己的人才库，只要对人力资源进行了比较合理的筹备，企业内部的人力资源就相对比较丰富。

4）适合企业自身需要。企业内部的人才通常较为适合本企业自身需要。如果企业内部的人才比较富裕，而且能力能够达到企业发展的要求，那么利用内部招聘的方式也就比较理想。

案例链接

艾科公司的内部提拔

艾科公司的全球使命是"努力成为世界上最优秀的石油公司，为股东进行稳健的投资、提供丰厚的回报"。公司对"最优秀"的定义是指最佳的盈利能力。要获取最佳的盈利能力，就必须在各个业务领域均做到低成本、高效率的运作。

艾科公司在经理人的培养上给予了其他公司不能比拟的重视。遵循艾科公司总部重视对内部员工的培养和提拔，在中国的各个分公司所有一线、中级管理职位都是尽量选拔公司内部的人员来担任。公司遵照个人的能力倾向挑选发展机会，一般包括：①短期派往其他国家工作，目的是培养该员工对跨国文化带来的问题的处理能力，以及培养跨国管理经验和视野；②特别项目，公司往往会指定这些管理人才去做一些新的、极其困难的项目，例如在越南开设油站的市场调查、财务控制新系统的推广等，以锻炼该员工在面临困境和复杂的新环境时的领导能力；③集中培训，公司对于高潜质员工有专门的培训方案，例如对于区域总经理的培训项目包括"跨文化管理""将变化转化为效益""对非财务经理的财务培训"，对即将担任总部高级职位的员工的培训项目包括"全球管理经理的研讨会"和"国际化经理培训"等。

3.2 外部招聘

3.2.1 外部招聘的概念及原则

1. 外部招聘的概念

外部招聘是根据企业制定的标准和程序，从企业外部的众多候选人中选拔符合空缺职位要求的人员。它是平衡企业人力资源短缺最常用的方法。当人力资源总量出现短缺时，采用此法最为有效，但最好在内部招聘之后使用。企业往往是在内部招聘不能满足企业需要，特别是在企业处于初创期、快速成长期因产业结构调整而需要大批中高层技术或管理人员，或者想获得能够提供新思路的并具有不同背景的员工时，才将视线转向社会这一广阔的人力资源市场，选用外部招聘渠道来吸引所需人员。

2. 外部招聘的原则

企业进行外部招聘时，应遵循如下原则。

第一，公正和公平原则。外部招聘的对象是招聘信息的接受者，面对众多的应聘者，公平是重要的原则。企业应该给每一位应聘者平等展示自己的机会，实现公平竞争，使真正有能力的候选人不会因为一些外界人为因素的影响而失去获得该职位的机会。这就对招聘人员提出了更高的要求，他们必须排除一些世俗偏见、个人成见、性别歧视等因素的影响，在招聘的过程中真正做到公正和公平。

第二，适用原则。招聘人员应熟悉所招聘职位的工作性质、工作职责、能力要求等情况，并根据这些具体条件，认真选择合适的工作人选，使所招聘的人员真正适合并胜任这项工作。在实际招聘过程中，所用的人员并不具备担任该职位能力的现象时有发生。此外，还有一种招聘现象也不容忽视，即许多组织在招聘过程中出现的人才"高消费"现象，不少组织的招聘广告提出仅招聘本科及研究生以上学历人员的高标准，使许多有实际工作能力和经验但没有正式文凭的人才对组织招聘的高门槛望而止步。与此同时，组织在招聘中对应聘者的期望过高，录用了能力超出职位要求很高的优秀人才，虽然在短期内会使组织获益，但结果却是这些人才很快感到这个职位并不能够提供其个人发展空间，而期望在该组织外部寻求更好的发展机会，从而产生人员流动速度过快、频率过高的情况，这无疑会加大企业招聘的工作量和难度，并增加组织的员工招聘、培训和录用情况。

第三，真实、客观原则。组织在进行外部招聘的过程中，面对的是对本组织并不熟悉的外部应聘者。招聘人员要真实、客观地向应聘者介绍组织的情况，即在招聘时，向应聘者提供全面的信息。这有助于应聘者与组织形成正确的心理契约。习惯上，用人单位往往倾向于把自己的组织描述得非常好，以吸引更多的人来应聘，但是，这种做法通常会使应聘者的期望值过高，容易产生失望和不满的情绪，甚至有上当受骗的感觉，使得新进人员的保持率低。如果一开始就注重现实的工作目标，向应聘者介绍有关组织好的一面，也介绍可能存在的问题，就会使应聘者对工作产生一种真实的想法，从而在实际工作中产生满足感，这样会降低人员流动率。

第四，沟通与服务原则。外部招聘是组织与外部的互动过程。通过信息的双向流动，组织在获取应聘者个人信息的同时，也向应聘者传递了组织的相关信息，实现组织内部与外部的双向沟通。此外，招聘过程也是招聘人员向应聘者提供咨询服务的过程，招聘人员向外界传递的相关信息，直接关系着该组织的形象。这些信息不仅包括组织的内部结构、部门设置等硬件设施和组织文化、经营理念、发展潜力等软件配置，还应该能够从招聘人员的形象、谈吐、待人接物等方面反映出该组织对其成员素质的培养和人格的塑造，从而使应聘者即使不能签约，也能够对组织产生深刻印象。

3.2.2　外部招聘的方法

1. 员工举荐

员工举荐是一种组织内部员工举荐新员工的招聘方法。这种方法建立在组织员工对空缺职位说明以及被推荐人均有深入了解的基础之上。由于员工对组织的情况较为熟悉，他就会了解组织需要什么样的人才，什么样的人才更适合在组织担任该职位，同时，员工对被推荐人情况掌握得也比较全面，在推荐时就比较有把握。需要指出的是，向组织举荐新员工并不局限于组织现有的内部人员。组织的关系单位、上级部门、所在地区或同行业协会都可作为举荐人。

这种做法有利于节约人才招聘的成本，有利于保证举荐人才的质量。这是因为，举荐者出于维护企业利益、对企业负责以及个人收益方面的考虑，会根据组织的要求和候选人的条件，在自己心目中进行多次筛选。

2. 广告招聘

广告招聘是指通过广播、报纸、杂志、电视等新闻媒体面向社会大众传播招聘信息，通过详细的工作介绍和资格限制吸引潜在的应聘者。广告招聘对任何职务都适用，它是现代社会非常普遍的一种招聘方式。

3. 人才中介机构

人才中介机构是指那些为用人单位寻找合适的职位候选人，也为求职者寻找工作机会的服务性机构。人才中介机构的具体形式有两种。

第一,各级劳务市场。职业介绍所这些机构提供的一般是非技术性或技术性不强的劳动力服务,所涉及的职业如保姆、钟点工、营业员和服务员等,还可以为企业提供临时雇用的员工。使用劳务市场进行招聘的特点是职业介绍机构的应聘者范围较广,不易形成裙带关系,招聘的过程较短,招聘的针对性较强,能为选拔工作提供多种多样的人才资源。

第二,各种人才市场。随着现代人才需求量的增加,各种人才市场越来越成为供职者和求职者满足各自需要不可缺少的中间环节。就我国目前的情况来看,人才和劳动力市场一般是由政府人事、劳动部门主办的事业性服务机构,人才市场还定期或不定期地举办招聘会,或举办专门的人才专场。

4. 猎头公司

猎头公司是适应组织对高层次人才的需求和高级人才对满意职位的渴望而发展起来的。这种性质的组织机构与中介机构之间的区别在于中介机构是"为人寻找工作",而猎头公司是"为工作物色人"。可见,在工作内容、工作性质和工作目的方面,猎头公司确实与中介机构有所不同:它不是为求职者牵线搭桥,而是促使成功的人士另攀高枝。所以,猎头公司通常会和许多组织建立密切的联系,目的就是帮助组织寻找高级主管,而猎头公司坚信,最佳的候选人就是那些无须寻找工作的人,他们通常就是组织里的"头",即高级主管。因此,在猎头公司工作的人被称为"猎头者"。在国外,通过猎头公司的服务为公司选拔高层次人才的现象已经非常普遍。近年来在我国,猎头公司如雨后春笋般地发展起来,同时也有越来越多的组织接受了采用这种方式为自己选择急需的高级人才。

5. 校园招聘

对于现代企业来说,面向校园招聘正式或临时人员是非常普遍的一种方式。现代企业在校园进行招聘的方式越来越多,每年我国都有大量的应届毕业生通过校园招聘的方式走向工作岗位。学校的毕业生工作有活力、有朝气、可塑性强。从目前的发展趋势来看,有实力的企业大都选择到有关高校举办专场招聘会的形式。企业为了能吸引到优秀的毕业生,往往会在第一时间到学校进行宣传、开招聘会,有些企业为了扩大企业影响,常常会通过赞助学校文艺、学术等活动的方式来扩大知名度;有些企业还通过设立奖学金的办法与学校建立长期的稳定关系,使学校成为组织中新员工的主要来源。

案例链接

失败的招聘人员策略

某公司参加了一次大型应届生招聘会,在制订招聘计划时公司已经确定了招聘对象为国家 211 和 985 院校人力资源管理相关专业的研究生，但是在招聘现场来了很多本科生和非重点院校的学生应聘，于是招聘人员大声宣布："我们只招重点院校的研究生，其他人员都走开。"现场顿时有了很多争议，应聘人员纷纷散去，企业收到的简历寥寥无几，招聘人员只好草草结束了招聘活动。

问题：

1. 该公司的招聘策略是否合适？
2. 作为招聘人员，在工作中应该注意什么问题？

6. 网络招聘

网络招聘是近年来随着计算机与通信技术的发展和劳动力市场的发展需要而产生的通过信息网络进行招聘、求职的方法。它是通过在互联网上发布招聘信息，征集应聘者，在网上对应聘者进行筛选、评估、测试等，并经过必要的面试，最终确定组织的招聘对象。由于这种方法信息传播范围广、速度快、成本低，供需双方选择余地大，且不受时间、地域限制，因而被广泛采用。招聘单位、求职者、就业媒体都可以通过信息网络达到目的。

7. 微招聘

随着现代技术的发展，企业招聘方式也出现了新的变化。近些年来，随着微博、微信、QQ 以及各种社交 App 的普及，企业招聘呈现出了新的特点，一些企业开始尝试运用现代化的网络工具进行员工招聘，微招聘的概念应运而生。

什么是微招聘？目前还未形成统一的概念，我们可以从以下两个方面加以理解。一方面，从招聘规模（在某种程度上，也可以理解为招聘阵势）来看，微招聘相对于较大规模的招聘而言，其招聘人员的类型、数量较少，且持续时间较长，可以看作碎片化招聘。另一方面，从招聘技术来看，微招聘是借助现代技术对传统招聘方式的一种突破，是利用微信、微博、专业微招聘 App 等方式进行的招聘。比如华为公司就专门设计了招聘微信公众号，计划应聘华为公司的求职者可以通过微信搜索华为招聘公众号，扫描进入招聘主页浏览公司招聘信息，并在线提交求职信息。

不仅招聘企业开始借助"微招聘"进行人才招聘，一些网络公司也逐渐推出了服务招聘方和求职方的"微招聘"服务。2014 年新浪微博正式推出了"微招聘"，运用大数据技术，根据职位要求自动匹配、推荐候选人。"微招聘"使用的是碎片化简历模式，系统会不定期向用户推送消息，让用户做一些简单的问答，随后用户可将其保存为最新简历。注册用户还可以以发送微博状态的形式发布一些求职信息，系统会自动将其推荐给相关企业，粉丝也可以帮助转发。

微招聘根植于社交平台，通过数据挖掘，对企业和个人求职者进行精准匹配。对求职者而言，微招聘会主动将求职信息推送给符合条件的候选人，做到精准定向推送，形成企业和人才的真正互动。对企业而言，可以足不出户获得精准化的求职者信息，既提高了招聘效率，也宣传了企业品牌。

3.2.3 外部招聘的优缺点及适应性

1. 外部招聘的优点

外部招聘作为企业进行人员招聘的重要途径和手段，它的几种具体招聘方式都各有利弊，其共同的优点概括起来主要包括以下几个方面。

1）选择范围广，选择余地大。组织外部空间是广阔的人力资源市场，面向外部招聘可以有更为广泛的选择范围和更大的选择余地，有利于组织经过考核与评价，在更多的候选人中发现更优秀、更适合本组织发展目标的人选。

2）为组织注入新鲜血液。通过外部招聘录用组织以外的成员，可以为组织引进新生力量，注入新的活力。本组织内部的员工由于长期在同样的环境中工作，难免会产生厌倦感和乏味感，组织内部新鲜血液的注入会带给组织新的生机，对原有员工也能起到一定的激励和促进作用。

3）更容易避免偏见，易于管理。在对从企业外部招聘的员工进行管理时，与内部招聘的员工相比，更容易避免由于原有工作绩效和人际关系等因素带来的偏见，做到一视同仁、平等对待，从而减少管理上的困难。

4）为组织带来新技术和新思想。外部招聘的员工从外界进入组织内部，必然将其在外部获取的新技术和新思想应用于新的工作环境，他们可能带来与组织原有的运作方式完全不同的新颖见解，从而可以拓宽组织决策者的视野和思路，为组织的技术创新和思想创新带来新的灵感。

5）树立组织形象，扩大组织影响。外部招聘是很好的对外界进行宣传的机会，可以借助各种媒体和广大应聘者直接接触的机会，积极扩大组织在公众中的影响范围，抓住机会树立组织的良好形象。在招聘过程中，组织在给外界和应聘者留下美好印象方面往往会达到其他媒体所不能达到的效果，它所带来的后效性是不可估量的。

2. 外部招聘的缺点

外部招聘的缺点一般表现在以下几个方面。

1）招聘费用高，成本大。外部招聘一般要借助于各种广告媒体和宣传媒介，并且招聘工具的设计和制作通常需要由专业的部门和人员来完成。招聘部门对组织外部的应聘者没有太多的了解，只能通过其个人资料来获取相关信息。为了能够在众多应聘者中选出合乎招聘条件的候选人，必须经过认真的资格审查和评定，并经过严格的能力测试。这些都增加了外部招聘的费用支出。

2）可能影响原有员工的积极性。从外部招募某个空缺职位的候选人，有可能使组织内部感到能胜任此职位的员工产生挫折感，从而使其工作积极性受到影响。尤其是当外部招聘不能真正遵循公平，公正的原则，不能本着为组织招募人才的宗旨录用有真才实学的人时，组织内部的员工就会产生不满和消极情绪。

3) 吸引、接触、评估有潜力的候选人较为困难。组织在进行外部招聘时，面对的是大量陌生的应聘者，通过有限的资料、考核及测试而对他们的才学、能力、潜力等方面做出全面评价，这样的评价难免带有片面性。同时，不可否认的是，任何一种外部招聘方法的信息覆盖面都是有限的，特别是大多数组织的外部招聘都有较严格的时间限制，更加难以让更多的优秀人才接触到有效的招聘信息。

4) 需要较长时间的培训和适应。从组织外部招聘的员工对组织的了解与认识一般仅限于从招聘广告和招聘人员那里获取的有限信息，对职位的相应了解也十分有限，因此需要对他们进行一段时间的培训，使其熟悉工作要求和组织情况。

3. 外部招聘的适应性

1) 为组织获取内部不具备的人才。企业为了吸引内部所不具备的高新技术人才或获取内部员工所不具备、不掌握的技术、技能、技巧时，需要从外部招聘。

2) 引入新思想、新观念。为了获得具备不同背景、不同文化层次，能够为企业提供新思想、新观念的创新型员工时，需要从外部招聘。

3) 调整人力结构。吸收新生力量和优秀、稀缺的人才，以满足组织长期发展目标的需要。

4) 扩张业务。当组织处于初创期或者业务范围、工作领域等加快扩张时，需要从外部引入人才。

3.3 招聘渠道选择

内部招聘与外部招聘各有优劣势，不可一概而论，企业选择招聘方式应遵循如下几个原则。

1. 高级管理人才选拔应遵循内部招聘优先的原则

如今，人力资本已成为企业核心竞争力的重要组成部分。高级管理人才对于任何企业的发展都是不可或缺的，企业在高级管理人才的选拔过程中应当遵循内部招聘优先的原则。高级管理人才能够很好地为企业服务，一方面是依靠自身的专业技能、素质和经验；另一方面更重要的是对企业文化和价值观念的认同，愿意为企业贡献自己全部的能力和知识，而后者是无法在短期内完成和实现的。

由企业内部培养造就的人才更能深刻理解和领会企业的核心价值观。由于长期受企业文化的熏陶，已经认同并成为企业文化的信徒，所以也更能坚持企业的核心价值观，而核心价值观的延续性对企业是至关重要的。同时，企业的高层管理团队和技术骨干都是以团队的方式进行工作、分工协作、密切配合的，而核心价值理念相同的人在一起工作更容易达成目标,如果观念存在较大差异,将直接影响到合力的发挥。所以,选拔高级管理人才时,应首先采用内部招聘方式。

2. 中高层管理人员的招聘,可以采用"内外兼顾"的做法

对中层管理人员的招聘,内部招聘和外部招聘都是行之有效的方法,可以采取"内外兼顾"的做法。在实践过程中并不存在标准答案,一般来说,对于需要保持相对稳定的组织,中层管理人员可能更多地需要从组织内部获得提升,而在需要引入新的风格、新的竞争时,可以从外部引进合适的人员。

内部招聘让员工看到了新的职业发展机会,会制造工作满意度和激励因素。此外,用现有的员工来填补空缺职位在一定程度上保证了这些雇员适应组织文化。然而,如果内部招聘系统不公平,就会产生别的问题。避免内部提升产生负面冲击的最好方法就是设立一个公平的晋升程序,因为如果晋升程序是公平合理的,人们更能够接受失败。如果有了一个公平的晋升程序,大多数人能够接受失败并保持高效的生产率。企业应该使用客观的选择工具,避免主观的选择方法,如根据无计划的面试、雇员的声誉和介绍信等。在那些挑选过程中,可以使用面试或测试的方法,这些方法可以客观评价在工作描述中已具体规定的所需的工作能力。客观的选择方法给雇员提供了这样一些信息:第一,选择程序是公平的,并且担当某个职位的可能性是与能力直接相关的,而不是偏爱。第二,与求职者公开沟通。告知求职者关于选择过程的工作方式和成功的求职者必须符合的标准,决策过程保证公开。例如,如果一项工作要求交际能力是决定性因素,必须将这一点首先陈述出来。第三,为落选的求职者提供信息反馈。告知落选的求职者未被录用的结果和原因,帮助他们分析各自的优势和劣势,并且明确他们需要改进的地方以便他们成为今后空缺职位可行的候选人。

3. 外部环境剧烈变化时应将内部选拔与外部招聘相结合

当外部环境发生剧烈变化时,行业的经济技术基础、竞争态势和整体游戏规则发生根本性的变化,知识老化周期缩短,原有的特长、经验成为学习新事物与新知识的一种包袱,企业受到直接的影响。在这种情况下,从企业外部、行业外部吸纳人才和寻找新的资源,成为企业生存的必要条件之一。不仅因为企业内部缺乏专业人才,同时时间也不允许坐等企业内部人才的培养成熟,因此必须采取内部选拔与外部招聘相结合、内部培养与外部专业服务相结合的措施。

4. 快速成长期的企业应当广开外部渠道

对于处于成长期的企业,由于发展速度较快,仅仅依靠内部选拔与培养无法跟上企业的发展。同时由于企业人员规模的限制,选择余地相对较小,无法得到最佳的人选。在这种情况下,企业应当采取更为灵活的措施,广开渠道,吸引和接纳需要的各类人才。

5. 企业文化类型的变化决定了选拔方式

如果企业要维持现有的企业文化，不妨采取内部招聘的方式，因为内部的员工在思想、核心价值观念、行为方式等方面对于企业有更多的认同，而外部的人员要接受这些需要较长的时间，而且可能存在风险；相反，如果企业想改善或重塑现有的企业文化，可以尝试外部招聘，新的人员带来的新思想、新观念可以对企业原有的文化造成冲击，促进企业文化的变革和完善。

内部招聘优先还是外部招聘优先，对于不同层次的人才、不同环境和阶段的企业，应采取不同的选择，视企业实际情况而定。这就需要企业在既定的战略规划的前提下，在对企业现有的人力资源状况分析和未来情况预测的基础上，制定详细的人力资源规划，明确企业的用人策略，建立内部的培养和选拔体系，同时有目的、有计划、分步骤地开展招聘选拔工作，给予企业内外部人才公平合理的竞争机会，以形成合理的人才梯队，保证企业未来的发展。

3.4 招聘方法与技术

3.4.1 招聘信息的制作

1. 招聘广告的写作格式和内容

招聘广告是应聘者了解企业的一种途径，招聘广告编写质量的高低决定着他们对该招聘企业第一印象的好坏。招聘广告是否规范在很大程度上影响应聘者对招聘企业的认可度，所以编制高质量的招聘广告有助于企业招聘活动的顺利开展。

招聘广告一般可以分为以下三项内容。

（1）标题。招聘广告的标题可以简单地由事由和文种名称构成，如"招聘启事"或"招工启事"，也有企业写作"招贤榜"。

较为复杂的招聘启事还可以加上招聘的具体内容，如"招聘抄字员启事""招聘科技人员启事"。有的招聘启事在标题中还写明招聘的单位名称，如"××服装厂招聘启事"。

（2）正文。招聘启事的正文较为具体，一般而言，需着重交代下列事项。

1）招聘方的简介。招聘方的简介包括招聘方的业务、工作范围及地理位置等。通过简介，能够将企业的各类优势清晰地展现出来，也有助于应聘者快速了解企业的基本情况。

2）职位说明和对招聘对象的具体要求。招聘启事中的职位说明一般包括职位性质、业务类别、岗位职责、任职资格、薪酬福利等多方面的内容，其中岗位职责描述和任职资格是核心内容。

对招聘对象的具体要求包括年龄、性别、文化程度、工作经历和技术特长等。

3）应聘者受聘后的待遇。该项内容一般要写明月薪或年薪数额，执行标准工休情况，是否解决住房等。

4）其他情况。该项内容包括应聘者须交验的证件、应办理的手续以及应聘的程序、应聘的具体时间、联系的具体地址、联系人、电话号码、网址、电子邮件地址等。

招聘启事的目的是吸引应聘者提出应聘申请，从而选拔出符合企业要求的人才，所以应注明招聘联系人及联系方式，以便应聘者进行求职申请。

（3）落款。落款要求在正文右下角署名发表启事的单位名称和启事的发文时间、题目，正文中已有单位名称的可不再重复。

案例链接

××乳业（集团）股份有限公司招聘启事

公司规模：1 000 人以上

公司性质：中外合营（合资、合作）

公司行业：快速消费品（食品、饮料、日化、烟酒等）

公司简介：××乳业（集团）股份有限公司创建于 1999 年 8 月，总部设在××经济园区。创业 11 年来，××集团已经发展为拥有总资产 141 亿多元、员工近 3 万人、年生产能力 600 万吨的规模化乳制品加工企业。

目前，××集团已经在全国 19 个省区建立生产基地 29 个，拥有液态奶、酸奶、冰激凌、奶粉、奶酪五大系列共 400 多个品项，产品以其优良的品质覆盖国内市场并出口到美国、加拿大、蒙古、东南亚及中国香港和中国澳门等多个国家和地区。

本着"致力于人类健康的牛奶制造服务商"的企业定位，××集团在短短 11 年中，从创业之初的全国乳业排名最后一位，到 2007～2009 年连续三年在中国乳业排名第一，创造出了举世瞩目的"××速度"和"××奇迹"。××集团 2009 年主营业务收入达到 257 多亿元，净利润达到 12.2 亿元，上缴税金 13 亿元。2010 年上半年××集团实现营业收入 144.342 亿元，较上年同期增长 19.31%，净利润 6.188 亿元，再度蝉联中国乳业"总冠军"。

11 年来，按照"立足自主开发，培育核心产品，抢占技术高端"的工作思路，××集团积极投入研发资金，建成了国际领先的乳制品研发中心，同时与中国检验检疫科学研究院组建了"乳品联合实验室"，走出了一条独特的自主创新之路，被誉为"最具创造力的中国企业"。

职位性质：全职

职位名称：战略分析师

工作经验：不限

截止日期：2012 年 5 月 5 日

学历要求：硕士研究生及以上

招聘人数：1 人

语言能力：英语 / 熟练

职位月薪：3 000～3 999 元

简历语言：中文

工作地点：××

职位要求：

1. 硕士研究生及以上学历，本科专业为英语，硕士期间专业不限

2. 具备一定的市场研究、行业分析、竞争研究等工作经历

3. 掌握一定的研究方法和专业分析工具

4. 英语综合能力强，达到国家英语六级水平

5. 具备较强的团队协作能力、分析判断和逻辑推理能力以及良好的沟通协作能力

6. 工作地点：××经济园区

职位描述：

1. 负责市场趋势、行业特点、产业政策分析研究

2. 负责国际主要乳业战略分析研究

3. 负责国内主要乳业及相关企业战略发展 / 优势领域分析研究

4. 负责与战略相关的专题项目管理工作

5. 负责组织、推动战略制定、实施、评估工作

6. 负责领导交办的其他临时性工作

地址：××乳业（乳业）股份有限公司人力资源中心—人力资源开发部

邮编：011500

招聘邮箱：××@××.com

联系电话：××－××

联系人：× 先生

公司地址：www.×××.com.cn

资料来源：http：//jobs.chinahr.com/html/2012-04/05/20040907004212002189.htm。

2. 招聘启事写作的注意事项

（1）真实合法。招聘启事要遵循实事求是的原则，对所招聘的各项内容均应如实写出，既不可以夸大，也不可以缩小。招聘启事所含信息应符合国家以及当地的劳动法律法规的要求。

（2）简洁规范。招聘启事的内容应该简明扼要，简单介绍企业概况，重点突出招聘职位信息，职位说明和任职资格具体与规范。

（3）准确美观。招聘启事应用词准确，语法通顺，语言流畅，排版美观整洁。

（4）项目齐全。招聘启事应该包括企业简介、职位说明、任职资格、应聘方法、截

止日期、联系方式、联系人等各种项目。

3.4.2 招聘信息的发布

企业在做出招聘决策后，就可进行招聘信息发布工作，要确定招聘信息发布的时间、方式、渠道和范围。由于所需招聘的岗位、数量、任职者要求的不同，招聘对象的来源与范围不同，以及新员工到岗的时间不同和招聘预算的限制，发布信息的过程也将不同。

1. 招聘信息发布的原则

企业在发布招聘信息时，应遵循下列原则：

（1）面广原则。如果只考虑招聘的效果，不考虑成本因素，那么，发布招聘信息的面越广，接收到该信息的人越多，应聘的人也越多，这样可能招聘到合适人选的概率越大。

（2）及时原则。在条件许可的情况下，招聘信息应该尽早地向人们发布，这样既有利于缩短招聘进程，而且有利于更多的人获取信息，使应聘人数增加。

（3）层次原则。招聘的人员都是处在社会的某一层次，要根据招聘岗位的特点，向特定层次的人员发布招聘信息。

2. 招聘信息发布的媒介选择

对企业而言，招聘信息发布渠道的选择也是很重要的。如果企业选择使用广告进行空缺职位的宣传，就应该进行招聘广告的安排。一般而言，广告招聘能够比其他的招聘方式吸引更多的应聘者。广告已经成为广大企业普遍采用的一种招聘方式，其优势在于宣传的范围广。

招聘广告按照传播媒体的不同，可以划分为广播广告、电视广告、报纸广告、行业或专业杂志广告和网络广告等。

（1）广播与电视广告。在我国，企业使用广播与电视广告的并不多。其主要原因是：

1）电视广告费用相当昂贵，仅用于招聘似乎太高。

2）广播与电视广告在受众面前停留的时间有限，也不能被"剪下来"保存。

3）广播与电视广告的受众多，易于吸引过多的应聘者参与，从而加大了招聘与录用工作的难度；同时在企业招聘人数一定的情况下，众多的应聘者也会产生较多的落选者，容易引起他们的不满，对企业的公众形象会产生影响。

因此，广播与电视广告主要是用于招聘企业的高级管理人才。有时企业将招聘高级管理人才以访谈面试的形式出现，企业可以借机宣传企业的形象。事实上，在广播与电视上发布招聘广告进行人员招聘的企业，大多是政府的职业中介机构或猎头公司，也有少部分的知名企业。它们在广播与电视媒体上发布广告的目的更多的是提高企业的知名度和塑造企业的形象。

（2）报纸广告。报纸广告是企业进行招聘时使用最为频繁的媒体，因为报纸广告的费用比电视广告的费用要低得多，同样能吸引众多的申请者，因此是我国企业使用最广泛、最多的媒体。报纸广告不仅受企业的欢迎，也受到了应聘者的欢迎。其主要的优点是可以在不同的时间、地点被多个不同的读者阅读，同时方便读者复印、抄写。一般来说，低层次职位招聘可以选择地方性报纸，高层次或专业化程度高的职位招聘则要选择全国性或专业性的报纸。

（3）行业或专业杂志广告。行业或专业杂志广告，也是企业招聘专业的管理人员和技术人员的最佳选择之一。因为行业或专业杂志的读者，大多是与行业有关的专业人员，杂志的读者群比一般的报纸更为集中，所以，广告的针对性就更强一些。当企业在这类杂志上发布招聘广告时，招聘信息就会被目标受众接受。

进行杂志广告招聘时要注意以下两点：

1）由于专业杂志的印刷期较长，所以招聘广告发布的提前量要比较充分，并要注明招聘截止日期。

2）杂志广告创作既要美观又要有创意，应做到既能吸引读者目光，又能宣传企业形象。

（4）网络广告。网络广告是一种新型的广告形式，将它用于招聘活动将是未来招聘的一种时尚。企业在网络上发布广告主要有两种途径：

第一种是在企业自身的网站上发布招聘信息，这可以将企业的每一个空缺岗位逐一列出，必要时还可以做适当的描述，同时可以清晰地罗列对应聘人员的资格要求。上述这些内容可以不受篇幅的限制，并且招聘广告发布的费用相当低廉，但是这类广告是否被有效地发布，与企业自身的知名度和网站的知名度密切相关。因此，只有名声较大的企业才能够运用此种途径。

第二种是在门户网站或者专业的招聘网站上发布招聘信息，而这时由于广告的费用比前一种方式高，篇幅也有所限制，所以这类广告的内容要简明扼要，但联系方式要清晰。

除了以上主要渠道外，还有随意传播的发布形式，如有关部门或有关人员用口头的、非正式的方式发布招聘信息。其特点是费用最低，可以进行双向交流，速度较快。其主要缺点是覆盖面窄，一般在劳动力市场上明显供大于求，而且招募层次不是很高时，可以选用这种类型。

🕘 学习建议

在本章的学习过程中，大家应该把重心放在招聘渠道的选择上，充分理解内部招聘和外部招聘的优势与劣势，熟知每一种招聘方式的操作流程和方法，懂得如何选择适宜的招聘方式。

【本章重点】

内部招聘的优势和劣势，外部招聘的优势和劣势，招聘渠道选择的原则，校园招聘的操作流程。

【本章难点】

如何选择适宜的招聘渠道，如何有效地开展校园招聘。

核心概念

招聘渠道，内部招聘，外部招聘，招聘广告，校园招聘，网络招聘，猎头公司，人才市场，招聘会。

课堂讨论题

某模具公司是一家乡镇企业，公司刚成立时，正赶上市场上模具供不应求的时机，因此公司发展很快。但随着经营规模的扩大，公司员工文化素质和技术水平不高的弊端日益显露。由于缺乏关键专业技术人员和高级管理人员，企业日益陷入困境，经理为此非常苦恼。某天公司召开青年员工大会，经理在台上号召青年工人刻苦学习技术知识时，大家都认真地听，唯有一个青年趴在桌子上写写画画。经理有点生气，想在大会上点名批评他，可是走到他身边一看，发现他在一张香烟盒纸上画了一辆十分逼真的汽车。此时，经理不仅没有批评他，反而问起他的姓名、年龄、文化程度和工种。"高中毕业。"他回答道，经理听后暗暗高兴，决心培养他。从此经理只要外出走访专家，就一定带上这个小青年，同时，厂里将绘制产品图样的任务也大胆地交给他。当时，厂里设备简陋，经理就把自己的办公桌腾出来，让他学绘图，自己却是"打游击"办公。10年后，这个小青年当上了助理工程师，担任了副经理的职务，挑起了领导全厂技术工作的重任。

问题：

如果你是该公司的经理，你会用什么方法、什么渠道招聘员工？该公司采用的是内部招聘方式，长此以往你觉得可行吗？

实训应用

实训应用1

实训项目： 设计招聘广告

实训目的： 学会如何从公司相关资料中获取撰写招聘广告的要素，通过撰写招聘广告，理解招聘广告中应包含的要素和在实际操作中应注意的问题，了解招聘广告中常见的问题，并且知道它将对招聘效果产生的影响。

实训素材： 江苏悠悠集团是一家集广告、咨询、影视于一体的特大型服务企业，在全国200多个城市设有分公司、影城和办事处,公司经营目标是立足江苏、辐射全国、放眼全球。公司目前正在着手进军国际市场,已在欧洲、北美洲和非洲设立了办事处,现因工作需要将招聘驻欧洲、北美洲和非洲办事处的工作人员15名。请据此资料设计一份专业招聘广告。如果你认为案例资料不足,请自行补充,并据此设计招聘广告,最后需要附上补充材料说明。

实训应用2

实训项目:设计校园招聘方案

实训目的:通过实训使学生掌握校园招聘的基本流程和注意事项,知晓如何组织校园招聘。

实训素材:江苏天昊集团是一家国际贸易公司,十分重视人才培养,每年都从高校招聘优秀毕业生进入企业后备人才队伍。请先回答校园招聘可以为企业来带来什么好处这一问题。天昊集团依然决定在2020年开展校园招聘,所需岗位为会计人员和一般管理人员,请你为该公司设计一套校园招聘方案,并说明设计的理由和应注意的问题。

章末案例

台湾塑料工业股份有限公司(简称台塑)的董事长王永庆在我国台湾地区是一位家喻户晓的传奇人物,他从白手创业到主持台湾规模最大的台塑,从无立锥之地到成为台湾著名富豪,是经过一番努力奋斗的。王永庆在主持台塑后,对人才的引进尤为重视,并形成了他自己的一套"招聘经"。

第一,向社会招聘人才。台塑在刚刚起步时,在报纸上公开登出向社会招聘高级技术管理人才的广告,一时间200余名专业技术人员前来报名,自荐担任台塑的经理、部门主管、总工程师等。为此王永庆专门从台北大学聘请人力资源管理方面的专家组成招聘团队,并由自己亲自主持招聘。经过多方面的考察和调查,一批人才被台塑高薪聘用。

经过几轮激烈竞争的考试,自荐者各自显示出自己的才干。这次向社会公开招聘人才的尝试,确实给台塑带来了新的生机和活力,使它迅速地成长壮大为国际知名的企业集体。

第二,内部寻找人才。企业的兴衰关键在于人才,所以大多数企业都争相到企业外部去招揽人才。王永庆不完全同意这种做法,他认为人才往往就在你身边,因此求才应首先从企业内部寻找。他说:"寻找人才是非常困难的,最主要的是,自己企业内部的管理工作要做好;管理上了轨道,大家懂得做事,单位主管有了知人之明,有了伯乐,人自然就被挖掘出来了。自己企业内部先行健全起来,是一条最好的寻人之道。"

基于这个道理,每当台塑缺少人员的时候,并不是立即对外招聘,而是先看看本企业内部的其他部门有没有合适的人员可以调任。如果有,就先在内部解决,填写调任单,互相协调调动即可;如果没有,再考虑对外招聘。

问题：

1. 为什么王永庆先后选择了不同的招聘渠道？
2. 作为企业的主管，你在选择招聘渠道时会考虑哪些因素？
3. 对于王永庆优先考虑内部调任的"招聘经"，你是否认同？

【篇首案例分析】

一般来说，企业选择一种招聘方式应明确该方式的优势、劣势、风险、成本和可能带来的收益，内外部招聘的优势和劣势已在本章中详细阐述，此处不再赘述，仅从可能的风险、成本和收益三个层次来做简要分析。

1. 招聘风险

HR对招聘方式的选择是建立在自己对实际情况判断的基础上的，虽然HR也无法保证自己的选择是百分之百的正确，但所有的HR在进行判断、决策的时候，都在考虑如何把风险程度降低到最小。

在A公司的案例中，HR经理要对外部招聘和内部提拔进行取舍。在做出选择之前，他除了要考察上面讨论的成本问题以外，还应当考虑的就是两种填补空缺的方法哪一种风险更低，使做出的决定可以趋利避害。

A公司内部形成了比较一致的意见：为了填补产品经理离职造成的空缺，选择内部提拔的方式所承担的风险明显要小于外部招聘所承担的风险。

风险是对未来预期的不确定性。培训经理认为外部招聘的风险比内部提拔的风险要高在三个方面：第一，从外部招聘的人才只能考察他在过去公司的岗位上取得的成绩，无法确定他在新公司是否也可以取得相同的业绩；第二，从外部招聘的人才必定已经带有了原来公司的文化，他是否能够适应新公司的企业文化也是一个未知数；第三，一旦用人不当，公司面对的不仅仅是一个职位的浪费，而且是一个部门业务业绩的倒退。

A公司曾经在市场上聘请了一个销售经理。这名销售经理在过去公司的业绩非常优秀，而且拥有许多客户网络群。他接手销售部3个月后，公司却发现销售部的业绩不但没有上升，反而出现了下降的情况。通过和销售部员工沟通后了解到：原来这名销售经理以前虽然也在同一领域工作，但对公司新出的几种产品一无所知。销售经理只能一边学习了解公司的新产品，一边开拓业务，结果近期内业绩可想而知。而部门的一些销售主管看到了新来的经理是一个"生手"，也开始逐渐不买他的账，纷纷抱紧自己的市场资源，不让这名销售经理插手。半年过去后，销售部情况仍然没有好转，公司只能提拔了销售部原来的一名主管代替这名销售经理的职位。

当然，外部招聘的风险虽然大于内部提拔，但并不等于内部提拔就不存在风险。相对外来的"空降兵"，公司对内部提升员工的能力和素质有更多的了解，不过面对一个全新的职位，他是否能够真正胜任并取得成绩，也同样存在众多不确定因素。同时，选择从公司内部提拔来填补管理层空缺也存在着很现实的问题：很可能造成部门内或者部门间的矛盾，结果变成了提拔一个人才、流失一个人才的局面。

2. 招聘成本

HR 经理和总经理在讨论管理层是从外部招聘还是内部提拔的话题时，首先考虑的是二者成本孰高孰低的问题。

A 公司的产品经理职位出现空缺，如要在尽可能短的时间内填补空缺，最简单也是最节约成本的方法便是从公司或者部门内部提拔一名员工来担任新的产品经理。从表面上看，通过内部提拔填补管理层空缺没有给公司增加任何成本，而且可以在最短的时间内满足这个空缺职位的填补需求，这样的选择似乎是毋庸置疑的。

然而实际情况并非如此，如果在 A 公司的案例中做出内部提拔的选择，那么必须首先满足两个前提：第一，A 公司里恰好有一个员工，他的各方面能力都符合这个产品经理职位的要求；第二，A 公司必须有一套完整的培训体系，也就是说，当公司为填补管理层空缺而选择内部提拔时，首要前提是公司必须有员工符合空缺职位的能力要求。这个前提建立在公司已经投入了一笔相当的成本，建立起来了一整套完善的内部培训机制，即内部提拔要建立在已经对具备潜力的数名员工进行了培训的基础上，而外部招聘则直接引进市场中符合这个职位要求的人才。所以，外部招聘的成本要小于内部提拔。

但培训经理又从另一个角度为 A 公司算了一笔账。对于某一个职位，外部招聘的成本可能低于内部提拔，但是对于整个公司管理层而言却未必如此。现在员工除了关心薪酬福利之外，也越来越看重公司是否能够提供充分的个人发展空间。如果公司不能为个人提供相当的培训和机会，希望不断上升的员工必然会逐渐从公司流失，留下来的则都是"不愿意成为将军的士兵"。此时公司要面对的就不是一个职位的招聘，而可能是整个管理层的不断更替波动，公司所要花销的成本就会远远超过培训内部提拔人员。

3. 招聘收益

成本是即将要花去多少钱，风险是可能损失多少钱，而收益是将会得到多少钱。因此，采用外部招聘还是内部提拔来填补管理层的空缺职位，收益也是 HR 经理关心的话题。

无论是外部招聘，还是内部提拔，HR 的最终目的都是一样的：确定一个新的部门"掌门人"，带领部门为公司取得业绩。那么究竟哪种选择能够为公司带来更大的收益呢？美国某人力资源专家认为，在遇到 A 公司的情况时，许多老板会选择外部招聘。

老板希望看到的"空降兵"一般要具备四个素质：第一，具有和公司相同或类似领域的工作经验；第二，具有一定的属于自己的客户网络群，即能够为公司发展新客户；第三，具有一定的影响力，可以起到为公司注入新鲜血液的作用；第四，具有一定的人力资源网络，即可以"带着兵"来投奔。这时候老板考虑更多的是这个"空降兵"可能为公司带来的收益，以及管理层在人事变动之后如何保持平衡。

案例结论

管理层从外部招聘还是内部提拔，不应该是 HR 经理或者老板"拍脑袋"决定，而是应该依靠对行业、公司成熟程度以及具体职位性质的准确判断而决定。

1. 行业成熟程度的影响

对于那些已经发展成熟的行业，管理层从外部招聘或者内部提拔已经不再是他们的问题。在这些成熟的行业中，内部培训已经成为每个公司必备的工作任务。管理层的培训不仅仅可以为公司进行人才储备，更加能够使整个行业的素质保持不断上升的趋势。可能公司在今天失去一个经过培训的销售经理，但明天就可以在市场中或者公司内部很快找到一个同样经过培训的合适人选填补这个空缺。

2. 公司成熟程度的影响

公司创业的时候，管理层的空缺基本都是由外部招聘的人才来填补，因为这个时候摆在公司面前最大的问题是自身的发展。通过对外招聘那些已经具有一定管理经验的人才，公司既可以建设自己的管理核心，又可以通过他们的人力资源网络为公司开拓业务。

但对于一些如通用电气、微软这样的百年企业以及成熟型大企业，公司的运作已经具有轨道化的标志。这些公司拥有的非凡实力使得它们在自身发展的同时，有足够的能力来关心员工的个人发展。

这些公司会为员工进行一系列的职业规划，每当员工的能力到达一定阶段时，公司就会为员工进行合适的培训，使员工可以按照一定的规划不断上升。因此这些大公司的很多中层管理人员都是从基层一步步选拔上来的。

3. 职位性质的影响

那些对技术性要求较强的管理层职位出现了空缺的时候，公司一般会采用内部提拔的方式进行填补。这是因为行业的局限性，很多职位对专业要求很高，当这些职位出现空缺时，很难在短期内从市场中找到合适的人选进行补充。许多大公司都有"继任计划"，由HR部门负责，针对管理层可能出现的空缺建立替补梯队，并为替补梯队中的员工进行专门培训。

现在越来越多公司里的HR经理在面对管理层"真空"时，采取"内外双招"的策略。当某一个职位出现空缺时，HR会在公司内部和外部同时进行招聘；如果内部员工与外部应聘者的条件相同，公司则优先考虑内部员工。通过"内外双招"，公司一方面扩大了选择范围，降低了可能的风险成本；另一方面也可以了解公司里哪些员工具有主动向上发展的意向，以便对他们进行专门培训，建立人才后备队伍。

资料来源：http://www.rc114.com/html/ebook/cdrc/2009/0121/2983.htm。

相关链接

全国大学生创业服务网：http://cy.ncss.org.cn/
全国大学生就业公共服务立体化平台：http://www.ncss.org.cn/
中国人才网：http://www.cnjob.com/
中华英才网：http://www.chinahr.com/

智联招聘：http://ts.zhaopin.com/
前程无忧：http://www.51job.com/
中国人力资源网：http://www.hr.com.cn
中国人力资源开发网：http://www.chinahrd.net
中国外语人才网：http://www.jobeast.com/
中国汽车人才网：http://www.carjob.com.cn/
猎聘网：http://www.liepin.com/
人力资源总监：http://cho.icxo.com/
中国服装人才网：http://www.cfw.cn/
IT英才网：http://it.800hr.com/
应届生求职网：http://www.yingjiesheng.com/
过来人求职网：http://www.guolairen.com/
中国教育在线：http://www.eol.cn/

Chapter 4
第 4 章

初步筛选

学习目标

1. 理解初步筛选的方法
2. 掌握简历和申请表的优劣势
3. 熟悉笔试的优缺点
4. 了解笔试的类型,掌握各种不同笔试题型的优缺点
5. 熟悉笔试的实施程序
6. 区别专业知识笔试与综合知识笔试
7. 了解笔试的技巧与方法

章首案例

案例 1   **动物世界的招聘**

  在狮子主导的动物世界里,生活着一个庞大的集体,由于狮子治理有方,越来越多的动物来投靠,队伍规模越来越大,狮子感觉越来越力不从心,每天都要处理很多琐碎的小事。有一天,狐狸给狮子说:"大王,我听说东山的老虎雇用了三个管理者帮助它管理团队,处理日常事务,老虎整天出去游玩,可休闲了,大王也可以招聘几个手下来替你管理。"狮子听从了狐狸的建议,也准备招聘手下,经过深思熟虑,狮子最终决定招聘五名手下,一个是职业经理人,全权代表狮子承担管理任务,狮子退居幕后;两名执行主管,负责日常管理工作;两名办事员,负责向狮子汇报另外三人的行踪和动向。

  首先,狮子认为狐狸聪明能干是最佳的职业经理人选,于是就钦定狐狸为自己的职业经理人,开始协助自己招聘其他人。狐狸感激万分,飞快打出广告。

  广告一出,所有动物都跃跃欲试,摩拳擦掌。因为,不仅可以靠近大王,而且广告里还说不同的级别有不同的待遇,当了大王身边的工作人员,就可以不愁吃、不愁穿了。

第二天，所有动物都按时来到招聘现场，参加面试。经过遴选，一些动物因为不同的原因被淘汰了。比如，熊因为太懒惰，老山羊因为身体太弱，猴子因为太毛躁，孔雀因为太虚荣，乌鸦因为太啰唆，猪因为缺少礼貌等。最后剩下五个：狼、豹、牛、兔子和鹦鹉。

狮子和狐狸密语了一会儿，狐狸出来宣布招聘结果。

狼和豹为执行主管，因为它们比较有威信，在动物中有很大的影响力，而且它们体力很好，行动迅速，且忠诚度较高，足以胜任。更何况它们私交比较好，能够很好地合作。

牛负责处理一些具体事务，因为牛很勤恳、热心，人缘好，而且非常细心。鹦鹉负责传达信息，因为鹦鹉会飞、速度快，又擅长学话，传达信息既快又不会出现错误。

这次，动物世界的招聘是成功的，不管是过程还是结果。员工招聘要有明确的目的和详尽的计划，被招聘的人员要适合他即将上任的岗位，这应该是全面的衡量。个人能力是首先需要考虑的因素。一个员工具备什么样的能力才能胜任你提供的工作？员工的生活习惯会直接影响他在工作中的投入和灵活程度，因此考虑员工的生活习惯就非常重要。企业招聘员工，对有效的要求是相对的，对适合的要求却是绝对的，换言之，没有最优秀，只有最合适。企业在招聘人才时，越来越注意能力和忠诚度并重。只有能力而稳定性差，则容易跳槽或做出其他不利于企业的事情；忠诚度高而工作能力低下，相当于给企业增加了负担。招聘要人尽其才，岗得其人。

资料来源：根据网络资料整理。

案例2　　解读中兴通讯的人才招聘：选聘一流人才

中兴通讯一直非常重视招聘，并提出了"以一流的标准选聘员工"的理念。

什么是一流人才？对此，中兴通讯的定位是"在某一个专业领域里的国内前5%"，这群人是一流人才。这在其每一次招聘中都得到了体现。随着招聘的积累，中兴通讯目前的1万多名员工，面试人员就超过10万人，搜索的简历超过30万～50万份。

谈到花费这么多的精力与时间选聘员工时，中兴通讯人力资源中心主任陈健洲先生很肯定地说："这很值得！"员工选聘就是从一组求职者中挑选最适合特定岗位要求的人的过程，而企业招聘工作对选择过程的质量影响很大，如果符合条件的申请人很少，组织可能不得不雇用条件不是十分理想的人，企业就不得不加强培训工作，这增加了隐性成本，而且高能力员工和低能力员工之间的生产率差别估计高达3∶1。因此，选择了一流人才可以获得很大的益处。陈健洲形象地比喻说，只要这些一流的人才还列在企业的工资单上，这种益处就会不断延续下去。

在招聘中，中兴通讯都会重点考虑人才的背景，对其所受教育的要求一般锁定在重点本科院校。对此，陈健洲解释说，我们不否定非重点高校的学生，但是我们认为在重点高校的范围内，优秀学生的比率要更高，这更有利于中兴通讯选聘到一流的人才。中兴通讯的大部分岗位都要求员工有好的技术背景，因此对高校和专业都有一个较为明确的要求，此外，其对工作经验及一个健康的体魄要求也较高。中兴通讯的面试非常严格，分为技术能力和素质考核两个方面进行考察，被面试者须通过六七关，把关极其严格，实行一票否决制，而且中兴通讯的面试官都是通过专业培训的。中兴通讯的要求很简单：招聘到的人才既是优秀的人才，也是符合公司文化原则的人才。

资料来源：根据网络资料整理。

4.1 简历筛选

按照前部分所述的企业招聘流程，当企业通过招募阶段获得应聘者的申请资料后，就要进入员工甄选阶段。一般而言，甄选阶段的第一项工作是从众多申请者中剔除明显不符合企业招聘意向的求职者，缩小企业甄选的范围。这一工作通常是通过筛选简历或申请表的形式来进行。

4.1.1 简历的内容

简历是用于应聘的书面交流材料，它向未来的雇主表明应聘者拥有能够满足特定工作要求的技能、态度、资质和资信。成功的简历就是一件营销武器，它向未来的雇主证明应聘者能够解决他的问题或者满足他的特定需要，因此确保能够得到会使自己成功的面试。

简历一般由两部分内容构成，一是客观性内容，二是主观性内容。客观性内容主要包括个人信息、教育经历、工作经历和个人成绩四个方面。个人信息又包括姓名、性别、民族、年龄、学历、政治面貌、婚姻状况、身体状况、个人兴趣爱好、个性特征、联系方式等。教育经历一般包括上学经历（就读学校、所学专业、获得学位、外语及计算机掌握程度等）、培训经历等。工作经历主要包括以往的工作单位、工作起止时间、担任职务、工作内容、参与项目名称等。个人成绩包括在学校和工作单位所获得的各种奖励等。

主观性内容主要是应聘者对自己的描述，比如本人开朗乐观、勤学好问、吃苦耐劳、勇于挑战、富有激情、为人友善、乐于助人、诚实守信、积极向上、勇攀高峰、激流勇进等对自己的评价性和描述性内容。

4.1.2 简历的类型

按照简历的排版格式不同可以把简历分为时序型、功能型、综合型、履历型和图谱型等多种类型。

（1）时序型。许多职业指导和招聘专家认定时序型格式是简历格式的当然选择，因为这种格式能够演示出持续和向上的职业成长全过程。它是通过强调工作经历来实现这一点的。时序型格式以渐进的顺序罗列你曾就职的职位，从最近的职位开始，然后再回溯。区分时序型格式与其他类型格式的一个特点是罗列出的每一项职位下，都要说明你的责任、该职位所需要的技能以及最关键的、突出的成就。关注的焦点在于时间、工作持续期、成长与进步以及成就。

(2）功能型。功能型格式在简历的一开始就强调技能、能力、自信、资质以及成就，但是并不把这些内容与某个特定雇主联系在一起。职务、在职时间和工作经历不作为重点以便突出与强化你个人的资质。这种类型的简历关注的焦点完全在于你所做的事情，而不在于这些事情是在什么时候和什么地方做的。

功能型格式的问题在于一些招聘人员不喜欢它。人们似乎默认这种类型的简历是为那些存在问题的求职者所用的，如频繁跳槽者、大龄工人、有就业记录空白或者存在学术性技能缺陷的人以及经验不足者。一些招聘人员认为，如果你没有以时序方式列出你的工作经历，那么其中必有原因而且这种原因值得深究。

（3）综合型。这种类型的简历通常被认为是最佳选择。首先简明扼要地介绍你的市场价值（功能型格式），随即列出你的工作经历（时序型格式）。这种强有力的表达方式首先迎合了招聘的准则和要求——推销你的资产、重要的资信和资质，并且通过专门能够突显满足潜在行业和雇主需要的工作经历来加以支持。而随后的工作经历部分则提供了曾就职的每项职位的准确信息，它直接支持了功能部分的内容。

这种综合型格式很受招聘机构的欢迎。事实上，它既强化了时序型格式的功能同时又避免了使用功能型格式而招致的怀疑。当功能部分信息充实，有阅读者感兴趣的材料而且工作经历部分的内容又能够强有力地作为佐证加以支持时，尤为如此。

（4）履历型。履历型格式的使用者绝大多数是专业技术人员或者是那些应聘的职位仅仅需要罗列出能够表现求职者价值的资信，例如医生就是使用履历型格式的典型职业。在履历型格式中无须其他，只要罗列出你的资信情况，如就读的医学院、住院实习情况、实习期、专业组织成员资格、就职的医院、公开演讲场合以及发表的著作。换句话说，资信说明一切。

（5）图谱型。图谱型格式是一种与传统格式截然不同的简历格式。传统的简历写作只需要运用你的左脑，你的思路限定于理性、分析、逻辑以及传统的方式，而使用图谱型格式你还需要开动你的右脑（大脑的这一半富于创意、想象力和激情），简历也就更加充满活力。

4.1.3 识别简历真伪

简历是求职者自己制作的反映个人能够满足企业招聘需求的求职材料，个人想方设法地使自己的简历能够符合企业需求，因而可能会隐瞒不好的一面，夸大自己的成绩和优点。据不完全统计约有30%的求职者的简历注水，例如编造以往的薪资、职位头衔、技能水平和工作业绩，大学生则会编造虚假的实习经历、在校社团工作经历，甚至是学习成绩等。企业对个人简历的内容和风格缺少控制，预选起来要花费相当多的时间和精力，而且只注重简历的表面文字是很危险的。

相对于企业自行设计的申请表，个人简历能够给申请人较大的自由空间，能够根据求职者自己的专长进行设计，能够表现申请人的创造性和书面表达能力。在个人简历中，申请人会强调他自己认为重要的那部分内容，会无意间提到其他一些有用的信息，从中招聘者可以获取自己想要的信息，进行相应的筛选。

4.1.4 简历筛选的方法

HR 手里似乎掌握着每个求职者的生杀大权，你的明天是继续待业还是开心上班，全由他们操控。但是作为 HR，当邮箱每天要面对几百封简历的时候，如何既快又准地通过简历筛选为企业留住所需人才就成为 HR 需要修炼的一项内功。据前程无忧调查数据统计，规模较大的企业一般每周要接收 500～1 000 份电子简历，其中 80% 在管理者浏览不到 30 秒后就被删除了。一般简历的第一轮过眼时间为 5～10 秒，基本上按照招聘广告的要求设定好几个条件进行过滤，负责此项流程的多为招聘助理；简历的第二轮过眼时间为 30～60 秒，着眼于工作经历，首先看在什么公司就职，其次看工作年限以及职位。

因此，HR 在筛选简历时，也会按照一定的流程，以最快、最便捷的方式，迅速找到自己想要的那个人。不同企业由于用人政策的不同，会采取不同的简历筛选标准，即使是在同一企业内，不同的 HR 从业者也可能会因为自己的偏好而采取不同的简历筛选标准和方法，因此，简历的筛选没有统一固定的模式。此处，仅根据企业招聘的本质对简历筛选的惯用手段做一简要介绍。

第一，按照标准进行选择。根据公司的岗位说明书，对简历进行快速扫描，对简历上的求职意向（包括期望月薪、目标地点、居住地方、目标职能等）和基本情况（包括性别、学历、工作经历、资格证书、技能要求、英语和计算机水平等）进行确认，没有达到要求的就被淘汰。根据岗位的关键词对简历进行快速确认，例如公司需要招一个 HR 主管，那么在看简历时就会特别关注简历上是否有"人力资源主管"这个词语，一般看简历时会提前想好 3～5 个关键词来确认。

第二，查看过往工作经历。查看求职者在本行业相关公司的工作经验。如果从未涉及过这个行业，那直接删除的可能性会很大。但是，跨行业不是不可以，为了慎重起见，行业不可以跨得太大，否则就是冒险。跨行业应该选择可以共享资源的行业，例如社会关系、人脉关系、客户资源等。对于应届生的简历而言，则重点查看其在校期间的学习成绩、实习经历以及专业的吻合度。

第三，做好后备人才储备。成熟的 HR 会在筛选简历时做好企业后备人才库的建设。他们在筛选简历的时候一般会分类管理，对于符合企业需求的作为备选人才进入下一轮测试；有些暂不联系但是比较优秀的人才放进人才库储备，并且回复邮件说后续有合适的岗位再联系；有些简历虽然不适合其投的岗位，但是可以考虑转做其他岗位；有些简历虽然不符合公司现有所有岗位的要求，但是如果是竞争对手的应聘者，公司可以约其来面谈，了解一下行业情况。

4.1.5 简历筛选的技巧

（1）分析简历结构。简历结构在很大程度上反映了应聘者组织和沟通的能力。结构合理的简历都比较简练，一般不会超过两页。通常应聘者为了强调自己近期的工作，书写教育背景和工作经历时，均采用从现在到过去的时间顺序方式。

（2）分析求职者的专业资格和经历。对简历的结构分析完毕之后，下一步就要看应聘者的专业资格和经历是否与空缺职位相关并符合要求。应聘者是否掌握其他相关技能？简历中是否有关于应聘者性格的信息？大体了解应聘者职业发展的速度和方向。

（3）留心简历中的空白时间和前后矛盾之处。简历中出现的空白时间和经历之间的前后矛盾可能是应聘者的笔误，但也可能是应聘者掩盖某些事实的故意之举。如果出现不妥之处，一定不要对应聘者妄下结论，可以准备一些问题在面试时询问。

（4）注意从个人简历附信中获得有价值的信息。个人简历常常还附有一封求职信或者自荐信。仔细阅读这封信后，要对求职者的职业特征、独创性和总体印象进行评估。求职信一般属于公文信件，格式一定要符合规范。在阅读求职信时，检查求职信是否包括了公文信件应该包括的所有部分。另外，可以检查求职信是否具有独创性。独创性不是指写的特别，而是指申请人是否经过精心考虑而写给公司，它不同于应聘者寄出的一般信件，一个求职者专门给贵公司仔仔细细写了一封信，说明他的动机确实是想被贵公司录用。

案例链接

部分公司的简历筛选方法

中国移动的简历筛选。中国移动采取多种方式招聘，如招聘会、报纸杂志、猎头公司等，用得最多的是网络招聘，同时还会针对招聘项目进行校园招聘、社会招聘和内部竞聘。中国移动青睐来自重点院校、专业对口的学生，而名校背景、突出的英语能力，担任过班长、学生会干部或社会组织者的经历，都会成为中国移动的优先考虑范畴。

朗讯科技（中国）有限公司的简历筛选。朗讯科技有限公司（简称朗讯）首先会看简历中的求职岗位，如果仅表示希望来朗讯，却并未表明应聘的具体岗位，朗讯一般会直接过滤掉。版面干净、符合规范、清晰明了的简历是朗讯所中意的。朗讯会非常注重职业诚信和道德，通常会查看简历内容的完整性和真实性，应聘者工作的连续性和稳定性。朗讯不在意应聘者有其他方面的工作经历，不够良好的教育背景和中断的工作时间的隐瞒与欺骗会使公司对你个人的诚信及职业道德有所怀疑。

乐百氏集团有限公司的简历筛选。乐百氏集团有限公司的人员选择一般经历三道程序。第一道程序主要针对硬性指标进行筛选，持续时间平均每份简历1分钟左右，主要对年龄、工作年限、学历、专业、相关职业背景、期望待遇水平、选择工作地点等信息进行快速筛选淘汰，同时根据不同的岗位进行分类。第二道程序是将初选的资料传送到相关的用人部门，由用人部门对候选者的具体岗位经历、工作内容、业绩进行筛选，确定可进入下一轮测试的候选者，将名单交人力资源部跟进。第三道程序是由人力资源部向面试者发出邀约，进行笔试、面试和实际操作。经过这三道程序的筛选后，最终确定候选人员，人力资源部会同用人单位，对候选人进行评价，人力资源部享有建议权，最终录用权归属用人部门。

首信股份有限公司的简历筛选。首信股份有限公司（简称首信）对简历的要求可以概括为"要外表美也要内在美"。好的简历应体现个人的实力，所以工作经验、成果、技能与知识，这些内容是首信尤为重视的，应标识在简历中最显眼的位置，并且用简洁流畅的语言表述出来。简历的格式应简洁、布局清晰，让人一目了然。别出心裁的简历代表着创意，代表着突破思维惯性的精神，企业并不反对，但企业更注重实际的内容。如果应聘公关及礼仪方面的职位，可以附上照片。简历中可以反映出的内容是很有限的，企业招聘时应结合岗位要求，重点考察与工作相关的内容及学习经历。公司在招聘部门骨干人员时，从知识结构、工作技能、人际沟通能力等方面来考察简历的实在美。

资料来源：根据网络资料整理。

4.2 申请表筛选

4.2.1 申请表的内涵

申请表是企业自行设计的，便于企业初步筛选应聘者的一种求职表格。因为，申请表是企业根据自己的需求而设计的，因此相对于求职简历，企业运用申请表对员工进行初步筛选有如下几个优点：第一，提高筛选效率。申请表的最大优点是结构完整且直截了当，它要求应聘者提供公司所需要的全部信息，而对公司不必要知道的信息则不会留有更多空白，这样企业就免去了对无用信息的筛选，提高了筛选效率。第二，信息较完整。一般来说，企业会根据自己的需求设计申请表，企业会把需要了解的应聘者信息均体现在申请表上，这样一来企业就可以获得全部想获得的信息。第三，有助于为面试做准备。公司可以根据自己对员工的要求设计一些有针对性的或者非常具体的问题，作为将来面试的重要提问点。第四，便于求职者进行自我判定。申请表一般涵盖了岗位对员工的能力和素质要求，填写申请表实际上就是给求职者一个自我判定的机会，有利于应聘者根据申请表对自我条件进行自我评估，决定自己是否符合申请表中所要求的条件，之后再填写申请表。

4.2.2 申请表的基本内容

虽然每家企业都有可能会设计出不同的求职申请表，但一般来说申请表的内容会包括一些最基本的信息，这些信息主要有个人基本信息、教育培训信息、工作经历信息、与所申请岗位相关的背景信息、工作特殊要求信息及其他一些相关信息。企业也可以根据需要设计一些附加信息。表 4-1 为某企业的求职申请表样表。

表 4-1　求职申请表

求职岗位：

姓名		性别		出生年月		民族		一寸彩照
身份证号				籍贯		学历		
住址						学位		
身高		联系电话				婚姻状况		
政治面貌		参加组织时间				特长		
英语等级证书				职称或计算机等级或其他适任证书				
工作简历								
变动时间			所在单位及职务					
学习简历								
变动时间			院校及专业					
奖惩情况								
奖惩时间			奖惩单位					

本人确保以上填写内容真实。签名：_____

4.2.3　申请表的设计要求

（1）科学、认真、全面地反映所需有关信息。申请表所包含的信息应能够包含应聘岗位所需要的全部信息，这样便于对求职者进行比较全面的评价和选择。除了内容全面之外，在设计申请表时还要注意表格的排版格式要美观，符合逻辑要求。申请表要简单明了、直截了当、通情达理、易于填写，这样有利于求职者在填写时能够快速而顺利地完成信息的填写。如果申请表难以填写或表达不清，企业也就不可能获得所需的信息。

（2）要符合有关的法律和政策要求。在设计申请表时，要特别注意申请表的合法性，不能与相关法律制度的要求相违背，不能有可能引起歧视的嫌疑。比如企业一般会收集求职者的种族、性别、年龄等信息，但出于合法性的考虑，公司不得将这些个人信息用于其他目的，并不能以这些信息作为筛选员工的标准。在美国，许多企业会采用附加栏的方式收集这些个人信息，也就是说这些信息不和申请表中的其他信息一起储存，且必须声明这些信息仅仅是为了向联邦政府汇报而收集的，申请人自愿提供，绝对不是聘用时考虑的因素。

（3）选择最符合企业需要的项目。在设计申请表时，一定要把企业最想要的信息包含进去，这些信息反映出工作所必须要达到的标准，可以帮助企业进行快速淘汰。比如一个工作岗位需要经常出差，那么申请表中就可以包含这样的问题：如果你获得该职位，你是否能够适应经常出差？如果求职者回答"否"就可以马上将他排除。这样，就可以为企业节省许多筛选时间和费用。

（4）职位不同，应聘申请表的内容设计应不同。因为不同岗位对员工的能力、技能等要求会存在差异，因而申请表的设计应考虑不同职位的差异，根据每个不同职位的具体要求设计具有差异性的申请表。不能为了省事，把以前的申请表拿来不加修改地直接套用。

（5）申请表应留有足够空间让求职者来填写。有时候企业为了缩短申请表的长度，会将申请表的空白处留得相对较小，这样求职者在填写时就有可能会有所取舍，而致使企业无法获得完整信息。按照"人之常情"来理解，申请表留有多少空白，求职者就会提供多少信息。也就是说，如果某项信息是公司非常重视的一部分，希望能多了解一些，而申请表中这部分的空白又恰恰留得很少，那么你就不会得到你想要的全部信息。为了避免这种情况发生，企业在设计申请表时要充分考虑空白的大小，以让求职者能够较完整地提供他的个人信息。

4.2.4　申请表筛选的方法

申请表筛选与简历筛选一样都属于初步筛选，是对应聘者是否符合职位基本要求的一种资格审查，因此申请表的筛选重点是对求职者是否符合职位基本条件的要素进行审查，比如专业、学历、工作经验等，而不是对求职者能力的考察。因此，筛选时要特别重视申请表材料的真实性。为此，企业可以检查申请表与求职简历上的日期是否一致，有没有时间空缺？如果有，一定要查明这段时间求职者在干什么？

另外，在筛选申请表时，企业必须清楚地了解工作岗位的要求，然后制定出筛选条件。筛选条件的条目应与申请表中的项目相一致，每一项都是最重要的筛选标准。列出的筛选条件能够使筛选者根据申请人符合工作说明书的程度来决定优先考虑的顺序。

4.3　笔试概述

4.3.1　笔试的概念

《新华字典》对笔试的解释为，要求把答案写出来的考试方法。笔试是相对于面试的一种测试方法，是指被测评者按统一时间、统一地点、统一要求，通过纸笔的形式完成测评题，评判者按统一评分标准评判被测评者所掌握的知识程度的一种方法，这种方法可以有效地测量应聘人的基本知识、专业知识、管理知识、综合分析能力和文字表达能力等素质及能力的差异。

笔试是人才甄选实践中最古老、最基础的技术之一。即使在人才甄选技术不断发展的今天，笔试依然在企业人才甄选中发挥着重要作用，尤其是在大规模的员工招聘活动中，它可以迅速甄别应试者的知识素质，从而判断应试者是否符合岗位的基本要求，可以作为人员选拔录用程序中的初期筛选工具。笔试合格者才能继续参加面试或进入下一轮测试。笔试具有以下特点：

（1）标准化。笔试的测试过程是标准化的过程。一般而言，笔试的题目、评分标准、笔试时间等都是相同的，也就是对所有应试者来说笔试的内容都是一样的（这里所指的所有是指应聘同一家单位统一职位的所有考生），具有标准化性质。

（2）差异化。差异化是指由于每家企业、每个岗位对人才的要求不同而出现的笔试内容和形式等方面的差异。即使对于同一个岗位，不同企业所采用的笔试类型也可能会存在较大差异。

（3）公平性。笔试大多采用统一的试题和统一的评分标准，对所有参加考试的考生都是相同的，而且笔试题也有相当大的部分属于客观题，在评分时可以避免评分人的主观性偏差。试题依据一定的内容和客观标准拟制，评卷依据客观尺度，人为干扰因素少，具有较强的区别功能。

（4）广博性。笔试的题目类型可以多种多样，如较为常见的选择题、判断题、案例分析题、写作题等；测试范围广泛，可以无所不包，既可以测评考生的专业知识，还可以考核他们的人文素养和综合知识等，且考核结果的可信度较高。

4.3.2 笔试的优势和劣势

作为一种比较常用的人员选拔方式，笔试有自身的优势和劣势，优势主要表现在如下几个方面：

（1）成本较低。笔试可对大批应试人员在不同空间和不同时间内实施，测评效率高，笔试一次能够出十几道乃至上百道试题，考试的取样较多，可以大规模地进行分析，因此花时间少、效率高、成本较低。

（2）应考人员心理压力小。在笔试时，企业招录人员往往不在现场，或者在现场也只是监考人员，不会对应聘者的回答有任何干预。求职者的心理压力较小，可以以较为放松的心态进行答题，能够考察出应聘者的真实状况。

（3）客观性。一般来说，笔试具有一定的客观性，特别是直答式笔试，客观性更强，这种测试取材广泛，答案肯定，评分客观精确，能够比较好地反映应试者的知识水平。另外，笔试试卷可以密封，主考人与被测者也不必直接接触，考试材料可以保存备查，这些较好地体现了客观、公平、公正原则。

任何事物都存在两面性，有优势就同样会存在劣势，笔试的劣势点主要表现在如下几个方面：

（1）设计一份具备较高信度和效度的笔试试卷较难。笔试测试效果如何，是否能真实反映应聘者的水平,取决于试卷的命题好坏。若命题不恰当,设计不合理,则考试成绩不能真实反映应聘者的实际水平。因而,试卷的拟制水平决定了笔试最后的效果,而要设计一份具备较高信度和效度的笔试试卷则是一件相对较难的工作。

(2)笔试具有一定的运气成分。正如前面所述,笔试试卷的设计状况会直接影响笔试的结果。即使笔试试卷具备良好的信度和效度,笔试试题也不可能覆盖所有知识点,同时由于试题固定,数目有限,这样应试者的成绩往往有一定的偶然性。这就是我们常说的考试要有一定的运气。

(3)不能有效测评出应聘者的工作能力。笔试偏重于机械记忆,不易发现个人的创造性和推理能力,不能全面地考察应聘者的工作态度、品德修养以及组织管理能力、口头表达能力和操作技能等;笔试只能反映应聘者的学历,掌握的知识量的多少,往往不能表明应聘者的实际工作能力。正因为如此,笔试方法一般会辅以其他测评方法组成完整的甄选环节,从而全面地测评应试者的知识和能力。

4.3.3 笔试的类型

按照不同的分类标准,笔试可以有多种不同类型。根据笔试的深度和广度可以分为专业知识笔试与综合知识笔试;根据笔试试题的性质可以分为主观题和客观题。因为在专业知识笔试和综合知识笔试中均有可能出现主观题与客观题,因而,本部分只对专业知识笔试和综合知识笔试做介绍。

1. 专业知识笔试

专业知识笔试主要针对应聘者应具备的专业知识进行测试。设计专业知识笔试题的关键在于对任职能力的检验,前提是必须分析岗位所需要的专业知识是什么,包括哪些知识点和要求掌握的程度如何。一套成功的专业知识笔试题,可以从应聘者回答的内容中得出该应聘者是否具备所需要的专业知识。专业知识笔试具有灵活、系统、容量大,信度和效度高,经济快速、效率高的特点。在测评中,可以灵活设置题目,制定考试内容,确定考试难度,试题容量大、涵盖广,从而可以系统地对应试者的知识储备、知识结构、知识水平进行测评。由于标准化测试的推行,客观题的比重加大,试卷的评分更加客观,因而减少了人为主观因素的影响,使得专业知识笔试相对可靠和有效、测评信度和效度相对更高。另外,专业知识笔试在较短的时间里可以对大量的应试者进行大规模测评,既节省时间又经济快速。

(1)专业知识笔试题的编制。专业知识笔试的最大特点就是对应试者专业知识能力的考察。一般这种类型的题目涉及较深的专业领域,答案一般都是唯一的,所以专业知识笔试的试题一般会包括选择题、判断题、填空题等,下面简单介绍一下这几种类型题目的编制技术。

1)选择题的编制。选择题的编制可以由书中的一句陈述句、一个概念、一个基本原理、一种现象、一个特定的情景设计构思出。正确的语句拟为正确答案,对可能错误的理解加以概括，作为干扰答案。选择题在编写时要尽量措辞简单明了，慎用否定句，方便阅读。

2）判断题的编制。判断题是对一个命题做出正确与错误的判断。在编制时要注意命题的内容是主要的知识点和有意义的事实，避免使用带有暗示作用的特殊限定词，判断题正误随机排列。

3）填空题的编制。填空题的编制方法一般是从书中选一句话或一段话空出关键位置。这种题目易于编制，答案明确、评分客观。通常空缺的位置限于一些容易混淆和被人遗忘的关键词。

（2）专业知识笔试的注意事项如下。

1）明确测试目的。笔试试卷设计的内容要具有系统性才能发挥测验的作用，内容构成都必须由企业和岗位设计，明确测试的目的。

2）选择合适的拟卷人。拟卷人应该对要测试的专业知识有较深的理解和掌握。对出题的难度、题量和题型的安排要恰当合理。最好选择两三个拟卷人共同制定笔试试题，保证试卷的质量。另外拟卷人的人品也要列入挑选范畴，一般要选择正直、公平、公正的拟卷人，避免试卷泄漏。

3）控制笔试内容。一份笔试试卷应能够保证应试者在1小时内完成，阅卷人在5分钟内完成试卷批阅。如果时间过长，会影响应试者的耐心，成本过高；如果时间过短，试卷的内容又不足以真实反映考察的内容。

4）注意试卷的版式设计。一份笔试试卷可以从侧面反映出一家企业的实力。设计精美、质量好的笔试试卷往往会给应试者留下专业、负责、积极的企业印象。反之，会导致应试者的兴趣减弱，对企业失去信心。

2. 综合知识笔试

综合知识又可以称为百科知识，内容广、知识复杂。综合知识笔试就是对应聘者的知识广度进行测试。测试的目的是了解被测者对综合知识的了解程度以及知识掌握水平。由于不同单位、不同职业有不同的侧重点，准备比较困难。

（1）综合知识笔试题的编制。综合知识笔试题中主要以主观题为主，辅之以客观题，客观题所占的分值相对较少。其主要原因是主观性试题有利于测评分析、综合、评价高层次目标，试题综合性强，一道题可综合测评应试者多个知识点，宜于测评应试者综合分析问题、实际解决问题的能力。

综合知识笔试的试题主要包括简答题、论述题、案例分析题等，下面简单介绍一下这几种类型题目的编制技术。

1）简答题的编制。简答题通常要求应试者做简明扼要的回答。出题要从宏观的角度综合考虑，考核内容要具体，形式灵活多变。应注意多角度、多方向提问，增强考查的准确性和深度。在编制时，重点要提问有意义的问题，避免把琐碎、枝节的问题变成简答题。

2）论述题的编制。论述题适于考查应试者运用知识综合分析的能力，给应试者较大自由发挥的余地。在编制时，命题需要有定论，最终答案不能似是而非。命题的题意要明确，不要产生歧义。论述题的答案编制要尽可能详细地划分得分点，制定得分依据。

3）案例分析题的编制。案例分析题可通过两个思路构思：一是以社会生产生活实际发生的真实事件作为基础，编写背景材料、编制案例分析题；二是根据一定理论、原理，虚拟一个情景、事件，编制成案例。选取的案例要有典型性、代表性和针对性。

资料链接

不同笔试题型的优缺点

题 型	优 点	缺 点
填空题	灵活、覆盖面广	过分强调记忆、比较机械
选择题	适应范围广、评分客观、操作方便、节省时间	对选项设置的要求高
判断题	完成速度快、节省时间、覆盖面广、评分客观	仅适合考查对简单问题的了解程度，容易猜对
简答题、案例分析题	能够综合考查应聘者的知识运用能力	自由空间大、评分难度大、容易受评价者偏见的影响

（2）综合知识笔试的注意事项。综合知识笔试需要注意的事项和专业知识笔试需要注意的事项有一些共性，这里主要介绍不同的注意事项。

1）制定详细的答案标准。综合知识笔试题灵活多变，允许应试者自由发挥，展现应试者的知识、文字表达能力、推理、判断能力。但是这种测试题的结果可信度较低，在阅卷时，受评卷人主观因素影响较大。因此，在编制试题时，要尽可能具体、详细地划分得分点及制定评分依据。

2）对拟卷人要求高。综合知识笔试主要考查的是应试者知识的广度，这就要求拟卷人的知识面也相当广泛，对测试的重点有所把握。一方面试卷的每道题要出得有针对性，另一方面要清晰、易理解，不能让应试者摸不着头脑。

3）对评阅人要求高。综合知识笔试的最大特点就是考查知识范围广，题目偏重考查逻辑推理能力、创造性，应试者可以多角度、多方向地回答。这对阅卷人的能力素质要求较高，不仅自身的知识要广，而且评分要做到公正，避免陷入评分误区。

4.3.4 笔试试题拟制的要求

1. 命题的目的明确

试题编制者在编制题目时要明确，编制这套试题测试的主要内容是什么，每道题的编制应该有一个明确的目的。

2. 试题的内容科学合理

试题的内容既要测评应试者的知识程度，又要测评应试者的能力水平，还要测评应试者的发展潜力，另外设计的题目难度、题量适当。

3. 试题的类型恰当

试题的类型应与测评的目的相统一。如果要测试一个应试者的逻辑思维能力、自我表达能力及价值观、处理问题能力等，就可以采用论文的方式进行测试。

4. 题目的题意清晰

试题中的问题寓意应当规范，含义要明确，切忌模棱两可，让考生难以理解或产生误解。文字既要简明扼要，又不能缺少必要的答题条件，同时试题还要考虑实施和阅卷方便。

5. 题目相对独立

试题之间不可相互重复或者牵连，切忌在试题中出现暗含本题或者其他题目的正确答案的线索。

4.4 笔试的实施技术

4.4.1 制订笔试的实施方案

实施方案是指对某项工作，从目标要求、工作内容、方式方法及工作步骤等做出全面、具体而又明确安排的计划类文书，是应用写作的一种文体。笔试的实施方案就是交代笔试的进程、各项时间安排，负责人，以保证笔试的顺利进行。笔试的实施方案要把某项工作的工作内容、目标要求、实施的方法步骤以及领导保证、督促检查等各个环节都要做出具体明确的安排。要落实到工作分几个阶段、什么时间开展、什么人来负责、领导及监督如何保障等，对此都要做出具体明确的安排。笔试的实施方案通常由标题、主送机关、正文、落款四个部分内容构成。

资料链接

红旗街道招聘工作人员笔试环节实施方案

根据"岳塘区红旗街道工作人员招聘实施方案"的要求，经红旗街道招聘工作人员领导小组会议研究，决定于 2017 年 7 月 5 日举行笔试工作，为确保本次笔试工作的顺利进行，特制订本实施方案。

一．笔试原则

遵循公开、公正、保密和回避的原则,由红旗街道招聘工作人员领导小组牵头组织实施。

(1)严格按照统一规定的程序和要求组织实施笔试工作,切实增强工作的透明度。

(2)笔试监考人员及有关工作人员要严格遵守工作纪律,确保笔试试卷及有关资料的安全。

(3)对笔试监考人员及其所有工作人员进行严格的资格审查,凡监考人员及有关工作人员与笔试人员之间有相关法律法规中规定的回避关系,或因其他原因需要回避的,必须实行回避。

(4)笔试内容:公共基础知识。

二、笔试形式

笔试采用闭卷方式,考试时长120分钟,满分100分。命题、拟卷、印刷、保管等由街道纪检组派人全程监督。

三、笔试对象的确定

招聘领导小组按照公告所列条件要求对报考人员进行严格的资格审查,提交领导小组会议研究后,确认参加笔试的对象。

四、笔试时间和地点

笔试时间为2017年7月5日上午9:00~11:00,笔试考场设在街道办综合办公室。

五、笔试环节组织实施

根据笔试环节的工作任务,分为资料组、考务组、监督组、后勤组等四个工作小组,通过各工作小组的通力配合,圆满完成笔试环节的工作任务。

1.资料组。**责任人:××**

(1)起草笔试环节实施方案报领导小组会议审定。

(2)起草笔试工作安排方案、监考人员职责及注意事项、工作人员任务分解表、工作人员守则、考场纪律等考务组织文件资料,报领导小组审定。

(3)准考证的制作与发放。制作和确定准考证的样式,对资格审查合格的报名对象,按报名先后顺序编写考生考号,7月2日印制准考证并发放给应考人员。

2.考务组。**责任人:××**

(1)根据报名人数情况,选择合适的考试场地。安排考务室、工作人员休息室、考生应急处理办公室等配套场所。

(2)制作指示牌、宣传标语、工作人员证件等,笔试前一天下午布置好考场。

(3)设置开考、提示、终考铃声。

(4)抽调笔试监考员、工作人员并进行培训。

(5)负责笔试当天考场内的考务工作,包括签收启封试卷、核对考生身份、考试监考、收回密封试卷等。

3. 监督组。**责任人**：××

（1）负责对笔试环节总体工作的监督。

（2）对命题制卷、试卷印刷、保管接送、场内考务等关键环节进行全程现场监督。

4. 后勤组。**责任人**：××

（1）准备笔试环节相关的办公用品：胶水、小刀、哨子、草稿纸、笔、订书机、复印纸等。

（2）负责考场考室外围的安保工作，以及考场内有关设备的调配使用。

（3）负责接送试卷、安排车辆待命备用。

（4）负责有关人员的工作用餐。

（5）提供应急医疗服务。

红旗街道招聘工作人员领导小组
2017 年 6 月 10 日

4.4.2 笔试的实施程序

笔试的实施程序一般会经历六个阶段。

1. 成立笔试实施小组

笔试实施小组负责整个笔试工作的实施，包括试题的编制、阅卷、费用的预算等。其具体可由人力资源招聘人员、用人部门负责人和专业人员组成。考评人员的质量和数量对整个考评工作起着举足轻重的作用，合理的人员搭配和人数确定，能使考评指标体系发挥效果。因此，要选择正直、责任心强、纪律强的人员。由于实施小组人员的知识和素质参差不齐，因而可以通过培训使成员了解、熟悉并掌握各种方法和相关知识，避免个人感情因素对考评工作的干扰。

2. 制订实施计划

实施计划主要包括考试科目、考试方式、考试人数、考试时间、考试地点、考场安排、监考人员、出题方式（人事部命题、外部单位命题、学校命题）、阅卷人员名单、阅卷方式等。

3. 命题

编制笔试试题是整个笔试过程中最关键、最核心的步骤。笔试题目的质量如何，具有多大的效度和信度，对笔试作用发挥具有至关重要的作用。企业在编制笔试试题时，应从难易程度、质量、实用性等方面考虑。试卷考查范围要尽可能广且分布合理，各题目要保持相对独立。试题之间不可重复；试题中的问题应当规范，含义明确；试题考查的项目和试题类型的比例合理分布；还要做好保密工作。

4. 组织考试

考试前，必须按照考场设置要求对各个考场进行检查。在考试过程中，要安排工作人员巡视各个考场，对考生较多或者考绩较差的考场加派巡视员监督，杜绝考试舞弊行为。

5. 评卷

试卷的评阅是整个测验的尾声，也是十分重要的环节。只有客观公正地评阅试卷，才能保证笔试的有效性和可靠性。阅卷时要严格按照答案和评分规则进行。

6. 公布成绩

企业应该在条件允许的情况下公布笔试成绩，确定合格者的名单，并通知进行下一轮面试。

资料链接

评卷可能出现的误差

（1）阅卷人员主观因素造成的误差。阅卷人员的责任心、工作态度等对阅卷的质量有很大影响，也是造成误差的重要因素；阅卷者的业务素质高低，个人欣赏水平、风格的不同，也容易造成阅卷标准的不同，从而对阅卷的客观性造成影响。

（2）阅卷的程序因素造成的误差。人在处理事物的时候，外界环境在头脑中的反映和信息传入大脑有一个顺序效应问题。在主观题的阅卷中这类问题十分明显，匿名阅卷往往有先紧后松的现象，即开始阅卷较严，后来尺度宽松，存在宽容定势。这也是大多数比赛类节目选手不愿意首先出场的原因所在。

（3）理想评分模式和参照效应带来的误差。理想评分模式即评卷人设想存在一个理想化的评分对象，这可能会提高或降低阅卷标准。参照效应指一份水平较高的试卷出现后，阅卷者以其为参照，脱离参考答案，降低评卷的客观性。

（4）阅卷环境因素造成的误差。阅卷是一项要求较高的工作，而阅卷又往往处于临时工作环境中，集中、重复、单调的活动常常使阅卷人出现疲劳现象，这时阅卷人容易出现注意力分散、反应迟钝、情绪波动的行为，造成人为的阅卷误差。

（5）晕轮效应产生的误差。晕轮效应指对被试者的一般印象影响对具体某个问题的评价。例如卷面字迹整洁与否会使阅卷者产生第一印象，影响标准的掌握，卷面整洁使阅卷者产生好感，给出高分，从而忽视了内容等其他方面。字迹潦草、卷面凌乱则会出现相反的结果。

（6）其他因素造成的误差。阅卷者水平不一、注意力分散、外界干扰或视觉疲劳因素造成的误差，书写潦草造成的误差，小题分值合计时的操作误差和计算机误差的现象也经常出现。

4.4.3 笔试注意事项

命题是笔试的首要问题，命题的恰当与否直接决定着最终测试的结果。无论是以招聘管理人员和科技人员为目的的论述型笔试，还是以招收工人和职员为目的的测验型笔试，其命题必须既能考核应聘者的文化程度，又能体现出空缺职位的工作特点和特殊要求。命题应难易适中，太难太易都不利于择优。有条件的企业应该建立自己的试题库，这样在每一次考试时，抽出有关的试题进行组合，保证试题的科学性，但是入库的试题一定要经过科学的测定。另外，为保证试题的效度也可以请专家出题，但请专家出题时一定要向专家详细地讲述招聘的目的，使专家充分了解笔试的目的，然后再根据要求出题。

编制标准答案，确定评分具体标准。各个试题的分值应与其考核内容的重要性及考题难度呈正比，若分值分配不合理，则总分数不能有效地表示受测者的真实水平。阅卷及成绩复核，关键要客观公正、不徇私舞弊。为此应防止阅卷人看到答卷人的姓名，阅卷人应共同讨论打分的宽严尺度，并建立严格的成绩复核制度，以及处罚徇私舞弊者的规章制度等。

4.5 笔试试题样本

创新能力试题

一、列举题

1. 从"方便面"这一方便食品拓展思维，至少说出其他四种类似的食品。

   参考答案：小包装的五香豆腐干、速冻饺子、口蘑汤料包、罐装美容营养粥等。

2. 列举水在零摄氏度以下的状态现象。

   参考答案：冰、雪、霜、雹、窗花等。

3. 列举强磁材料的用途，如磁疗鞋。

   参考答案：磁疗衣服、磁疗枕、磁性水处理、磁性纤维、磁疗睡袋等。

4. 2009 年就业形势严峻，请你列举大学毕业生获取就业信息的渠道。

   参考答案：校园招聘会、企业招聘信息、网络招聘信息、报刊招聘信息、亲戚朋友同学老乡介绍、中介公司等。

5. A 干扰 B，如鼾声干扰我听课。写出另外的 A 和 B。

   参考答案：防守队员干扰我投篮，上课交头接耳干扰老师讲课，公路违章干扰交通秩序，夜间蚊虫干扰我睡觉，不文明掌声干扰演员演出等。

6. 据媒体报道："受美国经济危机的影响，我国部分加工、制造业工厂关门。"看到工厂关门你想到了什么？

参考答案：工厂破产，工人失业，就业压力增大，大学生就业难，我国部分加工、制造业的产品科技含量低等。

7. 一天，ABCD 四个孩子在运动场上赛跑，一共赛了四次，其中 A 比 B 快的有三次，C 比 D 快的也有三次，因此大家想 D 一定是最慢的了，不料 D 比 A 快的也有三次。仔细想想，请分别列出 ABCD 四次比赛名次的排序。

参考答案：ABCD　　　　DABC　　　　CDAB　　　　BCDA

8. 由"速度"这个概念你会联想到什么？

参考答案：飞机、列车、自由下落的物体、闪光、粉碎等。

9. 同一种现象可以由无数原因造成，请列举出"霓虹灯不亮"的原因。

参考答案：白天、短路了、停电了、过时了、没打开等。

二、技法应用题

1. 对名词、动词、形容词在坐标系上进行组合，经过筛选找到创新方向的方法，就是二元坐标法。应用二元坐标法，画出坐标并对以下词语进行组合：杯子、手术、金属、随身听、方便，经过筛选把有意义的结果写出来。（5 种以上）

   参考答案：方便杯、音乐杯、金属杯、手术刀、金属切割等。

2. 对已知事物列举出缺点，并从列举出的缺点中找到创新点的方法就是缺点列举法。请应用缺点列举法对教室里的黑板提出改进设想。（5 种以上）

   参考答案：不能吸灰尘，加上能吸灰尘的装置；形状太古板，可以做成椭圆形状；颜色太沉闷，不一定非要是黑色，可以根据需要换成别的颜色；不容易擦掉，用容易擦掉的材质做黑板；不能活动，做成可以卷起的黑板等。

3. 请用希望点列举法对双层床进行希望点列举，并对目前双层床提出相应的改进设想。（5 种以上）

   参考答案：稳定，四个脚下加吸盘；安全，加安全护栏；看书方便，加床头灯；上下层互不干扰，加隔音板；方便写字，加折叠桌。

4. 形态分析法是将需要解决的问题分解为相互独立的要素，列出每个独立要素可能的形态，然后将各要素和形态进行组合的创新方法。用形态分析法，设计一个食品包装盒，把要素写在表内，选择的最佳方案写在下面。

逻辑推理能力试题

1. 有人说：读万卷书不如行万里路，行万里路不如阅人无数，阅人无数不如名师指路，名师指路不如自己领悟。以下各项都构成对上述观点的质疑，除了（　　　）。

   A. 阅人无数自会遇到名师指路

   B. 书中自有乾坤，读万卷书如同行万里路

   C. 若无名师指路，仅凭读万卷书和行万里路，自己仍无法领悟

   D. 行万里路，游历大千世界，必定阅人无数

2. 爱因斯坦发表狭义相对论时，有人问他，预计公众会有什么反应？他答道："很简单，如果我的理论是正确的，那么德国人会说我是德国人，法国人会说我是欧洲人，美国人会说我是世界公民；如果我的理论不正确，那么美国人会说我是欧洲人，法国人会说我是德国人，德国人会说我是犹太人。"如果爱因斯坦的话是真的，以下哪项陈述一定为真？

   A. 有人会说爱因斯坦是德国人　　　　B. 有人会说爱因斯坦是世界公民
   C. 有人会说爱因斯坦是犹太人　　　　D. 法国人会说爱因斯坦是欧洲人

3. 在大学里，许多温和宽厚的教师是好教师，但有些严肃且不讲情面的教师也是好教师，而所有好教师都有一个共同特点：他们都是学识渊博的人。如果以上陈述为真，以下哪项陈述一定为真？

   A. 许多学识渊博的教师是温和宽厚的
   B. 有些学识渊博的教师是严肃且不讲情面的
   C. 所有学识渊博的老师都是好教师
   D. 有些学识渊博的教师不是好教师

4. 一家实木地板销售商在其合同文本中郑重承诺："本公司所销售的地板绝对是木头做的；负责免费安装，但安装所需材料费除外；免费保修一年，但非本公司过错所造成的损失除外。如有欺诈，本公司愿负法律责任，并付 1 000 倍以上的赔偿金。本公司保留对此合同条款的一切解释权。"下面哪一个选项是对该公司及其合同的正确评价？

   A. 该公司肯定很诚实，因为它承诺：若发现欺诈，愿付 1 000 倍以上的赔偿金
   B. 该公司的合同实际上对它的行为没有任何约束力
   C. 该公司所卖地板肯定都是货真价实的实木地板
   D. 从顾客角度看，该公司的合同条款是可以接受的

5. 在一次试验中，一位博士生和一个机器人各自独立地通过电脑回答一组问题，一群科学家再去鉴别电脑屏幕上的哪些回答是由博士生做出的，哪些回答是由机器人做出的，而鉴别结果的差错率竟然高达 78%。有一些人认为，试验中所提出的那一组问题肯定是不充分的，因为它们不能使一群科学家分辨出那位博士生和那个机器人，这些人的怀疑基于下面哪一项未陈述的前提？

   A. 有的机器人能够与国际象棋高手博弈
   B. 那位博士生是一位围棋高手
   C. 那个机器人是 IBM 公司的最新一代产品
   D. 在那位博士生和那个机器人之间本来存在相当大的差别

6. 李娜心中的白马王子是高个子、相貌英俊的博士。她认识王威、吴刚、李强、刘大伟 4 位男士，其中有 1 位符合她所要求的全部条件。

   A. 4 位男士中，有 3 个高个子，2 名博士，1 人长相英俊
   B. 王威和吴刚都是博士

C. 刘大伟和李强身高相同
D. 李强和王威并非都是高个子

数字推理试题

1. 17, 9, -1, 5, （D）
   A. 4   B. 2   C. -1   D. -3
2. 3, 2, 5/3, 3/2, （B）
   A. 1/4   B. 7/5   C. 3/4   D. 2/5
3. 1, 2, 5, 29, （C）
   A. 34   B. 841   C. 866   D. 37
4. 2, 12, 30, （D）
   A. 50   B. 65   C. 75   D. 56
5. 2, 1, 2/3, 1/2, （C）
   A. 3/4   B. 1/4   C. 2/5   D. 5/6
6. 4, 2, 2, 3, 6, （D）
   A. 6   B. 8   C. 10   D. 15
7. 1, 7, 8, 57, （C）
   A. 123   B. 122   C. 121   D. 120
8. 4, 12, 8, 10, （C）
   A. 6   B. 8   C. 9.   D. 24
9. 1/2, 1, 1, （C）, 9/11, 11/13
   A. 2   B. 3   C. 1   D. 7/9
10. 95, 88, 71, 61, 50, （A）
    A. 40   B. 39   C. 38   D. 37
11. 2, 6, 13, 39, 15, 45, 23, （D）
    A. 46   B. 66   C. 68   D. 69
12. 1, 3, 3, 5, 7, 9, 13, 15, （C）
    A. 9, 21   B. 19, 23   C. 21, 23   D. 27, 30
13. 1, 2, 8, 28, （B）
    A. 72   B. 100   C. 64   D. 56
14. 0, 4, 18, （A）, 100
    A. 48   B. 58   C. 50   D. 38

行政人员笔试试题

第一部分：单项选择题

1. 以下哪一项内容不是办公室事务管理的特征？（B）

A. 服务性　　　　　B. 决策性　　　　　C. 专业性　　　　　D. 主动性

2. 传真机的使用哪一项是不对的？（B）

　　A. 发送前检查原稿质量　　　　　B. 随时随地可向对方发送
　　C. 不宜发送礼仪性文本　　　　　D. 不宜发送私人、保密文本

3. 行政专员必须具有合作精神，以下合作方法中哪一项是不适宜的？（B）

　　A. 善于同他人合作，密切配合，步调一致
　　B. 应该有自己的个性，尽可能使别人服从自己
　　C. 配备文秘人员时遵从异质结合的原则
　　D. 公允地与同事分享胜利的成果，分担失败的责任

4. 以下关于文员管理好时间的说法，哪一项是不正确的？（D）

　　A. 定好目标，把想做或需要做的事情写下来
　　B. 想办法加快处理邮件、信件和其他反复出现的事务
　　C. 开始工作之前要做好准备工作，这样就不会因遗忘某件事而中途停顿
　　D. 将零散工作安排在安静、有效的时间段里去做

5. 以下关于文员对办公室布置的情况，哪一项是错误的？（B）

　　A. 伸直双臂再合拢，在高于桌面15cm左右画弧形，手臂所能覆盖的桌子面积，比较适合摆放与工作有关的物品
　　B. 办公桌抽屉里的物品摆放要注意放置整齐，东西可放得满一些
　　C. 各种类型的文件柜要分门别类地安放文件、资料和物品，并贴上标识
　　D. 纸张和较重的东西放在架子下面几层，较小的物品先放入盒中，再放在稍高于眼光平行的层面上，用标签贴在各种物品的下方

6. 以下关于投影机的使用哪一项是不适宜的？（D）

　　A. 安置窗帘遮挡室外光线　　　　B. 与其他设备正确连接
　　C. 投影机要远离热源　　　　　　D. 应设置电脑的桌面屏幕保护功能

7. 向级别与本机关相同的有关主管部门请求批准某事项应使用（D）。

　　A. 请示　　　　　B. 报告　　　　　C. 请示报告　　　　　D. 函

8. 在印制本上，文头位于公文的（A），作者位于（　）。

　　A. 首页上端，右下方　　　　　　B. 首页下端，右上方
　　C. 首页上端，右上方　　　　　　D. 首页下端，右下方

9. 用于对某一项行政工作做比较具体规定的规范性文件，称作（C）。

　　A. 条例　　　　　B. 规定　　　　　C. 办法　　　　　D. 决定

10. 在购买电脑时从报价单上看，计算机的硬件配置中"Pentium42.8G"指的是（A）。

　　A. 计算机中央处理器的信息　　　B. 内存储器的信息
　　C. 硬盘的信息　　　　　　　　　D. 软盘驱动器的信息

11. 在Windows XP环境下，复制选定的对象可以用按住（C）键并拖动鼠标的方法。

　　A. Shift　　　　　B. Alt　　　　　C. Ctrl　　　　　D. F10

12. Word 文档文件的扩展名是（C）。
    A. txt   B. xps   C. doc   D. wod
13. 小周、小李、小方的工资比数是 3∶4∶5，小李工资是 300，则小周与小方工资分别是多少？（B）
    A. 230、280   B. 225、375   C. 220、370   D. 240、290
14. 泡茶时，杯里的水在（B）。
    A. 七分满   B. 六分满   C. 八分满   D. 满至杯口
15. 在交通工具中，座次的尊卑优劣往往是显而易见的。轿车的座次最高级别是（B）。
    A. 后排左座   B. 后排右座   C. 后排中座   D. 前排副驾驶座

第二部分：多项选择题

16. 公文是一种特殊的文体，这种特殊性表现在（AD）。
    A. 采用白话文形式   B. 具有真实性、合法性
    C. 具有规范性、相对确定性   D. 用议论、说明、叙述等多种方式表达
17. 下列有关公文印章或签署的说法何者正确？（ACD）
    A. 在公文上盖印或签署，是用以证实公文作者的合法与公文的法定效力
    B. 行政机关的公文都必须加盖印章
    C. 对于联合下发的公文，联合发文机关均应加盖印章
    D. 盖印章应做到上不压正文、下压成文日期
18. 以下哪项接打电话的行为是正确的？（BCD）
    A. 受到通话对方极大的责难，应针锋相对回击
    B. 给上司的留言朝下放在他的办公桌上
    C. 做记录时可以在便笺下垫一张复写纸，以防遗失后备用
    D. 中途因有事需放下电话请对方等待时，应把听筒朝下放置
19. 在中文 Windows XP 中，为了实现中文输入法与英文输入法的切换，错误的操作方法是（ACD）。
    A. Shift + 空格   B. Shift + Ctrl
    C. Ctrl + F9   D. Ctrl + 空格
20. 职业操守是人们在职业活动中所遵守的行为规范的总和，良好的职业操守包括（ABCD）。
    A. 诚信的价值观   B. 遵守公司法规
    C. 诚实地制作工作报告   D. 不要泄密给竞争对手

第三部分：简答题

1. 按照 2000 年《国家行政机关公文处理办法》的规定，国务院规定的行政公文共有几类几种？

    标准答案：①命令；②决定；③公告、通告；④通知、通报；⑤议案；⑥报告；⑦请示；⑧批复、意见；⑨函；⑩会议纪要。

2. 就你的理解行政工作应包括哪些内容？如何才能做好这项工作？

   参考答案：日常事务工作（文字录入、复印、打印、整理会议纪要、人员接待、电话接待、采购、发放办公用品），档案合同工作。

第四部分：实操题

国庆假期将近，请拟一份关于国庆节放假的通知。

财政人员笔试试题范本

一、必答题

1. 你对你现在所学的专业是否满意？请简要阐述你的理由。
2. 你计划怎样尽快使自己从一名大学生转变为一名公司职员？同时对你未来5年的职业生涯规划做一简述。
3. 请解释《菜根谭》中的"谨言慎行，君子之道"，作为财务人员，你是怎样理解的？
4. 一只蜗牛从井底爬到井口，每天白天蜗牛要睡觉，晚上才出来活动，一个晚上蜗牛可以向上爬3尺，但是白天睡觉的时候会往下滑2尺，井深10尺，问蜗牛几天可以爬出来？
5. 请你谈谈"农夫和蛇"这则寓言对你的启示。
6. 有一个富翁十分贪婪，有一个聪明人知道以后想去治治他。这一天，聪明人来到富翁家，对富翁说："老爷，听说你很富有，我来跟你做一笔交易如何？""什么交易？"富翁听了后有兴趣，连忙对聪明人说，"快说来听听！"聪明人说："在一个月里我打算每天给你送来10万元，而你呢，第一天只用付给我1分，第二天付给我2分，第三天付给我4分，就这样以后每天付给我的钱比前一天多1倍，你愿意吗？"富翁骨碌碌地转动着自己的眼珠子，想了一会儿，面露笑容地说："成交！"两人当即立下字据。一个月的交易结束了，那个本以为会大讨便宜的富翁气得不得了，你知道这是怎么回事吗？
7. 张三下夜班的时候，看到一个老人晕倒在路边，急需救治，如果再晚些，可能会出现生命危险，而医院距离很远，拦了几辆车，都没有一个司机愿意送，最后他强行挟持了一辆出租车把老人送到了医院。出租车司机第二天就把张三告到了法院，你如何评价？
8. 请根据以下资料，编制银行存款余额调节表，调节未达账项。

   资料：某企业2006年3月末企业银行存款日记账账面余额为88 600元，银行对账单余额为89 700元，经核对，发现有以下几笔未达账项：①企业于月末存入银行的一张转账支票，金额为5 000元，银行尚未入账；②企业于月末开出的一张转账支票，金额为8 100元，持票人当天未到银行办理转账手续，银行尚未入账；③企业委托银行代收的外埠贷款5 000元，银行已于月末收到并入账，但收账通知未到达企业，企业尚未入账；④企业委托银行付给自来水公司的水费7 000元，银行已入账，但企业未接到转账通知，而未入账。

9. 甲上市公司为增值税一般纳税人，适用的增值税税率为17%。原材料和库存商品均按实际成本核算，商品售价不含增值税，其销售成本随销售同时结转。2018年甲上市公司发生如下交易或事项：

（1）以商业承兑汇票支付方式购入材料一批，发票账单已经收到，增值税专用发票上注明的货款为150万元，增值税为25.5万元。材料已验收入库。

（2）以银行存款购入公允价值为500万元的股票，作为交易性金融资产核算，另支付交易费用0.10万元，期末交易性金融资产公允价值为505万元。

（3）计算并确认短期借款利息25万元。

（4）计算并确认坏账准备40万元。

（5）计提行政管理部门用固定资产折旧100万元，摊销管理用无形资产成本50万元。

（6）销售库存商品一批，该批商品售价为500万元，增值税为85万元，实际成本为325万元，商品已发出，款项尚未结清。

（7）计提工资费用，其中企业行政管理人员工资75万元，在建工程人员工资25万元。

（8）银行扣缴印花税0.5万元，并取得印花税税票。

（9）现金捐赠希望小学1万元。

（10）计算并确认应交城市维护建设税15万元（教育费附加略）。

（11）转销无法支付的应付账款150万元。

（12）出售设备一台，使用期限已满经批准报废。设备原值18.64万元，累计已计提折旧17.708万元、减值准备0.23万元。在清理过程中，以银行存款支付清理费用0.4万元，收到残料变卖收入0.54万元。

要求：

编制甲上市公司2018年度上述交易或事项的会计分录（不需编制各损益类科目结转本年利润以及利润分配的有关会计分录，增值税项目需注明明细科目）。

二、补充题

1. 请依次选出三项能够影响你选择工作的关键因素。

   A. 个人的发展前景　　　　　　B. 薪酬福利

   C. 工作地点　　　　　　　　　D. 稳定的工作

   E. 和谐的工作环境　　　　　　F. 企业的发展前景

   G. 企业的公众形象　　　　　　H. 专业对口

2. 请依此选出三项你最希望从企业中得到的。

   A. 较高的经济回报　　　　　　B. 良好的专业技术

   C. 先进的管理办法　　　　　　D. 较高的职位

   E. 较强的综合能力　　　　　　F. 发挥自我的能力

   G. 较高的社会地位　　　　　　H. 培训机会

3. 你期望的月薪是多少？
   A. 1 000～2 000 元　　　　　　　　B. 2 000～3 000 元
   C. 3 000～4 000 元　　　　　　　　D. 4 000 元以上
4. 大学期间你如何支配自己的时间？请按比例说明。
   学习（　　），运动/休闲/娱乐（　　），社会活动（　　），其他（　　）
5. 下列哪一项是你最突出的特征。
   A. 个人高标准　　B. 耐心　　　　C. 喜欢挑战　　　D. 关心别人
   E. 经验和知识　　F. 其他（请说明）：
6. 你如何评价自己在组织中，在没有他人帮助的情况下通过自己努力达成目标的能力。
   A. 杰出　　　　　B. 非常强　　　C. 中等　　　　　D. 较弱
7. 在班级这个团队中，你如何评价自己的领导能力？请简要说明。
   A. 前 10%　　　　B. 前 20%　　　C. 前 50%　　　　D. 后 50%
   说明：
8. 在什么情况下你的学习最富有效率？
   A. 目标明确　　　B. 独自一人　　C. 没有打扰　　　D. 有压力
   E. 个人喜欢　　　F. 其他（请说明）：
9. 你总是喜欢推选他人作为团队的领导吗？请简要说明。
   A. 是　　　　　　B. 不是　　　　C. 不一定
   说明：
10. 在同一时间内你习惯：
    A. 做一件事　　　B. 做二件事　　C. 做许多件事
11. 当要求你做出一个艰难的决定时，你通常会：
    A. 乐于面对　　　B. 不介意　　　C. 试图回避　　　D. 很少遇到类似情况
12. 请描述对你影响最大的人或事。
13. 大学中你最大的收获是什么？
14. 同其他人相比，你认为自己的优势和不足是什么？

学习建议

在本章的学习过程中，大家应该把重心放在应聘材料的初步筛选方面，掌握简历和申请表筛选的要点，懂得如何根据职位说明的要求从简历和申请表中初步过滤掉明显不合适的人员，了解笔试在人员甄选中的作用，理解笔试的组织实施程序。

【本章重点】

简历筛选的优点、缺点、方法和技巧，申请表筛选的优点、缺点、方法和技巧，笔试材料准备、笔试试题设计、笔试组织实施。

【本章难点】

笔试试题的设计，申请表的设计。

⚠ 核心概念

初步筛选、求职简历、申请表、笔试、专业知识笔试、综合知识笔试、主观性笔试、客观性笔试、笔试准备、笔试实施。

🔍 课后思考与练习

1. 人员初步筛选有哪些方法？
2. 求职简历筛选的目的和要点有哪些？
3. 申请表筛选的目的和要点有哪些？
4. 如何做到工作说明书和申请表筛选的统一？
5. 申请表一般包括哪些要素，如何设计一份科学合理的申请表？
6. 何为笔试？笔试在人员甄选中的作用如何？
7. 笔试有哪些类型？笔试应如何与所招聘岗位相匹配？
8. 笔试能否作为一种人员甄选方法单独使用？为什么？
9. 笔试实施前应做好哪些准备工作？笔试与面试的关系是怎样的？
10. 笔试题目的设计应遵循什么原则？请设计一份用于人力资源助理招聘的笔试试卷。
11. 何为笔试实施方案？笔试实施一般有哪些流程？如何保证笔试的信度和效度？

实训应用

实训应用 1

实训项目：求职申请表设计

实训目的：通过实训要求学生掌握求职申请表的结构内容，并掌握申请表的设计方法。

实训内容：中国润祥集团是一家跨国经营的国际性企业，业务遍及五大洲共 120 多个国家和地区，其主要经营光电材料及设备生产和销售，产品有光纤、聚酯绳、施工工具等。企业本着诚实可信的宗旨，为客户提供尽善尽美的服务，自成立 20 多年来，已由注册资金不足 200 万美元的小公司一跃成为年销售额达 2 000 亿美元的大型跨国企业，掌握着本行业的核心科技，国际领先。因业务发展，企业 2020 年面向社会公开招聘市场部人员、技术研发人员、国际发展人员。请根据以上信息设计一份员工招聘申请表。

实训应用 2

实训项目：编制笔试实施方案

实训目的：通过实训要求学生掌握笔试实施方案的基本内容，理解笔试的基本流程，熟悉实施方案（计划）类公文的基本结构。

实训内容：中国润祥集团是一家跨国经营的国际性企业，业务遍及五大洲共 120 多个国家和地区，其主要经营光电材料及设备生产和销售，产品有光纤、聚酯绳、施工工具等。企业本着诚实可信的宗旨，为客户提供尽善尽美的服务，自成立20多年来，已由注册资金不足200万美元的小公司一跃成为年销售额达2 000亿美元的大型跨国企业，掌握着本行业的核心科技，国际领先。因业务发展，公司2020年面向社会公开招聘市场部人员15名、技术研发人员27名、国际发展人员7名。请根据以上信息编制一份针对上述拟招聘人员的笔试实施方案。

实训提示： 在编制笔试实施方案时，可以假设在某一所大学进行校园招聘，对所有参加应聘的学生进行的笔试。

章末案例

宝洁公司的笔试

宝洁公司的笔试主要包括三部分：解难能力测试、英语测试、专业技能测试。

（1）解难能力测试。这是宝洁对人才素质考查的最基本的一关。在中国，其使用的是宝洁公司全球通用试题的中文版本。试题分为五个部分，共50小题，限时65分钟，全为选择题，每题5个选项。第一部分：读图题（约12题），第二和第五部分：阅读理解（约15题），第三部分：计算题（约12题），第四部分：读表题（约12题）。整套题主要考核申请者以下素质：自信心（对每个做过的题目有绝对的信心，几乎没有时间检查改正），效率（题多、时间少），思维灵活（题目种类繁多，需立即转换思维），承压能力（解题强度较大，65分钟内不可有丝毫松懈），迅速进入状态（考前无读题时间），成功率（凡事可能只有一次机会）。考试结果采用电脑计分，如果没通过就被淘汰了。

（2）英语测试。这个测试主要用于考核母语不是英语的人的英语能力。考试时间为3个小时。45分钟的100道听力题，75分钟的阅读题，以及用1个小时回答3道论述题，都是要用英语描述以往某个经历或者个人思想的变化。

（3）专业技能测试。并不是任何部门的申请者都需经过该项测试，它主要是考核申请公司一些有专业限制的部门的学生，这些部门包括研究开发部、信息技术部和财务部等。宝洁公司的研发部门招聘的程序之一是要求应聘者就某些专题进行学术报告，并请公司资深的科研人员加以评审，用以考查其专业功底。对于申请公司其他部门的学生，则无须进行该项测试，如市场部、人力资源部等。

问题：

1. 宝洁公司的笔试有何特点？
2. 你认为宝洁公司的笔试还有哪些地方需要改进？

相关链接

全国大学生创业服务网：http://cy.ncss.org.cn/

全国大学生就业公共服务立体化平台：http://www.ncss.org.cn/
中国人才网：http://www.cnjob.com/
中华英才网：http://www.chinahr.com/
智联招聘：http://ts.zhaopin.com/
前程无忧：http://www.51job.com/
中国人力资源网：http://www.hr.com.cn
中国人力资源开发网：http://www.chinahrd.net
中国外语人才网：http://www.jobeast.com/
中国汽车人才网：http://www.carjob.com.cn/
猎聘网：http://www.liepin.com/
人力资源总监：http://cho.icxo.com/
中国服装人才网：http://www.cfw.cn/
IT英才网：http://it.800hr.com/
应届生求职网：http://www.yingjiesheng.com/
过来人求职网：http://www.guolairen.com/
中国教育在线：http://www.eol.cn/

Chapter 5
第 5 章

诊断性面试

学习目标

1. 掌握面试的含义及特点
2. 了解面试的类型及程序
3. 了解面试的准备内容
4. 掌握诊断性面试的操作和运行
5. 熟练运用诊断性面试的技巧

章首案例　麦当劳：注重技术的招聘面试法

麦当劳认为"天才"是留不住的，要想在麦当劳里取得成功，就必须脚踏实地地从零做起，每个进入麦当劳的员工都要经过炸薯条、做汉堡包等阶段。对于那些一心只想大展宏图，但又看不上小事情的年轻人来说，这是很难接受的。麦当劳在选择员工时也不注重学历的高低，它认为学历高的人往往容易眼高手低，只在乎自己能得到什么样的职位，却不愿意从基层和小事做起，但是麦当劳十分看重的是员工的能力，尤其是实际的动手能力和操作能力。只有那些具有热情的工作态度、全面的工作能力，能够与团队成员较好地协作和沟通的人，才能够有机会进入麦当劳。

虽然麦当劳不注重学历的高低，但是从来不排斥有才能的人，对于刚走出校门的年轻人更是敞开大门，努力将这些热情、单纯的可塑之材培养成真正的"麦当劳人"，因此麦当劳就拥有了一支庞大的人才后备军，这些后备军大都是在这里做兼职的大学生，虽然只是钟点工，但是他们受到了麦当劳的重视和培养，也会有 50% 的机会成为公司未来的高层管理人员。

麦当劳作为快餐业的老大，标准化是其赢得竞争优势的关键之处，它不仅在员工操作和规章制度上是标准化的，而且在招聘面试中也体现出了这一特点。麦当劳的面试选才方法主要是 STAR 模式和 OJE（On the Job Evaluation）测评方法。

首先是 STAR 模式，即根据人过去的具体行为来预测其未来行为并对其能力进行测评。其中 S，即 Situation，代表应聘者所面临的情况；T，即 Task，代表应聘者要承担的任务；A，即 Action，代表应聘者所采取的行动；R，即 Result，代表应聘者在采取行动后出现的结果。S 和 T 回答的是某件事情为什么会发生，A 回答的是当时是如何做，R 回答的是做出某种行动后有怎样的效果。这种方法是以行为为基础的面试方法，与情景面试较为相似，被面试者的行动往往是导致绩效的关键行为，这种方法可以更有效地测试出应聘者与该职位的适合程度。

另一个是 OJE 测评方法，即岗位测评法。麦当劳会让觉得合适的应聘者在餐厅工作三天，通过 360 度评估法来对应聘者进行评估，然后做出是否录用的决策。这种方法可以有效地提高甄选的质量，让管理者有充分的时间来观察应聘者的实际工作表现，可以较好地避免一些面试中常犯的错误，这使麦当劳的选材成功率达到95%。

资料来源：http://bbs.hrfree.org/hr-39282-1-1.html.

5.1 面试概述

5.1.1 面试的含义

面试是指在特定的场景下，面试人员根据事前的精心设计，通过与应聘人员面对面的正式交谈与观察，由表及里地测评应聘人员的知识、能力、经验等有关素质和潜在能力的测评方法。

在面试过程中，面试人员可以根据面试者现场对所提问题的回答，考查应聘人员的外在表现，包括个人仪表、修养、精神气质等，求职动机和意向，运用专业知识分析问题的熟练程度，应聘人员的应变能力以及抗压能力。面试人员通过恰当的面试方法和提问技巧，弄清应聘人员在回答中表达不清楚的问题，从而提高考查的清晰度和深度，降低由于应聘人员在笔试过程中存在欺骗、作弊等行为而造成招聘误差的可能性，提高招聘的准确性和可靠性。

5.1.2 面试的类型

面试的目的不同，采用的面试形式也会有所差别。从不同的角度可以对面试的类型进行不同的划分。

1. 按面试结构划分

按照面试是否具有既定的结构进行分类，面试可以分为结构化面试、非结构化面试与混合式面试。

（1）结构化面试。结构化面试也叫模式化面试或标准化面试。它是指对所有的应聘人员和面试采用的试题、评分方法及标准、测评要素等环节均按照事先制定的标准化程序进行的面试。面试人员提前详细拟定提问的内容、提问方式、面试时间以及评分标准。在面试时，面试人员按照所列的问题询问应聘人员，并根据应聘人员的回答进行定性分析，最后进行优劣排序，给出录用决策的程序化结果。结构化面试的优点是面试问题系统、全面，基本能够涵盖所要了解的情况；评分标准和方法统一，便于对不同应聘人员进行分析、比较，能够确保应聘人员拥有相同的机会，面试的公平性和有效性相对较高。其缺点在于面试内容固定，谈话方式过于程序化，缺乏灵活性，限制了面试的深度，应聘人员自由发挥的机会受限，才能难以充分展示，收集到的信息范围也相对有限。

资料链接

结构化面试表（样表）

各位面试考官：为了更有效地进行面试工作，请在使用本面试表之前仔细阅读指导。①本面试表如果用于某一职位的全体应聘者，可帮助对应聘者进行横向比较分析，并且可提供比非结构化面试更客观的信息。②本面试表为一般性指导，所列项目可能并不适用于每一种情形，请跳过不适用的项目，加入对特定职位适用的项目。请把新加入的项目列于表格题目结尾处的预留空间。

一、工作兴趣与价值观

姓名：＿＿＿＿＿＿＿＿＿＿＿＿＿＿＿应聘职位：＿＿＿＿＿＿＿＿＿＿＿＿＿＿

1. 你认为本职位一般要做哪些工作？＿＿＿＿＿＿＿＿＿＿＿＿＿＿＿＿＿＿＿
2. 你为什么要应聘这一职位？＿＿＿＿＿＿＿＿＿＿＿＿＿＿＿＿＿＿＿＿＿＿
3. 你觉得你具备完成本职位工作的哪些资格条件？＿＿＿＿＿＿＿＿＿＿＿＿＿
4. 你对我们公司了解什么？＿＿＿＿＿＿＿＿＿＿＿＿＿＿＿＿＿＿＿＿＿＿＿

二、工作背景

1. 你在上一家公司工作＿＿＿年？从事＿＿＿＿＿＿工作，担任＿＿＿＿＿＿职务？
2. 你为什么要离开上一家公司？＿＿＿＿＿＿＿＿＿＿＿＿＿＿＿＿＿＿＿＿
3. 请简单介绍你的学习工作经历。＿＿＿＿＿＿＿＿＿＿＿＿＿＿＿＿＿＿＿
4. 你在上一家公司的薪酬是多少？＿＿＿＿＿＿＿＿＿＿＿＿＿＿＿＿＿＿＿
5. 你在上一家公司的职责是什么？＿＿＿＿＿＿＿＿＿＿＿＿＿＿＿＿＿＿＿

评语：＿＿＿＿＿＿＿＿＿＿＿＿＿＿＿＿＿＿＿＿＿＿＿＿＿＿＿＿＿＿＿＿＿

三、教育背景

1. 你接受过哪些能够帮助你完成应聘职位工作的教育或培训？
＿＿＿＿＿＿＿＿＿＿＿＿＿＿＿＿＿＿＿＿＿＿＿＿＿＿＿＿＿＿＿＿＿＿＿

……

六、个人问题

1. 你愿意为了工作更换居住地吗？是_____ 否_____
2. 如果工作经常出差，你是否愿意？是_____ 否_____
3. 你是否能够接受加班？是_____ 否_____
4. 你如何看待周末加班？_____

……

注意：请在面试考试或面试过程中，向应聘人员介绍本公司和招聘职位的基本信息，包括工作地点、时间、薪酬、类型以及与工作有关的其他信息。

七、面试考官总评

对每一考核项目按 1～5 来评定。1 是最高评分，5 是最低评分，请根据面试过程中应聘人员的具体表现对其进行评价。

	1	2	3	4	5	评语
	很好	较好	一般	较差	很差	
仪表风度						
言谈举止						
求职动机						
知识水平						
工作经验						
人际关系						
个人能力						

八、总体评价

很好_____ 较好_____ 基本合格_____ 勉强合格_____ 不合格_____

评语：_____

九、面试补充题目

1. _____

2. _____

考官签字：_____

日　　期：_____

（2）非结构化面试。非结构化面试也叫随机性面试，指面试没有既定的模式、框架和程序，也没有固定的面试题目，面试人员和应聘人员随意交谈，根据面试情境"随意"地向应聘人员提出问题。这种面试的优点是灵活自然，面试人员可以有重点地获取更多的信息，对面试总体的把握性更强，同时反馈迅速、高效。但同时这种面试受面试人员因素的影响较大，需要面试人员具有丰富的经验和知识，掌握较高的谈话技巧，同时由于缺少一致的判断标准，因此容易带来效度不高的缺点。

（3）混合式面试。混合式面试也称半结构化面试。由于结构化面试和非结构化面试各自具有不同的优缺点，企业在实践中常常将两种方法结合起来应用，即混合式的面试技术。混合式面试的整体结构、内容、方式、程序还是基本遵循结构化面试的模式，但是在一些结构化问题之外，面试人员会根据其想要进一步了解的重点内容进行深入交流。混合式面试综合了上述两种方法的优点，既避免了结构化面试的僵化，也保证了对非结构化面试可能疏漏的问题的全面提问。

2. 按照面试对象的多少划分

按照面试对象的多少，面试可以分为单独面试和集体面试。

（1）单独面试。单独面试是指面试人员与每一位应聘者单独面谈，这是一种最基本、最普遍的面试方法。其优点是能够给应聘者提供较多的时间和机会，使面试双方进行比较深入的交谈。根据面试主考官的人数多少，单独面试可以分为两种类型：一对一面试和系列式面试。前者是指在面试中只有一个招聘者对一个应聘者提问，这种面试方式大多在较小的单位或录用较低职位的人员时采用；后者是指在面试中多个主考官共同面试同一位应聘者，他们依次对同一个应聘者进行提问。系列式面试可以获得多个面试人员对应聘者的看法，在这些看法的基础上进行综合，可以得出更客观的结论，避免了一对一面试中由一个面试主考官决定应聘者应聘结局的缺点，这种形式在国家公务员录用面试和大型企业的招聘面试中被广泛采用。

（2）集体面试。集体面试是指多名应聘者同时面对招聘者，回答同样的问题或完成同样的任务。在集体面试中，通常要求应聘者分小组讨论，相互协作解决某一问题，或者让应聘者轮流担任领导或主席主持会议、发表演说等，从而考察应聘者的人际沟通能力、洞察与把握环境的能力、思考能力、表达自己的能力以及与他人竞争的能力。这种面试的优点是效率比较高，便于同时对不同的应聘者进行比较，因此近些年来越来越普遍；缺点在于一位应聘者的表现会受到其他应聘者行为的影响。

3. 按面试的目的和方法划分

按照面试的目的和方法，面试可以分为压力式面试和非压力式面试。

（1）压力式面试。所谓压力式面试，是指招聘者有意对应聘者施加压力，制造紧张的面试气氛，用穷追不舍的方法对某一主题进行提问，问题逐步深入，详细彻底，直至应聘者无法回答。其目的在于考察应聘者反应的机智和应变能力、应付工作中的压力的能力以及自控能力。在面试中，招聘者从应聘者的背景中寻找弱点，故意提问一些直率或者冒犯的问题，甚至会表现出适度的批评，询问其离开原来的工作是不是由于出现问题，如工作不积极、经常缺勤等，来考察应聘者的反应。如果应聘者对面试中的提问表现出愤怒或怀疑，则说明他容忍工作压力的能力有限。这种评估方式有助于识别那些过于敏感的应聘者，对于一些需要面对顾客的职业，这种个性的人是不合适的。

（2）非压力式面试。在非压力式面试中，面试考官试图创造一种宽松亲切的氛围，使应聘者能够在最小压力的情况下回答问题，以获取录用所需要的信息。非压力式面试主要用于获取应聘人员与以往绩效有关的信息，来考察应聘人员所拥有的能力是否能够满足应聘岗位的需要。非压力式面试适用于绝大多数候选职位与应聘人员。由于压力式面试在压力环境下所获得的信息容易被扭曲、误解，因此，压力式面试只适合部分特殊的、对抗压能力要求较高的职位，大部分面试应该在一种相对宽松亲切的氛围中进行，这样更能获得应聘人员在常态环境中的稳定表现。

4. 按面试的内容划分

按照面试的内容可以分为情景面试和工作相关性面试。

（1）情景面试。情景面试是事先假设应聘者处于某一具体的情景，通过对应聘者询问一系列问题来预测其在给定情景下的行为能力的面试类型。例如："下属项目小组中出现了因老员工排斥新员工而导致员工不和谐、工作无法开展的现象，假设你作为直接上司，如何解决这个问题？"面试主考官可以根据这种事先安排好的非结构化的问题对应聘人员回答问题的表现进行评分。这种面试的具体方式灵活多样，面试的模拟性、逼真性强，应聘者的才华得到更充分、更全面的展现，招聘者对应聘者的能力也能做出更全面、更深入、更准确的评价。

（2）工作相关性面试。在工作相关性面试中，面试的内容集中于询问与应聘职位相关的信息。招聘者向应聘者询问与以前工作有关的问题，以了解应聘者处理这些问题的方式、态度等。与情景面试不同的是，工作相关性面试提出的问题一般都与应聘人员过去从事的工作有关，并且通过了解其过去的工作方式和工作能力，来判断应聘人员是否符合当前应聘职位的要求；而情景面试的目的，主要是围绕应聘人员所应聘的工作，模拟一些可能出现的情景而提出的。

资料链接

一些特殊形式的面试

日产公司——请你吃饭

日产公司认为，那些吃饭迅速快捷的人，一方面说明其肠胃功能好，身强力壮，另一方面他们往往干事风风火火，富有魄力，而这正是公司所需要的。因此对每位应聘者，日产公司都要进行一项专门的"用餐速度"考试——招待应聘者一顿难以下咽的饭菜，一般主考官会"好心"叮嘱你慢慢吃，吃好后再到办公室接受面试，那些慢腾腾吃完饭者得到的都是离开通知单。

壳牌石油——举办鸡尾酒会

壳牌公司组织应聘者参加一个鸡尾酒会,公司高级员工都来参加,酒会上由这些应聘者与公司员工自由交谈,酒会后,由公司高级员工根据自己的观察和判断,推荐合适的应聘者参加下一轮面试。一般那些现场表现抢眼、气度不凡、有组织能力的应聘者将得到下一轮面试的机会。

假日酒店——你会打篮球吗

假日酒店认为,那些喜爱打篮球的人,性格外向,身体健康,而且充满活力,富于激情,假日酒店作为以服务至上的公司,员工要有亲和力、饱满的干劲,朝气蓬勃,招聘一个缺乏兴趣、死气沉沉的员工既是对公司的不负责,也是对客人的不尊重。

美国电报电话公司——整理文件筐

先给应聘者一个文件筐,要求应聘者将所有杂乱无章的文件存放于文件筐中,规定在十分钟内完成,一般情况下不可能完成,公司只是借此观察员工是否具有应变处理能力,是否分得清轻重缓急,以及在办理具体事务时是否条理分明,那些临危不乱、作风干练者自然能获得高分。

统一公司——先去扫厕所

统一公司要求员工有吃苦精神以及脚踏实地的作风,凡来公司应聘者公司会先给你一个拖把叫你去扫厕所,不接受此项工作或只把表面洗干净者均不予录用。他们认为一切利润都是从艰苦劳动中得来的,不敬业就是隐藏在公司内部的"敌人"。

5.1.3 面试的特点和意义

面试的特点和意义主要表现在以下几个方面。

1. 面试是一种双向沟通过程

在面试过程中,应试者并不是完全处于被动状态。主考官可以通过观察和谈话来评价应试者,应试者也可以通过主考官的行为来判断主考官的价值标准、态度偏好、对自己面试表现的满意度等,来调节自己在面试中的行为表现。同时,应试者可借此机会了解自己应聘的单位、职位等情况,以此决定自己是否可以接受这一工作等。所以面试不仅是主考官对应试者的一种考察,也是主客体之间的一种沟通、情感交流和能力的较量。主考官应通过面试,从应试者身上获取尽可能多的有价值信息。应试者也应抓住面试机会,获取那些关于应聘单位及职位等自己关心的信息。

2. 通过面试可以综合考察应试者的知识、能力、工作经验及其他素质特征

面试的主动权一般掌握在主考官手中,主考官通过精心设计的、多方位的,具有很大弹性和灵活性的面试问题来实现对应试者的知识、能力、工作经验及其他素质特征的考察,并以此作为推断应试者在未来工作岗位上可能的行为表现(如工作业绩、人际关

系、团队能力等）。

面试以谈话和观察为主要手段，谈话主要以问题的方式展开。同时，观察作为面试过程中的一个重要手段。主考官根据自己的知识经验，运用自己的感官，特别是视觉、听觉，观察应试者的言语、非语言行为，并判断应试者的人格特征，如仪表风度、自信心、反应力、思维的敏捷性、情绪、态度；技能特征；经验特征；智力水平及一般能力。

3. 面试可以弥补笔试等其他人员选择方式的不足

人员挑选方式有很多，但每一种都有其实用的条件，都有优点也有不足。如笔试存在的局限性表现在应试者可能隐藏某些情况，笔试结果相对于人员整体素质的片面性及笔试中的高分低能现象等，都限制了用人单位对应试者能力的全面了解。在此情况下，通过面试可以弥补不足，面试可以帮助面试者从另一方面对应试者的情况进一步了解，从而全面考察应试者的组织能力、领导能力、实际工作能力、人际沟通能力、语言表达能力等全面素质。

4. 通过面试，树立应聘者良好的第一印象

成功的面试，必须是招聘者及应聘者双方都做好充分的准备，不打无准备之战，使应聘的一切内容尽可能在预料之中。公司通过精心的准备和过程控制，可以给应聘者留下较好的印象，使之对公司形成正面肯定，不仅有利于吸引优秀人才，还可以间接起到宣传公司的效果。

5.2　面试准备

做好面试前的相关准备工作，首先能够让面试主考官熟悉应聘人员的简历等相关背景资料中的具体信息，更好地对应聘人员做出较为充分准确的判断，同时通过准备工作面试主考官能熟悉招聘职位的特点、任职资格要求，在面试工作中更能够把握一些关键性问题，有针对性地提问，以便使应聘人员与职位要求实现更好的匹配；其次有利于树立面试主考官形象良好、专业扎实、认真负责的形象，有利于应聘人员对公司建立良好的形象，也是对组织的一次无形宣传。因此，在面试之前，组织必须就面试做好以下几方面的准备工作。

5.2.1　面试资料的准备

1. 阅读职位说明书

职位说明书主要包括职位描述和任职资格说明两个方面的内容，前者是对职位具体工作内容以及职责要求等基本职位信息的描述，后者规定了职位任职者的基本要求。职位说明书是职位特点和任职要求的全面概括，是在面试中判断一个候选人能否胜任该职位的重要依据。不同职位的工作内容、职责范围、任职资格条件等都有所不同。例如，

同一公司内部，技术部门和营销部门的职位，无论是工作性质、工作对象，还是任职资格条件，都有很大差别，这意味着招聘面试的内容和形式都应有所不同。因此，面试者在进行面试之前必须对职位说明书，包括必须具备的学历、经历、技能及其他条件了如指掌。面试提问应根据招聘职位的工作说明书的相关要求，有重点地选择考察角度、测评标准，更加灵活地组织面试题目，有的放矢地进行面试。

资料链接

面试考官的自我考察内容

在面试前，面试考官应对面试有透彻的理解和掌握，可以通过自我设问的方式考察考官对面试的准备情况，考官可以通过自问下列几个问题来检验自己对面试职位说明书的理解情况。

（1）我是否对判断候选人身上应具备哪些重要的任职资格有足够的了解？

（2）我是否能够将该职位的职责清晰地向候选人沟通？

（3）我能够回答候选人提出的关于职位信息和公司信息的问题吗？

（4）如果我是代表人力资源部的面试主考官，我是否对该职位的薪酬福利标准有足够的了解？

2. 查看应聘者的相关应聘材料以及面试前的测试结果

在开始面试前，面试主考官应该仔细审查应聘者的各项材料，包括个人简历、资格证书和报名表等。这样做的原因主要有两点：一是通过阅读应聘者的这些材料，面试人员可以初步了解应聘者的出身、专业背景、从业经验以及持有的资格证书等，初步判断应聘者的基本性格特征和人格特质、求职意向和应聘诚意，由此对应聘者是否满足该职位任职人员所应具备的必要条件进行初步、总体的判断，决定是否有进一步进行面试的必要。二是通过查阅相关材料，发现应聘者的应聘材料和简历中的问题，以便全面真实地考察应聘者，提高招聘工作的效率和可靠性。因此，在审查过程中，要重点记下含糊不清或有疑问的地方，以便在面试时提问，从而得到应聘者的进一步解释和澄清。同时，对于应聘者突出的优缺点，例如简历是否全面，文笔是否富有特色等应重点标注，在面试时可以有针对性地提问。

资料链接

应聘材料基本信息及前期测试内容

应聘者相关材料应包括的基本内容：

（1）基本背景情况，如年龄、性别、身体状况等。
（2）教育背景，包括学历、毕业学校、毕业专业、在校成绩及所受的奖惩等。
（3）培训经历，接受过哪些培训，培训时间、内容、地点，培训时间长度，培训者等。
（4）工作经验，包括曾任职务、时间、服务单位、担任职责、薪资以及离职原因等。
（5）过去取得的较为突出的成绩及个人技术专长。
（6）性格特征以及兴趣爱好等内容。
（7）注意材料中空白或省略的内容。
（8）应聘者的前几轮测试成绩和表现，包括应聘者的笔试成绩、测评结果、模拟考试等。

对应聘者基本材料的审查重点：

（1）浏览简历或者申请表的外观与行文。其包括外观是否简洁、排版是否美观、行文风格、是否有错别字、语法是否得当、是否过长或过短等。

（2）注意材料中空白或省略的内容。标准化的简历模板容易让应聘者省略很多重要的内容，要加以注意；同时，要重点关注应聘者故意省略的内容，比如工作经历的空白等，要重点标注，这些内容需要在面试中进一步了解。

（3）特别注意与其所应聘职位或行业相关的工作经历。在面试前，面试主考官应对应聘者在应聘之前曾经在哪些有关单位工作过了如指掌，并且这些经历都应该在面试中进一步了解。

（4）注意应聘者工作变动的频率和可能的原因。注意应聘者工作变化的频率如何，是否在很短的时间内（如不到一年）就更换工作？如果工作变动过于频繁，就可以作为疑问在面试中提出。另外，可以考虑该候选人每次变动工作的原因是否合乎情理，找出工作变化动机中的疑问，例如从一家知名企业换到一家小公司，工作单位变了但工资没有变化甚至下降；所从事的工作领域发生变化，从做技术转向做人事等。关于工作变动的动机是面试中要提问的重要问题。

（5）审视应聘者的教育背景及其与工作经历的相关性。发现问题就需要在面试时加入相关的问题，询问应聘者在选择职业和职业生涯发展方面的考虑。

（6）注意应聘者对薪酬的要求。了解应聘者目前的薪酬状况以及薪酬期望值，将其薪酬期望值与该职位所能提供的薪酬水平做比较，在面试中与其讨论这方面的问题。

3. 确定面试方式

一般来说，面试方式的确定应视公司规模的大小、组织的结构以及应聘职位的重要性等因素而定。其通常以常规面试和非常规面试相结合运用。

（1）常规面试可分为以下几种。

1）集体面试。如果应聘同一职位的人员较多，则可以将应聘人员进行分组面试，针对一些问题展开讨论，在讨论的同时，主考官就应聘人员的领导能力、逻辑思维能力、口才、处理人际关系能力和环境控制能力等指标进行观察评价，加以选择。一般集体面试人员应控制在 10 人左右，时间不低于 1 小时。集体面试可以分为座谈方式和无领导小组讨论方式。座谈方式适合候选人比较多的初选，无领导小组讨论方式适合对人员素质需要仔细进行比较、考察应聘人员整体能力的面试。该方式选择的讨论主题一般应该是有关职务要求的内容，要能够引起大家的讨论兴趣，讨论题目要求没有明显的答案倾向，同时能够对候选人进行多方面的评价。

2）个人面试。个人面试是一次只面试一位候选人的方式，主考官可以是一人，也可以是多人。时间一般控制在三四十分钟，提出问题一般在 15 个左右。这种面试适用于各种情况的初选和复选，在面试中要注意候选人的面试时间应错开安排，同时要注意候选人在等待面试时的表现，往往这个时候是候选人最真实的表现。

3）结构式面试。结构式面试的问题一般分为四类：针对职位因素的问题，针对教育程度的问题，针对特殊技能与经验的问题以及其他因素。在面试前，先将要面试的各个问题全部详细列举出来，并制定出每个问题的基本评价标准，各因素评价按分值结构合成。所提问题应有一定的弹性，主考官依序将问题提出，应聘人员依次回答。主考官根据印象将应聘人员的回答与答案做对比，给出应聘人员每个问题的分值，然后按每套结构化的试题要求计算应聘人的总分，给出总评。

4）渐进式面试。它也叫多轮面试，每一轮面试都将淘汰不合格的应聘人员，进入面试的轮次越多，说明面试等级也就越高。

5）复合式面试。它是指前面几种面试方式的组合，其特点是面试内容丰富，方法使用灵活，根据不同面试内容选择合适的面试方法，适用于高级职位的招聘。

（2）非常规面试可分为以下几种。

1）即考测试。它是指在没有说明或没有任何迹象表明是在考试的情况下，考试早已开始了。例如某应聘人员应聘行政秘书，接到面试通知赶往面试现场，在进入电梯后，看到一女性怀抱一大摞资料等着按电梯。这个时候实际上面试已经开始，怀抱资料的女性其实就是面试主考官，她通过这一方式考察应聘人员是否会帮助她以及帮助的程度，通过每一个应聘人员在电梯里面的不同表现，来筛选最合适的应聘人员。

2）即席发言测试。在面试中，主考官给应聘人员一个题目，并提供相关背景资料，让应聘人员稍做准备后按题目要求进行发言。即席发言测试可以测试应聘人员的快速反应能力、思维的逻辑性及发散性、语言组织能力和表达能力、抗压能力，以及风度举止等各个方面，因此，一般即席发言的内容不受限制，可以是公司新产品发布会的致辞，可以是对员工做的一次工作动员，也可以是组织改革的宣传语，还可以是公司年终表彰大会的贺词等。

3）明暗结合测试。这是一种"明修栈道、暗度陈仓"式的面试。例如某企业到一所大学中去招聘应届毕业生，考官在面试现场要求学生进行自我介绍，并就"个人的独立性和自理能力"要求应聘人员如实回答自己生活中的表现。在学生面试时，其他考官却走到这些应聘学生的宿舍，亲自考察这些学生的个人卫生以及平时的生活状态。在应聘结束后把实际观察到的情况与面试时候学生的个人陈述进行对比，这种方式既考察了应聘人员的外在表现，又从中了解到应聘人员真实的一面。

4）与人谈话测试。这是一种通过让应聘人员与他人谈话的方式来考察应聘人员表现的面试方式。一般与人谈话测试有三种类型：一是接待来访者，二是电话交谈，三是拜访有关人士。其谈话对象都是面试考官，通过这种与人谈话的测试方式，可以考察应聘人员待人接物的技巧、语言表达能力、沟通协调能力、专业知识掌握情况、灵活变通与解决问题的能力等。

非常规面试还有设计路障测试、事实判断测试、角色扮演、编组讨论测试、聊天式面试等。这些方式都具有非常规面试灵活、不拘一格、隐蔽的特点。

5.2.2 面试考官的准备

1. 面试考官的选择

面试考官的选择是面试成败的关键因素。面试考官必须集中精力与应聘者进行面对面交流，获取应聘者的知识、能力、经验、风度、气质、成长背景、心理特征、应聘动机、未来发展前景、优点和缺点等各方面的信息。这些都对面试考官在性格特征、工作能力、沟通协调能力等方面提出更高的要求，因此，面试考官的选择至关重要。

（1）面试考官应具备高尚的个人品格和修养，为人正直、公正。在面试过程中，面试考官代表着公司，是公司文化的象征，应使每位应聘者在与他们的接触中感受到彼此的价值。面试考官在面试过程中所做出的决断一定要是理智的、认真投入的。面试考官应公正、客观地评价应聘者，不受应聘者的外表、性格或背景等各项主观因素的影响，不能仅凭个人对应聘者的喜好做出是否聘用的决定，使面试失去公正公平的基本原则。

（2）面试考官应具备相关的专业知识和社会工作经验。面试考官的知识组合不应有缺口，首先，面试考官必须具备人力资源管理的理论和实践能力，掌握相关的人员测评技术，应能对岗位与能力的匹配度做出判断和估计，对应聘者的能力、素质、潜能、经验及各种能力做出较为正确的判断。其次，面试考官还应有相当深厚的业务知识和实践能力，了解具体的业务流程和工作中具体的常见问题及处理方法。因此，面试考官一般由人力资源部门人员、资深的人力资源专家和招聘部门的直接主管共同担任。同时，由于在面试评价过程中，定性评价往往多于定量评价，因而要求面试考官具有丰富的社会工作经验，能借助工作经验的直觉判断来正确把握应聘者的特征。

（3）面试考官应了解组织状况及职位要求，这样才能帮助公司选出真正需要的人才。这是确定面试题，进行面试提问的重要依据。

（4）面试考官应有宏观驾驭的能力。面对各类应聘者，能熟练运用各种面试技巧，控制面试的进程。在面试过程中，面试考官应善于把握其他面试考官和应聘者的情绪，善于控制考场的环境，面对任何可能突发的场景均能从容应对。

（5）面试考官应有爱才惜才之心，具备宽广的胸怀和健康的心理素质。博大的爱心是面试考官必备的重要条件，其能够对不同的应聘者均予以爱护：选拔优秀的人才，对不够成熟的人才予以鼓励，对不符合要求的应聘者也应给予继续努力的希望。

2. 面试考官小组的组成

面试考官小组一般由 5～7 人组成为宜，通常由人力资源专家、董事会代表、公司分管领导、部门主管、工会代表等组成。

3. 面试考官的培训

面试要求考官必须掌握熟练的面试技巧和测评技术。研究和实践都证明：经过培训的面试考官无论是评价的可信度以及评价的质量都明显比没有经过培训的面试考官要高。一般来说，考官在正式面试开始前，都要进行培训，通过建立面试的专门制度，使面试规范化，尽可能减少偏见和误差，从而改善面试的有效性和可靠性。

面试考官的培训一般包括应聘职位说明、应聘中面试的方式、考评指标设定及其原因、评分的标准和方法、如何观察和评价不同应聘者的表现、如何规避可能发生的错误等。其目的是了解应聘岗位的要求，统一面试的有关标准和操作方式。

资料链接

不同类型岗位所需素质概要

面试考官在面试前应充分了解不同类型岗位所应重点考察的素质，下表对不同类型岗位的素质要求做一简要总结。

岗位类型		素　质
管理类	人力资源管理 财务管理 生产管理 管理工程 行政管理 基层管理	● 有较好的成就导向和领导能力、一定的心理承受能力 ● 思维敏捷、思路清晰 ● 组织协调能力强，有较好的合作性和沟通能力 ● 语言、文字表达能力强 ● 富有责任心和敬业精神，自信心强
技术类	软硬件开发 软硬件测试 技术工程	● 有创新意识和钻研精神、较强的分析判断能力 ● 思维清晰、严谨，有较强的动手能力和学习能力 ● 有较好的合作性和沟通能力 ● 有成功导向 ● 富有责任心和敬业精神
市场类	市场销售 市场推广	● 思维清晰、敏捷，语言、文字表达能力强 ● 仪表端正、性格开朗，善于收集信息和建立关系 ● 有较好的合作性和沟通能力 ● 有很强的心理承受能力 ● 富有责任心和敬业精神，自信心较强

（续）

岗位类型		素　质
生产类	生产作业	• 工作认真仔细、吃苦耐劳 • 工作稳定性好、服从性好 • 富有责任心和敬业精神
	生产技术	• 思维清晰 • 工作认真仔细，有较好的分析判断能力，动手能力强 • 富有责任心和敬业精神 • 有较好的服务精神 • 有较好的合作性和沟通能力
物料采购类	物料采购	• 思维清晰 • 工作认真、踏实 • 诚实正直、公私分明、品德好 • 有高度的责任心和敬业精神 • 有较好的合作性和沟通能力
财务类	会计 出纳	• 工作认真、踏实 • 有一定的组织、协调能力 • 富有责任心和敬业精神 • 有较好的合作性和沟通能力 • 语言表达能力好
行政类	文秘	• 思维清晰、条理性好 • 工作认真仔细 • 组织、协调性好 • 人际理解能力强 • 有主动服务精神 • 有较好的合作性和沟通能力 • 富有责任心和敬业精神 • 有心理承受能力
	文档	• 思维清晰、条理性好 • 工作认真、仔细 • 善于收集信息 • 保密意识强 • 组织性和协调性好 • 有主动服务精神 • 有较好的合作性和沟通能力 • 富有责任心和敬业精神
	外事	• 思维清晰、敏捷 • 语言、文字表达能力强 • 有较好的沟通能力和人际理解能力 • 有一定的组织和协调能力 • 善于收集信息 • 富有责任心和敬业精神
	司机	• 诚实正直，性格随和 • 有主动服务意识 • 思维敏捷、反应快 • 形象气质好
后勤类	膳食 环卫 房管 动力	• 吃苦耐劳，工作认真、踏实 • 诚实正直、服从性好 • 有主动服务意识 • 富有责任心和敬业精神

5.2.3 面试题的编制

在实施面试前,应该根据录用标准,预先拟定面试的问题与提纲,所设计的问题应该能够考核招聘职位所需的所有必要的素质要求,包括与工作相关的知识、人际关系和心理素质等。一般的问题组织形式包括以下几种:

(1)封闭性问题。封闭性问题要求应聘者用尽可能简短的语言对给定的问题做出明确的答复,如"是"与"否"。封闭性问题能够帮助考官以最简洁的方式得到最有效的信息,同时也因为答案简单,无法获取应聘者更多的信息。在面试过程中,封闭性问题往往不单独使用,考官在问完封闭性问题之后,一般会接着问一些开放性问题,例如:"为什么?请举例说明。"比较常见的封闭性问题有"你对上一份工作的薪酬满意吗""如果你有机会重新选择,你会选择不一样的工作领域吗"。

(2)开放性问题。提开放性问题的目的是让应聘者自由地发表意见或看法,以获取应聘者更多的信息。应聘者要尽可能多地组织自己的语言,更深入全面地回答考官提出的问题,不能仅用简单的"是"或"不是"来回答。常见的开放性问题有"请做一个简单的自我介绍""你对自己性格中最满意、最不满意的是什么""说说你自己有哪些优缺点"等。

(3)行为性问题。行为性问题一般是一些直接与工作要求相关的问题,通常要求应聘者详细叙述过去的行为事件,如"当工作和家庭出现冲突时,你是如何处理的""在你过去的工作中,曾遇到什么样的难题,你是如何克服的"。

(4)情境性问题。行为性问题和情境性问题的相似之处在于二者都是将应聘者置于具体的情境之中,考察应聘者的具体行为表现。但是二者也有区别,行为性问题侧重让应聘者描述一件发生在自己身上的真实事件,而情境性问题则是采用假设的方式,它鼓励应聘者面对假设的工作生活情境,充分发挥应聘者的想象力,从不同的角度思考解决问题,考官从应聘者回答问题的态度和表现中能够更深入地了解应聘者的工作能力、动机、态度等与工作有关的深入的能力和特质。

常见的情境性问题实例:"未来十年,你希望自己成为什么样""假设从上周开始公司分配你做一项工作,你已经开始做了,并且初具雏形,但是领导今天突然通知你结束这项工作。这时,你会怎么做"。

(5)探索性问题。探索性问题通常是一些追问性问题,当面试考官想要继续挖掘信息或者当应聘者对上一个问题的问答引起面试考官的兴趣时,他会不停地进行追问,以获取更多、更详细的回答。

📂 资料链接

结构化面试参考题目

一、简单寒暄类题目

1. 您怎么过来的?交通还方便吧?

2. 这几天的（或这边的）天气较（待定），您还能适应吧？

3. 您来自哪里？（简单地与面试者聊聊他出生地的特点）。

二、面试中的行为观察要点

1. 衣着整齐度。

2. 精神面貌。

3. 行、坐、立动作。

4. 口头禅、礼貌用语等。

三、口头表达能力题目

1. 请您先用 3～5 分钟介绍一下自己吧！

2. 您先说说您最近服务的这家公司（由简历而定）的基本情况（规模、产品、市场）吧！

3. 您在目前工作岗位中主要有哪些工作内容，主要的顾客有哪些？

4. 请您简要介绍一下自己的求学经历。

5. 请您简要介绍一下自己的成长历程。

四、灵活应变能力题目

1. 您为何要离开目前服务的这家公司？（答案可能是待遇或成长空间或人际氛围或其他，待回答完毕后继续发问。）——您跟您的主管或直接上司有没有针对以上问题沟通过？（如果没有，问其原因；如果有，问其过程和结果。）

2. 除了简历上的工作经历外，您还会关注哪些领域（或有没有其他潜在的兴趣或是否想过去尝试、从事其他职业）？——（若有，继续发问）您觉得这跟您目前要从事的职业有哪些利弊关系？——（若无，继续发问）您不觉得您的知识结构有些狭窄或兴趣较贫乏吗？请说说未来的改善计划。

3. 您在选择工作时更看重的是什么？（可能是成长空间、培训机会、发挥平台、薪酬等。）——（若薪酬不排在第一，问）您可不可以说说你在薪酬方面的心理预期？（待回答完毕后）那您刚才的意思也可以这样理解：薪酬方面可以适当低于您的心理预期，对吗？（若薪酬显得不太让步，可问）有人说挣未来比挣钱更为重要，您怎样理解？——（若薪酬排在第一，问）有人说挣未来比挣钱更为重要，您怎样理解？

4. 您觉得您在以前类似于我们公司提供的这个岗位上的工作经历中有哪些方面做得不足？——（若答有，问）您打算在以后的工作中采取哪些改善措施？（待回答完毕后，继续发问）您再想想如果到我们公司来任职还有没有补充改善措施？——（若答无，问）您好像不太追求卓越，您认为您能胜任我们提供给您的这份工作吗？

5. 您认为《致加西亚的信》中的罗文和推荐罗文的加西亚将军哪一个对企业更为重要？——（若答罗文，问）您不认为现在的企业面临着"千里马常有，而伯乐不常有"的状态吗？——（若答加西亚，问其理由。）——（若答两者兼有，问其理由。）

五、兴趣爱好（知识广博度）

1. 您工作之余有哪些兴趣爱好？兴趣中有没有比较拿手的？

2. 您在大学所设的专业课中最感兴趣的是哪一门？（待回答完毕，问）谈谈您对所感兴趣专业课的相关看法。

3. 您怎样理解自然科学（比如数学）与社会科学（比如政治经济学）之间的关系或者两者有何异同？

4. 以您个人的理解说说您对我们公司所处行业（电子产品制造业）的前景和生存途径的看法。

5. 谈谈您目前想去学习或弥补的知识。

6. 如果让您重新选择一次，您对自己专业领域的选择会有所改变吗？

六、情绪控制力

1. 我们的工作与生活历程并不是一帆风顺的，谈谈您的工作、生活或求学经历中出现的挫折或低潮期，您是如何克服的？——（如果回答无此经历，问）您的生活是不是太过于顺畅，成长中往往伴随着失败，您觉得自己的成长来自哪些方面？

2. 请举一个您亲身经历的事例来说明您对困难或挫折有一定的承受力。

3. 假如您的上司是一位非常严厉、领导手腕强硬、时常给您巨大压力的人，您觉得这种领导方式对您有何利、弊？

4. 您的领导给您布置了一项您以前从未触及过的任务，您打算如何去完成它？（如果有类似的经历说说完成的经历。）

5. 您有没有过失业或暂时待业的经历，谈谈那时的生活态度和心情状态。

6. 您有没有过感情上的失败或不顺利的经历，它对您那时和现在的生活有什么样的影响？

7. 假如您喜欢上了一个人，但您对他（她）表白后遭到拒绝并且他（她）说你们是不可能的，拒绝的原因是他（她）已有女（男）朋友，但他（她）也并不讨厌你，接着您将采取什么行动？

8. 假如在公众场合，有一个人有意当众揭您的短处或隐私，您将怎样处理？

9. 谈谈您在以往的职业生涯中最有压力的一两件事，并说说是如何克服的。

10. 谈谈在您以往的职业生涯中令您有成就感的一两件事，并说说它给您的启示。

七、上进心与自信心

1. 谈谈在您的求学经历中令您感到成功的事例及成功的因素。

2. 说说您对成功的看法。

3. 您认为自己有什么资格来胜任这份工作？

4. 说说您未来3～5年的职业定位计划。

5. 您如何看待学校的学习与工作中的学习的区别？

6. 谈谈您最近的充电经历，并说说它对您的益处。

7. 您怎样看待游戏中的输赢？

8. 谈谈您认真追求过的一件事或一个人，并说说过程和结果。

9. 有人说：满足感÷欲望＝幸福或成功，即幸福是个人偏好的满足程度，举例来说，一个儿女满堂、子女孝敬的老人认为自己与李嘉诚有同样的成功感，您怎样理解？

八、责任感与归属意识

1. 请描述一下在您以往所就职的公司中您认为最适合自己的企业文化的特点。

2. 您的下属未按期完成您布置给他的任务，如果您的上司责怪下来，您认为这是谁的责任，为什么？

3. 描述一下您对上司所布置任务的完成思想与过程。

4. 当您所在的集体处于竞争劣势时，您有什么想法和行动？

5. 往往在跨组织的任务中，由于涉及过多成员，最后易形成"责任者缺位"的现象，您如果身处其境，会是什么心态？

6. 您在每一次离职时有没有过失落感？您跟过去就职过的公司的一两个上司或同事还有联系吗？说说他们目前的处境。

九、管理能力

(一) 领导与指挥

1. 请问您在求学时参加过哪些社团组织或参加过哪些公益活动，您在其中扮演什么角色？

2. 课堂上您对老师的讲解有所疑惑，您是采取何种方式去消除这种疑惑的？

3. 在长途旅行的火车或飞机上，您不认识周围的人，大家都在沉默，您是如何去适应这种陌生环境的？

4. 工作中您发现上司的管理方式有些不妥，并有了自己的想法，您此时会如何去做？

5. 您在以往的工作中是如何约束部属的，是如何调动他们的积极性的？

6. 假如您是足球队队长，而队中有两名队员有些不和，他们都是主力队员，此时有一场重要比赛，您会如何协调和处理？

7. 您认为上司对部属做些什么更利于他们的成长？

(二) 计划与控制

1. 您来面试前有没有想过整个过程？说说您先前是打算如何应对这场面试的，包括各个阶段。

2. 举个例子来说明一下您曾经做过的一个成功计划及实施过程。

3. 假如您今晚会有一场重要的约会，说说您打算怎么去应对？（可提示答案方向：是倾向于去了再随机应变，还是事先做好策划？）

4. 在工作中您发现自己的实施结果与事先计划出现较大的偏差，您将如何采取行动？

5. 您觉得自己的个性适合井然有序的工作环境还是灵活自如的工作环境，或者是其他任何的形式？

6. 说说您向下属布置的任务在时间方面是如何要求的。

7. 说说您在完成上司布置的任务时，在时间方面是如何要求自己的。

(三) 决策

1. 您在逛超市时，碰到一件十分符合您审美意识的物品，尽管这件物品目前对您来说没有多大的实用价值，您此时会有什么行动？

2.假如您现在的月收入是3 000元人民币，您在商场看上了一件非常符合您审美意识的西装，价格2 800元人民币，您倾向于怎么做？

3.假如您目前的处境不算太好，而此时您一位十分要好的朋友跟您借相当于您10%的财产且归还期较长，您会如何去做？

4.您在购买所需要的一件重要物品时，是如何实施的？

5.您对一个紧急决策项目收集了八成信息，您下一步倾向于如何做？

6.说说您怎样理解决策方案中的"最优"与"更优"的关系，它们对您的决策思想有怎样的影响。

（四）授权与激励

1.假如您是部门领导，设想您在每半月一次的会议议程中该如何去部署会更好？（可提示回答方向：直奔主题，还是先给部属打气。）

2.您跟您的部属在一个月里的业余沟通频率是多少？您目前有几个部属？（待回答完后，问）简单说说他们各自的优缺点。

3.您以往在领导岗位中，一个月内分别有哪些主要的工作任务？（可提示回答方向：开会、跨组织协调、日常事务管理、审核资料、策划方案、实施方案等。）它们占用您的时间比例是怎样的或者各自的频率是怎样的？

4.当您发现您的部属目前士气较低沉时，您一般从哪些方面去调动？

5.说说您在以往的领导岗位中出现管理失控的事例及事后的原因分析。

6.描述一个在您以往工作经历中出现的士气较低沉的团队氛围的情景，那时您的角色是怎样的，现在回想起来有何感触？

7.您的部属在一个专业问题上跟您发生争议，您将如何对待这种事件？

资料来源：编者收集于网络，感谢原作者。

5.2.4 其他准备

1. 场地布置

（1）选择面试场地大小。一般影响面试场地大小的因素有招聘职位的高低、面试人数的多少、面试方式的选择、是否需要听众等。通常较高职位的面试选择小一点的场所，便于长时间和更深入的交谈，同时兼顾到应聘高职位的人原先的工作环境。个人面试可以选取较小的空间，而小组面试则要有较大的空间以容纳更多的人。不同的工作岗位对场所大小的要求也有不同，如对需要展示表达能力的面试，场所要大一些。

（2）保证安静不被干扰。面试考场必须安静、宽敞、整洁、光线充足，与其他公共场所隔开，杜绝或减少各种不必要的干扰，如各种打扰、电话铃声、引人注意的文件、电脑屏幕、外部噪声等。最好在专门设置的会议室或具有隐秘性的私人办公室进行，不可在有人办公的办公室进行面试，否则会分散应聘者的注意力，有时造成心理的恐慌，不利于充分地沟通与交流。

（3）营造面试氛围。面试氛围的确定应该根据面试的目的确定。对于当前的"竞聘上岗"而言，氛围应既严肃又有人情味，既紧张又不失温馨；对应聘组织高层的面试，有时则需要特意将考场布置成严厉而有压力的场所，以测试应聘者的心理承受能力。

（4）注意候选人员的等待场地。保证候选人员在等待面试的过程中应能够有安静、休息和不被打扰的场所，该场所应距离面试考场不远。

2. 工具和资料

面试开始前，每位主考官手中应有下列材料：
（1）面试程序表。
（2）应聘者个人资料。
（3）结构化问题表。
（4）应聘者的面试评价表。

3. 座位布置

（1）应聘者席与面试考官席的距离不宜太远，便于面试考官观察应聘者的面部表情和身体语言。

（2）给面试考官和应聘者双方安排舒适的座位。座位的安排应有一个角度，这样既可以进行目光交流又不会把应聘者直接置于主考官办公桌的正面。多个面试考官面对一位应聘者，是一种圆桌会议的形式，排列成圆桌形，通常不会使应聘者感觉到太大的心理压力，可以缩小双方之间的权力差距，同时看上去也比较正式。一对一的面试形式，面试人员与应聘者成一定的角度而坐，这样既可以进行目光交流，又不会把应聘者直接置于面试人员办公桌的正面，避免双方目光的直射；也可以减轻其心理压力，缓和应聘者的紧张情绪，避免应聘者过于紧张而无法发挥出正常的水平；同时有利于面试考官对应聘者进行观察。

（3）减少面试期间阻碍沟通的各种障碍，如有可能考虑选用圆桌，以尽可能缩小双方之间的权力差距。

（4）应聘者席与面试考官席的桌面布置应基本相同，如用相同颜色的台布、饮料和茶杯、纸、笔等。

（5）应聘者席的周边或桌上最好有鲜花布置。

（6）场记应安排在面试考官席的右边或左边。

（7）如有听众席，听众席应离面试考官席有一段距离，坐在面试考官席的后面，不要摆在面试考官席左右两侧，形成"U"字形包围应聘者席，这样会使应聘者感到压力太大。

4. 面试时间的确定

（1）提前确定面试时间。面试人员应事先确定面试时间，特别注意提前规划自己的时间，尽量避免面试的时间与其他重要工作的时间相撞。在大规模面试时应编制面试时间表，将应聘人员的面试时间统一记录，逐一通知，以防遗漏或发生冲撞。

（2）遵循合理有礼的原则。合理就是既要考虑双方工作的便利，面试应安排在双方不受干扰的时间内进行，比如时间的确定最好在上班的时间，一般不选在休息时间，时间不宜太早或太晚，并在相对集中的时间内连续进行，一次完成。在面试过程中，要考虑在两名应聘者之间留出一定的时间，以便面试考官填写面试评价表和签署面试意见。为了有效地达到面试目的，应该让应聘者有足够多的谈话时间，不能让应聘者感觉到考官为了赶时间而压制应聘者的谈话，以致应聘者感到不受尊重。

5.3 面试的实施与评价

5.3.1 面试的实施流程

在进入实际面试环节之前，首先应对所有应聘人员讲解面试的整体安排、注意事项以及面试纪律。比如同一职位的应聘人员的面试试题很可能是完全相同的，因此要求面试结束的应聘人员与未面试的应聘人员不能交流，否则相当于泄露题目。鉴于此，在设置应聘人员在等待区等待面试时不许使用手机等要求之后，可以进入具体的面试环节，面试的过程可以分为以下五个阶段：建立融洽关系阶段、相互介绍阶段、核心提问阶段、确认阶段与结束阶段。每个阶段面试考官都有各自不同的任务，也应提出不同的问题。

1. 建立融洽关系阶段

面试的主要目的是寻找和发现与招聘职位要求一致的应聘人员，为了实现这一目标，在面试中应营造一种宽松、和谐的面试气氛。一般来说，在进入面试的开始阶段时，应聘人员在强大的心理压力下，会不由自主地紧张，因此很难充分地发挥、自由地表达，出现面试表现不如平时工作表现的现象，平时工作表现优秀的应聘人员却在面试中落选的现象也是存在的，对企业而言，这可能意味着会错失一位优秀人才。亲切、自然的面试气氛会使应聘人员产生一种信任感，保持平和稳定的情绪，能更自如地与面试考官沟通，正常地发挥出自己的真实水平和能力。因此，该阶段虽然时间不长，却是非常重要的，基本可以确定整个面试过程的基调。

在面试开始的最初几分钟，面试考官可以谈一些比较轻松的话题，和应聘人员建立一种融洽的关系。在这个阶段，面试考官可以提出一些随意的，和工作本身没有太大关联的封闭式问题就能达到目的。资料链接是两个面试情景，从对比中不难看出，情景2关系的导入要比情景1自然，轻松很多。但同时，在这一阶段中面试考官要注意控制聊天的话题选择以及氛围，不能让应聘人员产生误会，认为轻松的谈话、宽松的氛围意味着面试人员倾向于决定录用他；同时时间不宜过久，控制在面试过程的初期，同时要自然地过渡到正式面试阶段。

资料链接

面试情景实例

情景 1

"请坐,不要紧张!"

对方坐定后,面试主考官继续说:"好了,我们开始进入正式面试环节,我要问的第一个问题是……"

情景 2

主考官与应聘者握手致意,一边说"欢迎欢迎!今天怎么来的?路上堵车吗?"

对方回答说路况很好,基本没有堵车;面试考官接着说:"今天路况很不错啊,看来你的面试也会很好发挥的。"对方微笑,面试考官接着说:"那好,你能谈谈……"

2. 相互介绍阶段

在该阶段中,面试考官首先要向应聘人员介绍本组织及面试职位的相关信息,如工作时间、工作地点等应聘人员可能感兴趣或希望了解的事项。此外,面试考官要向应聘人员介绍整个面试的流程,让应聘人员对整个面试过程心中有数,更好地和面试考官沟通。

3. 核心提问阶段

该阶段是整个面试中最重要的,也是最具实质性的阶段。在这个阶段中,面试考官要根据工作分析和职位要求,测评应聘人员的有关能力,即知识水平、技术能力、应变能力和人际交往能力等全部有关信息。在时间上,核心提问阶段应该占整个面试过程的85%左右,以行为性问题和情境性问题为主,穿插其他的提问方法。事实证明,将开放性问题、封闭性问题、行为性问题、情境性问题和假设性问题有机结合起来,灵活运用,可以大量地获得应聘者的有效信息,能够对应聘者做出最真实的判断。

资料链接

面试问话提纲范例

面试项目	提问要点	评价要点
仪表风度	回答的时候进行观察	● 体形、体格、外貌 ● 穿着、精神状态、举止、礼节
语言表达能力	● 请用 1 分钟简要介绍自己 ● 你有哪些优点和缺点	● 语言的逻辑性、思路的清晰度 ● 用词的准确性 ● 主题明确,语言简洁、凝练

（续）

面试项目	提问要点	评价要点
求职动机	• 你为什么选择本公司 • 本公司最吸引你的是什么 • 你未来 3～5 年的职业规划是什么	• 对待工作的态度 • 工作中能否兼顾公司和个人双方的利益 • 对未来的要求和抱负公司是否能够满足，是否脚踏实地
知识水平	• 大学主修哪些相关课程 • 获得过哪些奖励	• 知识的深度与广度 • 知识的应用能力
兴趣爱好	• 如何度过业余时间 • 有什么业余爱好	• 是否充满活力、精力充沛 • 能够为丰富组织文化做出贡献
应变能力、抗压能力	• 举一个案例，要求在给定的时间做出回答 • 有人把社会上的人分为"男人""女人"和"女博士"三类，你赞同这种分类吗	• 在紧张时间下能否对问题的主题把握得当 • 是否机智敏捷，是否有个人主见 • 是否具有较好的抗压能力，随机应变
自控力、情绪稳定性	• 你换了好几个工作，是不是和上司处不好关系 • 说一件工作中最令你气愤或尴尬的事	• 能够正确面对批评 • 能够在压力面前控制情绪，正确看待自我 • 能够经常维持平和、健康的心态

4. 确认阶段

在这一阶段中，面试考官要对前几个阶段所获取的应聘人员的信息进行再次确认与核对，一般不再引入新话题。在面谈中，应尽可能多地使用开放性问题以避免对应聘人员产生诱导，也可以适当提几个封闭性问题。一般意义上，该阶段是对上一个阶段问题的重复性提问和总结性提问。

5. 结束阶段

该阶段属于面试中的回顾与检查阶段。面试考官应该回顾面试记录，检查要问的问题是否已全部问完，是否需要提出追问。对应聘人员来说，该阶段也是整个面试的"最后机会"阶段，面试考官也应该给应聘人员一个最后展示自己的机会。因此，可以再提出几个行为性问题或开放性问题，例如："你能再举个例子证明你在某方面的技能吗？"面试是一种双向交流，不应该让应聘者带着任何疑问离开，因此可以问类似"还有什么要补充说明的吗""您有什么需要了解的吗"等问题，对应聘者的提问可以做简要回答，并告之面试结果大概在什么时间出来，会以什么方式通知面试人员面试结果。

应该注意的是，面试考官的任务是收集应聘人员的信息，因此，在整个面试的考核阶段中都不应该发表任何个人的看法，不应该表现出个人喜好和明确的态度取向。无论应聘人员回答得如何，都应以热情友好的语言和态度面对应聘人员，为应聘人员留下专业、积极的印象。

5.3.2 面试的评价

在所有应聘人员面试结束后，面试考官应对本次面试结果进行处理和评价，包括综合面试结果和面试结果反馈。

综合面试结果。面试结束后,考官需要总结面试过程中所获取的应聘信息,认真检查面试记录,仔细回顾面试印象,将意见填入面试评价表中。主考官将各位考官的评价结果汇总,有时根据需要将应聘人员的面试结果进行排序。因此,主考官在填写总评时,不能仅对某一应聘人员的印象为基础,而是全部应聘人员综合比较后的结论。通过把面试综合评价表中应聘人员的表现和职位要求进行对比,发现应聘人员是否符合职位要求。如若符合要求的不止一人,主考官应对这些应聘人员进行比较后再做出最后判断。

资料链接

面试评价表(1)

应聘者姓名		性别			出生日期	
应聘职位		编号			面试时间	
评价项目				评价		
求职动机				较好	一般	不好
工作经历与职位要求匹配程度				较匹配	一般	不匹配
专业技能与职位要求匹配程度				较匹配	一般	不匹配
工作要求在本公司能否满足				能	待考察	不能
个性特征是否符合职位要求				符合	一般	不符合
应聘者工作态度是否积极				较积极	一般	不积极
应聘者对职位职责的了解程度				较了解	一般	不了解
本公司是否能够满足应聘者对薪酬的要求				能	待考察	不能
应聘者的综合素质				高	一般	不高
建议:录用 复试 不予考虑						
面试考官:						(签名)

面试评价表(2)

(所有面试考官均需填写)

应聘者姓名		年龄		毕业院校	
最后学历、学位		性别		毕业时间	
应聘岗位		原工作岗位及职务			
评价指标		权重(%)		得分	
衣着得体与行为举止		15			
语言表达与组织能力		10			
沟通协调能力		15			
抗压能力		20			
工作经验		20			
完成工作所具备的相关技能		15			
与职位要求相匹配的性格特质		5			
加权平均分(由场记人员计算填写)					

面试考官签名:_____

日期:_____

面试成绩一览表

应聘岗位：

应聘人员姓名	综合分数	排名

面试主考官签名：_____

日期：_____

面试结果反馈。面试结果反馈就是面试考官在面试结束后将面试的评价建议通知给用人部门，经协商后做出录用与否的决定，随后通知应聘人员。如果职位比较重要，可在最后录用之前再进行一次"录用面谈"，有关录用的各项事项均应在这次面谈中解释清楚，应聘人员有什么疑问以及具体要求也应在这次面谈中澄清。

一般面试结果反馈的主要内容为了解面试双方的具体要求。包括福利待遇、工作要求、工作地点、工作条件、是否经常出差、合同期限、加班要求等具体内容，也要在面谈时向双方说明。决定录用某人后，有的只用口头通知，有的用书面文件通知对方。对于比较重要的职位，还是用一份正式的书面通知较为恰当。

资料链接

面试时如何达到最佳状态

"面试时，要注意哪些？哪个环节最重要？"这是参加面试的学生经常会遇到的问题。以招聘人员的立场来看："招聘是一个全面过程，涉及面比较广，无所谓轻重主次，专业知识、个人素质、职业道德、个人兴趣爱好、情操等都可能是面试官关注的焦点。不同的面试官所关注点不同，即使同一个面试官面对不同的面试者关注点也不尽相同，可以说面试过程中任何一个环节都很重要，而且各环节具有一定的逻辑关系，具备衔接性和延展性，构成因果共同影响招聘者对你的综合评价。"所以，对于求职者来说，认真地对待面试，充分了解招聘的每一个环节和步骤，自信地展示出自己的水平，这是对每一位求职者职业素养的基本要求，也只有做到了这些，求职者才有可能脱颖而出，成功应聘。

就业难也不是两三天的事情，如今各行各业的适龄青年在就业上，都不算轻松。面对就业中种种的不如意，也只能送大家一句话："屡战屡败是运气，屡败屡战是志气。"其实，求职者在面试时，个人不能左右的因素太多了。如就业形势或经济形势、所学专业、谈吐气质、兴趣爱好及其他不可预知的意外等，这些都是求职者个人无法把握和预知，但又能左右面试结果的因素，因此面试在客观上说，很大程度归功于运气。有时候,投了很多简历,面试了多次,未必面试得上。但如果运气好,恰巧一家公司提供这样一个对口岗位,偏偏一封简历、一次面试,就会成功。

因此,无论怎样,面试被拒应做好充分的心理准备,找出面试失败的原因,在挫折中不屈不挠、越挫越勇,以屡败屡战的决心去对待下一次面试。诚然,坚定的目标、坚毅的意志、持久的恒心和耐力固然不可少,但不掌握面试的套路和方法,空有一身的本领,面试时未必就能脱颖而出。

日常生活中我们都有这样一个体会:销售员在推销自己的产品时,往往几分钟就能把产品的功能和特点介绍清楚,如果具有一定的煽动性,没准我们就有购买的冲动。其实面试也是一种推销,只不过是自我推销的过程,同样需要你在短短的几分钟内简明扼要地把你的业务技能、岗位胜任力以及你能带来的附加价值介绍给面试官,如果煽动性强,十有八九你就会成功。

我曾经面试过一家上市公司绩效专员的岗位。作为绩效专员,你需要格局大、思路广,岗位的性质决定了你必须这样,因为没有好的思路,也就没有好的绩效方案,更没法引导组织向着目标前进。同时,作为绩效专员,沟通协调能力不可少,因为这项工作上涉及公司战略,下关注员工利益,要使组织目标实现,无论哪一方面人都起着至关重要的作用,强有力的沟通是推动这项工作顺利开展的条件,两者缺一不可。在我面试时,当介绍完我自己的优点和对绩效的理解时,按道理面试官应该和我探讨一下具体的细节,譬如如何做绩效计划、绩效面谈、考核方式等问题,然而面试官并未问及这些细节,而是直接问我何时能到岗。显然,我的回答令他十分满意,以至于迫不及待地问我到岗时间,其实当时我对各种考核方式的特点和适用范围并不十分了解,但这并不妨碍他录用我的决心。事实上,在我前面一个应聘者因为比较紧张,尽管比我更具专业度,因为他不能主动地引导面试官,反而被面试官追问了很多细节问题,最后漏洞百出丢掉这次机会。

因此,要想面试时能达到最佳状态,你必须要在几分钟内让面试官清楚地知道你非常匹配岗位,你能胜任这个岗位,还能带来其他附加值。作为面试官,无非就是想知道你能为公司带来什么,你能为公司承担什么工作,或者你有没有什么方面值得他们学习。明白了这些,不用面试官引导你,恐怕你都能按套路说出面试官想了解的一切,即使你基础比较差,面试官看重你的职业素养(坚毅的意志、诚恳的态度、持久的恒心和耐力等),你有一颗不断向上勇于学习的心,多半都会录用你并培养使用。

作为一个应聘者,你必须了解你的岗位特点,面试前应根据岗位背景巩固专业知识。在面试洽谈时,自信地按套路介绍自己并引导面试官对你的优势(如谈吐、技术、兴趣爱好、社交等)产生兴趣,被录用又岂是难事?作为面试者,既然你已经了解面试官的目的,为什么不直接告诉他结果,何必要等到他引导你被动地回答呢?须知面试有方法,知己知彼方能百战不殆。

资料来源:三茅人力资源网。

学习建议

在本章的学习过程中,大家应该把重心放在面试组织实施方面,理解面试的类型和不同类型面试的特点及操作要点,能够组织一场简单的面试活动。

【本章重点】

结构化面试、非结构化面试和混合式面试的特征,面试的基本流程,面试准备的内容,面试评价。

【本章难点】

根据实际需要确定面试的类型,面试的组织实施。

核心概念

面试、结构化面试、非结构化面试、混合式面试、小组面试、压力面试、情景化面试、行为式面试、面试准备、材料准备、面试考官、面试资料、面试流程、面试组织、面试评价。

课后思考与练习

1. 面试能否代替笔试?
2. 面试的基本类型有哪些?各自有哪些优缺点?
3. 面试的准备工作有哪些?
4. 如何选择面试考官?
5. 请你分析一下怎样的考场布置会使应聘者失去应聘的信心和动力或影响临场的发挥,怎样的考场布置会使应聘者的能力发挥到最好。
6. 请你根据自己的体会,描述一个你最喜欢的面试主考官的形象。
7. 你能否画一张最理想的考场布置图?

实训应用

实训项目:模拟面试

实训目的:模拟面试使学生掌握面试的基本流程,懂得如何对应聘者的材料进行筛选,如何设计面试题,如何对应聘者进行综合评价,能够组织一场简单的面试。

实训内容:中国一柱集团是中国最大的人才服务机构,根据企业发展战略今年拟招聘100名应届毕业生补充公司后备人才力量,请根据上述材料组织一场小型招聘会,并进行模拟面试。

实训要求:

1. 班级内部分组。模拟招聘可以在班级内进行,此时需要将班级所有学生分为招聘组和应聘组。如果条件允许，也可以组织在本学院或校内进行，班级所有学生组成企业招聘组，进行合理分工，学院或校内其他学生构成潜在应聘者。

2. 如果是班级内部招聘，招聘小组成员一般由4～8名学生构成，并做好成员分工，其他学生均为应聘者。

3. 招聘小组根据上述内容所提供的材料确定本次招聘的岗位类型和数量，并制定相应的招聘标准，确定面试所需材料并做好准备。

4. 面试结束后召集所有参与者，包括应聘者，宣布最终录用人员，并给出合理解释。

5. 分别请招聘组和应聘组的代表发表本次模拟招聘的心得体会。

章末案例

宝洁公司的面试过程和评价体系

宝洁公司的面试过程

宝洁公司的面试分初试和复试两轮，每轮面试过程都大体经过四个阶段。

第一阶段，相互介绍并创造轻松交流的气氛，为面试的实质阶段进行铺垫。

第二阶段，交流信息。这是面试中的核心部分。一般面试人员会按照既定的八个问题提问，要求每一位应试者能够对他们所提出的问题做出一个实例的分析，而实例必须是在过去亲自经历过的。这八个问题由宝洁公司的高级人力资源专家设计，无论应聘者如实或者编造回答，都能反映他某一方面的能力。宝洁公司希望得到每个问题回答的细节，高度的细节要求让个别应聘者感到不能适应，没有丰富实践经验的应聘者很难很好地回答这些问题。

第三阶段，讨论的问题逐步减少或合适的时间一到，面试就引向结尾。这时面试官会给应聘者一定时间，由应聘者向面试人员提几个自己关心的问题。

第四阶段，面试评价。面试结束后，面试人员立即整理记录，根据求职者回答问题的情况及总体印象做评定。

宝洁公司的面试评价体系

宝洁公司在中国高校招聘采用的面试评价测评方法主要是经历背景面谈法，即根据一些既定考察方面和问题来收集应聘者所提供的事例，从而来考核该应聘者的综合素质和能力。

宝洁公司的面试由八个核心问题组成。

第一，请你举一个具体的例子，说明你是如何设定一个目标然后实现它的。

第二，请举例说明你在一项团队活动中如何采取主动性，并且起到领导者的作用，最终获得你所希望的结果。

第三，请你描述一种情形，在这种情形中你必须去寻找相关的信息，发现关键的问题并且自己决定依照一些步骤来获得期望的结果。

第四，请你举一个例子说明你是怎样通过事实来履行你对他人的承诺的。

第五，请你举一个例子，说明在完成一项重要任务时，你是怎样和他人进行有效合作的。

第六，请你举一个例子，说明你的一个有创意的建议曾经对一项计划的成功起到了重要的作用。

第七，请你举一个具体的例子，说明你怎样对所处的环境进行评估，并且能将注意力集中于最重要的事情上以便获得你所期望的结果。

第八，请你举一个具体的例子，说明你是怎样学习一门技术并且怎样将它用于实际工作中的。

根据以上几个问题，面试时每一位面试官当场在各自的"面试评估表"上打分，打分分为三等：一等（能力不足，不符合职位要求，缺乏技巧、能力及知识），二等（普通至超乎一般水准：符合职位要求，技巧、能力及知识水平良好），三等（杰出应聘者，超乎职位要求：技巧、能力及知识水平出众）。具体项目评分包括说服力/毅力评分、组织/计划能力评分、群体合作能力评分等项目评分。在"面试评估表"的最后一页有一项"是否推荐"栏，有三个结论供面试官选择：拒绝、待选、接纳。在宝洁公司的招聘体制下，聘用一个人，须经过所有的面试经理的一致通过方可。若是几位面试经理一起面试应聘人，在集体讨论之后，最后的评估多采取一票否决制。任何一位面试官如果选择了"拒绝"，该应聘者都将从面试程序中被淘汰。发放录取通知后，人力资源部还要确认应聘者被录用与否，并开始办理有关入职手续。

除了重视面试过程的考核之外，宝洁公司还特别注重对人才的吸引和后备人才的储备。

（1）招聘后期的沟通。宝洁公司认为，它们竞争的人才类型大致上是一样的，在物质待遇大致相当的情况下，"感情投资"便是竞争重点。一旦成为宝洁公司决定录用的毕业生，人力资源部会专门派一名人力资源部的员工去跟踪，定期与录用人保持沟通和联系，把他当成自己的同事来关怀照顾。

（2）建立人才库。宝洁公司有时会碰到这样一种情况：遇到一些非常优秀的人才，但是暂时还没有适合他们的岗位，人力资源部会有一个自己的"红名单"，记录这些暂时没机会进入公司的优秀人才，他们会与"红名单"上的人建立联系，这是他们的一种习惯：建立自己的"人才小金库"，往往能在少数人才变动时及时补上。

（3）招聘效果考核。宝洁公司招聘结束后，公司会对整个招聘过程进行一些可量化的考核和评估，考核的主要指标包括：是否按要求招聘一定数量的优秀人才；招聘时间是否及时或录用人是否准时；招聘人员素质是否符合标准，即通过所有招聘程序并达到标准；因招聘录用新员工而支付的费用，即每位新员工人均因招聘而引起的费用分摊是否在原计划之内。

资料来源：http://www.yaochenlietou.com/news/2014821/25019.html。

相关链接

全国大学生创业服务网：http://cy.ncss.org.cn/
全国大学生就业公共服务立体化平台：http://www.ncss.org.cn/
中国人才网：http://www.cnjob.com/
中华英才网：http://www.chinahr.com/
智联招聘：http://ts.zhaopin.com/
前程无忧：http://www.51job.com/
中国人力资源网：http://www.hr.com.cn
中国人力资源开发网：http://www.chinahrd.net
中国外语人才网：http://www.jobeast.com/
中国汽车人才网：http://www.carjob.com.cn/
猎聘网：http://www.liepin.com/
人力资源总监：http://cho.icxo.com/
中国服装人才网：http://www.cfw.cn/
IT英才网：http://it.800hr.com/
应届生求职网：http://www.yingjiesheng.com/
过来人求职网：http://www.guolairen.com/
中国教育在线：http://www.eol.cn/

Chapter 6
第 6 章

评 价 中 心

学习目标

1. 了解评价中心的起源
2. 掌握评价中心的内涵
3. 理解评价中心在人员甄选中的作用
4. 掌握无领导小组讨论的概念、类型和优缺点
5. 掌握角色扮演的操作要点
6. 掌握公文的设计原则和方法
7. 熟悉常用的管理游戏

章首案例 千挑万选，谁才是企业心仪的员工

A 企业刚成立了人力资源部，准备从外部引进一名人力资源部经理。经过一系列的招募、简历筛选、初试、复试，最终锁定了三位候选人：王先生成熟老到，六年之内服务过四家公司，都是做人力资源管理工作，沟通能力、培训能力较好；周先生反应机敏，性格直爽，MBA 刚毕业不久，对管理工作充满兴趣；刘先生做事干练，曾是一家大型民营企业的企业管理部经理，对自己的职业定位有比较清晰的认识。究竟谁才是岗位的最佳人选呢？ A 企业的几位总经理反复讨论了几次，总拿不定主意，他们不由地发出感慨：要是把这三个人的优点都集中在一个人身上，缺点全都抵消掉，那该多好啊！

选人难，关键岗位的管理人员选择更难。企业不是苦于招募不到合适的备选人，就是苦于在一大堆应聘者中挑花了眼。常常是面试进行了好几轮，笔试题、测评题做了一大堆，但那位看似八面威风、手握 "生杀大权" 的面试考官，还是举棋难定：生怕看走了眼，选错了人，对不起老板，对不起公司，对不起同事，也对不起应聘者呀！把守公司人员的入口关，责任可是重于泰山的啊！那么，究竟什么样的人员才是企业心仪的员工呢？如何练就一双火眼金睛，从众多的应聘者把他们遴选出来呢？

把握人才选聘的两条标准

首先要明确人才选聘成功的标准是什么。简言之,选聘成功的标准就是人员到岗后,能够很快地融入组织与团队,很快适应工作,很快创造出所在岗位理应做出的价值,并且有发展潜质,稳定性高。能够胜任工作,说明人岗匹配度高;能够融入组织与团队,说明认同企业文化,认同组织特色,与组织的匹配度高。这两点正是保证人才选聘成功的两条重要标准。企业在选人时,必须将两条甄选标准并重,才能选出真正"适合"的人才。

人才的知识、技能特点与岗位的匹配性

企业在招聘时,最关注的首先是人才所具备的知识结构、技能特点、实践经验,以此来判断与岗位职责要求的匹配性;岗位适应性高的人才到岗后上手快,培养周期短,培训成本低,可以很快度过适应期,很快做出业绩和为企业创造本岗位所应做出的价值。这对任职者本人也是一种鼓励。

人才的文化和价值追求与组织的匹配性

企业能力杰出、业绩优秀的人才流失现象时有发生,这不仅会给企业造成经济损失,更会给其他员工造成不良影响。究其流失原因,主要是人才不认可组织的文化以及价值追求。因此,成功的人才选聘应该关注人才对组织文化、价值追求的认同程度。

人才个性特点与团队结构的兼容性

能力强、业绩好、认同组织文化的人才,也不一定就是企业最合适的人选。能力突出的新聘员工因风格、个性与团队或上级主管差异太大而导致工作气氛紧张,团队合作不睦,最终不欢而散的案例也并非个别现象。在选聘人才的过程中,除了关注人才个体的素质外,还应认真分析人才拟任职团队的结构特点,如团队成员的学历、性别、年龄、观念、思维方式等。强调人才与其拟任职团队的兼容性,可以提高新人与团队成员的磨合速度,可以减少不必要的内部冲突,有利于营造和谐、合作和团结的组织氛围。

胜任素质能力模型:定义企业心仪的员工

要建立完善的招聘体系,确保甄选出适合岗位要求的任职者,企业就要根据所处的行业类型、特定的发展时期、业务重点、经营战略等自身特点建立起人才素质能力模型。通过素质模型的建立,就能确定各级管理人员、各类专业人员的素质特征,高绩效人才的素质特征,从而为人才招聘提供较为客观的标准。

所谓素质,是指决定一个人行为习惯和思维方式的内在特质;所谓能力,是指一个人由于知识、经验的积累而具备的技能特点类型及掌握的程度。素质能力是一个人能做什么(知识、技能、经验)、想做什么(角色定位、自我认知)和会怎么做(价值观、动机、性格)的内在特质的组合。知识、经验、技能是保证与岗位要求匹配性的、外在的素质能力,易于评估与测量。角色定位与自我认知、价值观、性格、动机是潜在的素质,很难进行判断和识别,但正是这些潜在的素质,决定了一个人与企业文化的融合程度，决定了他与团队的磨合速度。如果没有正确的求职动机、价值观等相关素质的支撑，那么能力越强、知识越全面的人将来对企业的负面影响就会越大。所以选聘一定要将应聘者的外在素质与潜在素质一起进行综合考虑。

综合测评：遴选企业心仪的员工

如何通过综合测评有效地判断和识别应聘者与岗位、组织相匹配的核心素质及能力，一直是企业人才招聘工作中的重点和难点。在建立了职位的素质能力模型后，我们就可以根据不同职位对人才素质的不同要求，设计相应的测评手段和评估要点。在招聘过程中，主要的测评手段有笔试、面试、情景模拟、心理测评等方法。

笔试比较适用于对一些基本知识或基本技能这一类可见的、易于改进与提高的素质能力的测试，以此判断应聘者对岗位的适应性。除了设计相关知识类的题目外，还应当结合企业的实际情况，编写用于案例分析的题材，让应聘者作答，从而考察应聘者对知识、技能的运用能力，以及解决问题的思维方式和能力。

通常来讲，对于管理者应具备的素质，如角色定位、自我认知、价值观、动机及性格特质这一类处于最内层的核心特质因素——素质中的潜能部分，书面测评是很难得出有效结果的，主要还得依赖于其他的测评手段。对复杂的职业而言，潜能部分所反映出的胜任特征，在测评优秀绩效方面要比与任务相关的知识、技能的分数更重要。

面试适合于对应聘者进行综合的测试与评估。考虑到与笔试等其他测评方法结合运用，面试主要的测试要点侧重在应聘者潜在的素质能力方面。面试实施之前，要预先设计面试评估要点，即面试提问和判断要点的设计。通过面试提问和判断要点的设计，可将原来发散式、随机式的提问向逻辑化、规范化转变，大大提高面试的效率和质量。通过精心准备的面试提纲，既可以对应聘者的知识、经验情况有一个大致的了解，更可以通过巧妙的问题，来了解应聘者潜在的素质能力特征。如提问："在成年以后，哪些成就能给你带来最大程度的满足？"评价要点：①了解应聘者的价值观和道德标准；②了解应聘者的职业抱负。

行为事件面试方法是一种有效的面试方法。这种测试方法是让应聘人员在指定的范围内描述出非常具体的工作事件，并以具体的问题进一步追问，主要目的是测试应聘人员的真实素质，是基于人的行为具有连贯性和一致性的原理，通过其过去的行为预测其未来可能的表现。如提问："请讲述一件你最近在工作中与其他同事共同解决问题的事件。"评价要点：团队合作性，解决问题的能力，描述的事件是否客观、真实。

情景模拟是通过观察应聘者在模拟的工作场景下的行为过程和行为效果，鉴别应聘者的自我认知程度、工作能力、沟通能力、解决问题的能力是否称职。

心理测评是一种比较先进的测试方式。它是通过一系列手段，将人的某些心理特征数量化，以此来衡量应聘者的智力水平和个性方面差异的一种测试方法。其主要是测试应聘者的性格特征倾向，来判断将来应聘者对岗位的适应程度，以及与企业团队的融合程度。

通过笔试、面试、情景模拟、心理测评等手段对应聘者进行测试以后,要针对评估要素分别计算分数。根据不同岗位职责对素质能力要求的方向、程度的不同,分别将评估要素设计不同的权重,最后将各项评估要素的测试结果累积相加,就得出应聘者的综合素质得分。通过对专项素质的分析及对综合素质成绩的比较,运用混合淘汰法,选择出最合适的任职者。

经专家参与面试,发现王先生跳槽频繁,在询问其离职原因时,王先生对以前服务过的四家公司都充满不满和抱怨。经进一步交流发现,王先生是一位权力欲较强的人,喜欢高高在上的感觉,心理测评结果也佐证了这一点。考虑到 A 企业刚刚成立人力资源部,很多职责界定还不清晰,需要的是有强烈事业心、敬业精神、具有团队凝聚力的人员,而王先生虽然人事工作经验丰富,但他缺乏服务意识、大局观念,团队合作精神也较差,因此建议淘汰。周先生学识丰富,但他对自己的认知过高,对自己的职业前景也有着过于乐观的估计,并且他心直口快,交流时不太注重别人的感受,而这正是做人力资源工作者之大忌,况且 A 企业的总经理是思考分析型的,可能不太喜欢这种张扬的性格。刘先生虽没有直接从事过人力资源管理的工作,但在面试和情景模拟中表现得成熟稳重,做事干练,且心态平和,对自己的职业定位有着比较清晰的认识;笔试结果发现他思维缜密,对人力资源管理有着自己独到的见解,表现出了良好的发展潜力。汇总各项测评结果,刘先生的综合测评分数也是最高,因此建议录用刘先生。

最终,A 企业采取了招聘专家的建议,选择了潜在能力较强、显在的素质略有欠缺、综合成绩最高的刘先生。刘先生到岗后,尽职尽责地工作,认真积极地学习,很快赢得了 A 企业的认可与好评,验证了 A 企业当初选聘的正确性。

综上所述,企业要想在众多的应聘者中发现自己"心仪"的员工,首先要清楚"心仪"员工的选择标准,即根据组织特色、岗位特色确定拟聘员工的胜任素质能力模型,然后综合运用测试方法,多维度考察应聘者,才能保证选聘的成功。

资料来源:世界经理人,http://blog.ceconlinebbs.com/BLOG_ARTICLE_229786.HTM.

6.1 评价中心技术概述

6.1.1 评价中心的含义

评价中心是一种包含多种测评方法和技术的综合测评系统。因为包含在评价中心的测评方法均需模拟实际工作场景,也有人称之为情景模拟。一般而言,它总是针对特定的岗位来设计、实施相应的测评方法和技术。通过对目标岗位的工作分析作业,在了解岗位的工作内容与职务素质要求的基础上,事先创设一系列与工作高度相关的情景模拟,然后将被试者纳入该情景模拟中,要求其完成该情景下多种典型的管理工作,如主持会议、处理公文、商务谈判、处理突发事件等。在被试者按照情景角色的要求处理或解决问题的过程中,主考官按照各种方法或技术的要求,观察和分析被试者在模拟的各种情景压力下的心理、行为表现，测量和评价被试者的能力、性格等素质特征。

评价中心不仅可以从个体的角度对被试者进行测评，还能够在群体活动中对个体的行为进行考查。评价中心是用来识别员工或工作候选人未来潜能的评价过程，不仅可以用于人员招聘选拔，还可以用于员工培训和职业生涯规划等工作中。

评价中心的内涵本质包括四个方面，这四个方面的有机整合是保证评价中心能有效地对被试者做出素质评价的基本前提：

（1）多技术、多方法的综合应用。评价中心不是一种单独的测评方法或技术，而是多种测评方法与技术的综合应用。单个的心理测验、面试或工作情景模拟都不能称为评价中心。

（2）以通过对目标岗位的工作分析所获得的工作内容和职务素质要求作为出发点来设计测评技术。这一点突出强调了评价中心设计的针对性。

（3）应用与目标岗位工作具有高度相关的情景模拟练习。评价中心一般包括一组情景模拟练习，情景模拟测评是评价中心最为显著的特点，尤为强调对相关工作的情景模拟性。

（4）多名评价员共同做出评价。每一被试者的评价结果都要由数名评价员经过多次讨论共同得出。

6.1.2 评价中心的发展历史

1929 年德国军队率先在军官选拔中采用了包含实际操作的多项评价程序，这通常被认为是评价中心方法的最早运用。之后，英国、美国等国家的军方也借鉴了德国军队的这一程序，建立了自己的比较成功的评价中心。第二次世界大战后，这种方法被复员的军官带到了工业企业中。

美国电话电报公司是最早采用评价中心的工业企业，该公司从 1952 年起实施了为时 4 年的管理进步计划，综合运用了小组活动、情景模拟、面试和心理测评，按照 25 条标准对公司的几百名员工进行了多次评价和长期评估，取得了比较理想的效果。从此，评价中心在工业组织中得到了迅速传播，在德国、菲律宾、新加坡、澳大利亚、英国、日本等不同文化的国家均得到接受和广泛使用。据早前估计，1980 年仅美国就至少有 2 000 个组织使用了评价中心，进入 21 世纪，使用评价中心这一方法的美国企业占到了工业企业总数的 80% 以上。

评价中心在中国的应用最早是在改革开放之后，随着外资企业的进入和西方管理理论的引进而逐步发展起来的。20 世纪 80 年代末 90 年代初才开始有了对评价中心的较为系统的介绍和在企业中的初步应用。1996 年国家人事部考试录用司在选拔局级领导干部时运用了评价中心这一方法，取得了令人满意的结果。随后在公务员录用考试、北京市领导干部高级管理人员选拔考试中也尝试运用了评价中心方法。发展到今天，评价中心在企业、公务员和事业单位人员的招聘选拔中得到了广泛运用。

6.1.3 评价中心的特点

评价中心（情景模拟）通常是设置一定的模拟情况，要求被测试者扮演某一角色并进入角色情景中去处理各种事务及各种问题和矛盾。考官通过对考生在情景中所表现出来的行为进行观察和记录，以测评其素质潜能，或看其是否能适应或胜任工作。评价中心具有如下一些特点。

1. 多种测评方法并用

评价中心综合使用多种评价技术，由多位评价人员进行评价，从多角度对被评价者进行观察，能够得到大量的信息，全面考查被评价者各个方面的素质，因而比较客观公正。通过各种不同测评方法对同一被评价者进行测评，综合多种测评手段的优越之处，各种工具之间可以相互验证，对被评价者来说也更为公平，测评结果更为准确可靠。

2. 情景模拟性

评价中心所采取的测评方法很多是对真实情景的模拟，很多情景是与拟任职务相关的情景。在这种情景中，被评价者的表现接近于真实的情况，并且不易伪装，在情景性测验中，被评价者的表现与在实际生活中有较大的可迁移性，因而对其未来的发展潜力能够进行很好的预测。

3. 动态的测评形式

评价中心多采取的情景测评方法是一种动态的测评方法，在被评价者与他人进行交往和解决问题的过程中，评价已经开始，因此，这种动态的测评形式相对于让被评价者进行自我陈述的测评方法，更加准确有效。而且，在被评价者与他人互动的过程中，被评价者的某些特征会得到更加清晰的暴露，更有利于对其进行评价。

4. 岗位针对性

由于模拟测试的环境是拟招岗位或近似拟招岗位的环境，测试内容又是拟招岗位的某项实际工作，因而具有较强的针对性。如西安市财政局在模拟测试中，给了应试者有关财务资料，要求应试者据此写出一份财务分析报告，内容包括数据计算，综合分析，个人的观点、意见和建议。西安市审计局给应试者提供了某单位的原始凭证和记好的账目，要求应试者据此检查出错误，并定行为、定性质、改错账。上述模拟测试就是针对财政工作和审计工作的需要与现实问题进行的。

5. 评价结果难以衡量

在采用评价中心技术的情景性测验时，评价的主观性程度较高，制定统一、标准化的评价标准比较困难。这种测验形式由于其任务的复杂程度较高，对测评人员的要求因此也会很高，需要在进行评价之前进行比较系统的培训。

总的来讲，比较其他考试形式，评价中心的特点主要表现在针对性、模拟性、真实性和开放性等方面。针对性表现在测试的环境是仿真的、内容是仿真的，测试本身的全部着眼点都直指拟任岗位对考生素质的实际需求。需要指出的是，有时表面上所模拟的情景与实际工作情景并不相似，但其所需要的能力、素质却是相同的，这时，表面的"不像"并不妨碍实质上的"像"。真实性表现为考生在测验中所"做"的、所"说"的、所"写"的，与拟任岗位的业务最直接地联系着，犹如一个短暂的试用期，其工作状态一目了然。开放性表现在测试的手段多样、内容生动，考生作答的自由度高、伸缩性强，给考生的不是一个封闭的试题，而是一片可以灵活自主甚至即兴发挥的开阔天地。

上述特点也派生了模拟测验的相对局限性，主要表现为测试的规范化程度不易平衡，效率较低，同时对考官素质的要求较高。

6.1.4 评价中心的主要类型

评价中心是多方法、多技术的综合体，从测评的形式来看，广义的评价中心包含传统的心理测验，评价被试者的人格、能力、职业兴趣等特质，面试主要是结构化面试。投射测验和情景模拟等狭义的评价中心主要是指以情景模拟为核心的一系列测评技术。评价中心的主要形式包括无领导小组讨论（Leaderless Group Discussion，LGD）、角色扮演、公文筐测验、管理游戏、案例分析、演讲、自由辩论赛。其中比较常用的情景模拟的技术主要有无领导小组讨论、角色扮演、公文筐测验、管理游戏等（见表6-1）。

表6-1 各种评价中心技术的使用频率

复杂程度	评价中心的各种技术	实际使用频率（%）
高 ↑↓ 低	管理游戏	25
	公文筐测验	81
	角色扮演	23
	无领导小组讨论	50
	演讲	46
	案例分析	73
	自由辩论赛	40

1. 无领导小组讨论

无领导小组讨论是由几个被试者组成一个临时小组，依据给定的某个问题，在规定时间内进行充分的讨论，并最终得出统一的小组意见。评分者观察和记录被试者在讨论中的行为表现，在相应的评分维度上做出评价。无领导小组讨论的主要测评维度有组织能力、语言表达能力、洞察力、说服力、感染力、处理人际关系的技巧、团队协作能力等。

2. 角色扮演

角色扮演主要是用以测评被试者人际关系处理能力的情景模拟活动。在活动中设置一系列尖锐的人际冲突，要求被试者扮演某一具体的角色，进入情景中处理具体的矛盾和冲突，角色扮演的时间一般为1分钟不等。评分者通过被试者在具体角色情景中的表现进行观测，对被试者进行评价。角色扮演通常考察被试者的判断能力、决策能力、应变能力、人际沟通能力和人际影响力等。

3. 公文筐测验

公文筐测验是对管理人员实际掌握分析资料、处理各种信息以及做出决策等能力做出综合的评价。测验要求被试者在特定的情景下处理文件材料，形成公文处理报告。这种情景往往是较为紧迫或者有困难的文件，例如时间和信息有限、孤立无援、初履新职等情景。测试时间一般是1小时。评分者通过观察被试者在规定条件下处理文件过程中的行为表现和书面作答情况，对被试者多方面管理业务的整体运作能力进行综合评价，包括对人、财、物、信息等多方面的把握控制。具体的公文筐测验主要考察被试者的工作条理性、计划能力、预测能力、角色能力、沟通能力等多方面的能力。

4. 管理游戏

管理游戏是一种以完成某项"实际工作任务"为基础的标准化模拟活动，通过游戏活动观察被试者的实际管理能力。管理游戏能够突破实际工作情景的时间和空间，将许多重要的工作集中到一起进行能力考察和素质评价，使测评被试者的实际管理能力变得简单易行，同时任务也更具挑战性和趣味性。管理游戏的主要考察指标有团队精神、合作行为、适应能力、领导能力、思维敏捷能力、紧张情景下的效率等。

5. 案例分析

案例分析是给被试者提供一份有关组织的情况说明，其中包括给出组织的现状以及有待解决的问题，要求被试者进行分析并做出书面或口头报告。评分者根据被试者分析问题与解决问题的能力、观点的组织表达能力、语言和书面传递信息的技巧对被试者进行评价。

6. 演讲

演讲也是评价中心的常用技术之一。演讲要求被试者根据给出的演讲主题，在特定时间内通过语言、表情等表达自己的观点，阐述自己的计划，从而达到激励、动员、说服、控制现场和解决问题等目的。演讲的主题具有情景性，要求被试者以特定的角色身份进行演讲。演讲可以是即兴的，也可以是有准备的。评分者根据被试者在演讲中的行为举止和语言传递的信息对被试者进行考核。一般着重从思维的敏捷性、系统性、条理性、创造性、说服能力以及自信心等方面进行考核。

6.1.5 评价中心的实施程序

正如前面所述，评价中心不是一种测评方法，而是多种方法的集合体，是同时运用多种方法来对候选者进行测评，以期望能得到对应聘者较为全面、完整的测评。在应用这一方法时，每家企业甚至每个岗位所具体用到的测评方法可能会有所差异，因此评价中心这一综合型方法的实施程序没有固定的模式，企业可以根据实际情况和所招聘岗位的性质选择合适的测评方法纳入这一中心，对候选者进行测评。图6-1为某企业评价中心技术实施流程示意图。

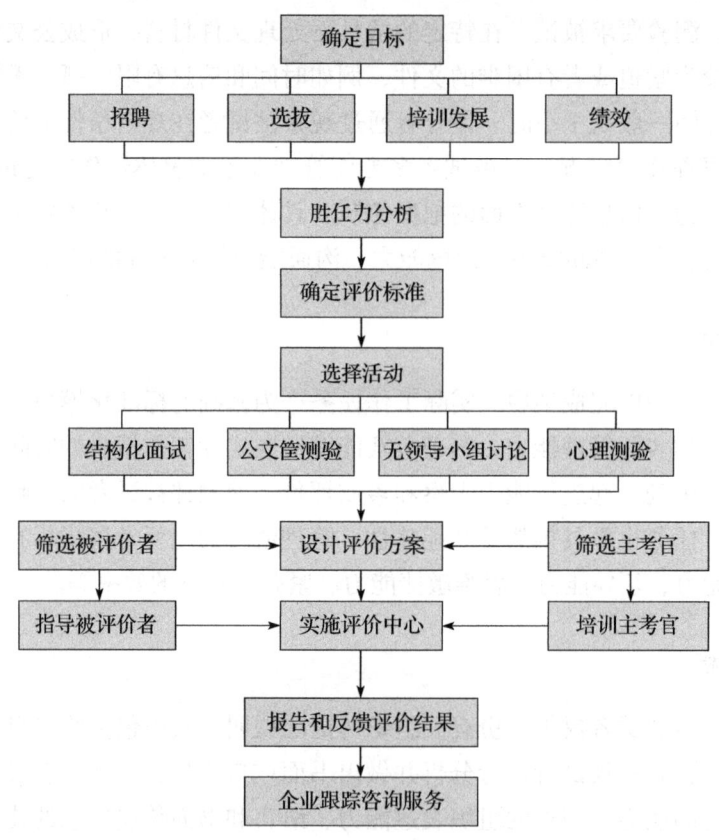

图6-1 评价中心技术实施流程

6.1.6 评价中心的应用要求

综合已有经验和企业实践，在运用评价中心这一技术时要注意以下几点。

1. 明确目标岗位的素质要求

所谓"素质"，英文为competency，是1973年由哈佛大学麦克利兰教授根据大量的实证研究结果提出的。它是指与绩效有因果关联的个体潜在特征，也就是指能够将某一工作（或组织、文化）中表现优秀者和表现一般者区分开来的个体潜在的深层次特征。麦克利兰把素质划分为知识、技能、自我概念（态度、价值观和自我形象等）、特质和动机五个层次。

从素质的含义可以看出，素质是直接与个体工作绩效表现紧密相关的内在因素，因而是预测个体工作绩效的有效评价指标体系，于是评价中心以此作为测评工作的基准。如果忽略这一环节，即使在测评上投入再多的精力也是无的放矢，甚至是南辕北辙。所以，测评之前要针对企业具体的目标岗位进行工作分析，确定岗位知识、能力和动机等素质要求，并界定素质维度的定义，作为测评的标准。比如，销售人员的素质要求可以是人际敏感性、说服力、客户服务意识、分析能力、成就动机等。

2. 精心设计测试方案

首先，选择和完善测试练习和工具。针对目标岗位的素质维度，选择合适的测试练习和工具。选择测试练习和工具的原则如下：

（1）每个练习必须与测评的素质维度标准直接相关。

（2）每个练习的难度适中、内容丰富，具备与岗位相关的情景，并保证该测试练习和工具经过专家的精心设计，具有合理的信度和效度。

（3）针对企业的特点和时间、费用要求进行工具选择。

其次，设计素质评价矩阵。评价矩阵包括测试工具和素质维度两部分内容，每个素质维度必须通过多个测试手段进行观察，以保证测试的效度。比如，领导力可通过无领导小组讨论、演讲等不同测试工具进行评估。

最后，制订评价行动计划，包括确认评价目标，设计测评流程和测试的时间进度表，并将测试时间表提供给每位测评师，测试应按时间进度进行，确保每位候选人在公平一致的条件下进行测试。

3. 考官培训

测试效果的好坏在一定程度上依赖于考官（评价中心的操作者）的技术水平，考官要从专业人士中挑选，具有丰富的测评实践经验。即使是最优秀的测评专家，在测试前也要接受有针对性的培训，包括：

（1）熟悉测评的素质维度（胜任力）和测试工具，了解特殊测验的一些细节内容。

（2）测试过程中行为观察、归类和行为评估技巧。

（3）统一评价的标准和尺度，提高考官评价的一致性。

4. 测试评估

测试结束后，每位考官要将观察记录进行归类、评估，写出评语，然后一起对每位候选人在不同测试练习中的表现分析整合，逐一对每一项素质维度出具分数，并按照严格的格式撰写测评报告，即对候选人的管理能力和素质有何劣势，候选人的潜在能力和发展趋势怎样，候选人是否还需要什么样的能力和经验方能满足岗位所明确的条件，要采取何种培训弥补候选人经验和能力的不足等方面做出评价。

6.2 无领导小组讨论

评价中心是多种具体评价方法的综合体，主要包括结构化面试、无领导小组讨论、角色扮演、演讲、公文筐测验、管理游戏等多种方法。由于篇幅所限，本部分仅介绍常用的无领导小组讨论、角色扮演和公文筐测验三种方法。

6.2.1 无领导小组讨论概述

无领导小组讨论是指将数名被试者集中起来就某一问题进行讨论，事先并不指定讨论会的主持人，被试者在讨论过程中可自由发挥，评价者通过对被试者在讨论中的言语、非语言行为的观察来对被试者做出评价的一种测试方法，该方法是评价中心常用的一种形式。

在无领导小组讨论中，被试者组成一个临时工作小组，并不指定谁是负责人，让他们讨论一些精心设计的如业务、财务、人员安排等管理活动中比较复杂棘手的问题（有时也可能是与工作无关的开放性话题）。在讨论中观察每个被试者的发言，观察他们如何互相影响，以及每个人的领导能力和沟通技术如何，以便了解被试者，考察被试者的表现，尤其是看谁会从中脱颖而出，成为自发的领导者。在讨论过程中小组成员的地位完全平等，评价者通过对被试者在讨论过程中的表现，通过对被试者在讨论中所表现的语言表达能力、独立分析问题的能力、概括能力、应变能力、团队合作能力、感染力、建议的价值性、措施的可行性、方案的创意性等划分等级，进行评价。

无领导小组讨论对于管理者集体领导技能的评价非常有效，尤其是用于评价分析问题、解决问题以及决策等领导者的具体素质。无领导小组讨论具有高度的人际互动性，不仅关注语言表达，更侧重于人际协调能力的测评。同时，无领导小组讨论侧重于行为的评价，考察维度广泛，能获得关于应聘者的大量信息。但是，无领导小组讨论也存在自身的缺陷。与普通的面试和笔试相比，由于前期的准备较为复杂，因此招聘成本会相应增加；编制材料和题目的难度较大，题目的质量会导致评价的质量受到影响。此外，无领导小组讨论对观察者提出了很高的要求，观察者必须能够对应聘者的行为进行准确的观察，并将观察到的行为归纳到各个测评维度中。

案例链接

能力和机遇（无领导小组讨论案例）

能力和机遇是成功路上的两个非常重要的因素。有人认为成功路上能力重要，但也有人认为成功路上机遇更重要。

若只能倾向性地选择其中一项，您会选择哪一项？并至少列举 5 个支持您这一选择的理由。

要求：请您首先用 5 分钟的时间，将答案及理由写在答题纸上，在此期间，请不要相互讨论。

在主考官说"讨论开始"之后进行自由讨论，讨论时间限制在 25 分钟以内。在讨论开始时每个人首先要用 1 分钟时间阐述自己的观点。注意：每人每次发言时间不要超过 2 分钟，但对发言次数不做限制。

在讨论期间，你们的任务是：

1. 整个小组形成一个决议，即对问题达成一致共识。
2. 小组选派一名代表在讨论结束后向主考官报告讨论情况和结果。

6.2.2 无领导小组讨论的优势和劣势

在前面概述部分已对无领导小组讨论的特点做了简要阐述，为了便于大家更全面地了解该方法的优势和劣势，将之列表如下（见表 6-2）。

表 6-2 无领导小组讨论的优势和劣势

优　势	劣　势
可测试出笔试和单一面试不能测出的能力和素质	对测试题目的要求较高
可观察到应聘者之间的相互作用	对考官的要求较高
可观察到应聘者的非语言行为特征	测评结果易受考官主观情绪的影响
可涉及应聘者的多种能力和个性特质	应聘者存在做戏、表演或伪装的可能
可使应聘者有平等的机会展现自己的个性	应聘者的经验可以影响其能力的真实表现
能同时对同一岗位的不同应聘者进行测评	考官的现场观察可能影响应聘者的表现

6.2.3 无领导小组讨论的实施

无领导小组讨论的实施可分为两个大的阶段：一是前期准备，二是组织实施。

1. 前期准备

（1）试题和评价表的准备。招聘小组或考官小组要根据工作说明书规定的员工任职资格要求，明确人员选拔标准和能力素质考核要素，并据此设计无领导小组讨论的题目和相应的评分标准。

（2）选择和培训考官。一般来说，无领导小组讨论的考官应由竞聘岗位的有经验的考官组成，以保证评分的公正性，人数为 3～6 人。无领导小组讨论的评分是一项复杂而艰巨的工作。在评分前，没有经验的考官必须接受人事选拔专家或者心理学家的系统培训，深入理解无领导小组讨论的观察方式、评分方法以及各个评分维度的含义，必要时还要进行模拟评分练习。除此之外，在实施前考官还应对求职者的简历进行审阅，以最大限度地掌握他们的个人资料，如优缺点、个性特征等。

（3）选择适当的实施环境。选择一间宽敞明亮的房间，能够容纳下所有应聘者和考官，而且考官应与应聘者保持一定的距离，以减轻应聘者的心理压力，并保证实施过程中的环境舒适。可以准备一台摄像机，对讨论全程进行录像，评分时可以重复观看录像，以使评分更加准确。如果条件允许，可以在专门的实验室或监控室进行，这样可以将考官和应聘者分割在两个不同的房间，以减少考官对应聘者的影响，观察到应聘者的真实表现。

（4）组织安排应聘者。无领导小组讨论以每组 6～8 人为宜。人数少于 5 人，组员之间争论较少，讨论不易充分展开，而人数太多，则有可能组员之间分歧过大，很难在规定时间内达成一致意见。为应聘者分组时必须注意，竞聘同一岗位的应聘者必须被安排在同一小组，以利于相互比较，同时，同一小组内的成员也应尽量是竞聘同一个岗位（或相似岗位）的应聘者，以保证相对的公平性。

2. 组织实施

一次完整的无领导小组讨论大概需要 45～60 分钟的时间，可分为四个阶段：起始阶段、独立发言阶段、自由讨论阶段、总结陈词阶段。

（1）起始阶段：主考官宣读讨论的注意事项和讨论题目，应聘者阅读题目，独立思考，做好发言准备。准备时间一般为 3～5 分钟。

（2）独立发言阶段：应聘者轮流正式发言，初步阐述自己的观点。发言顺序不做规定，要求发言时先做 1 分钟的自我介绍（也可在正式开始前独立进行），主考官控制每人的发言时间不超过 3 分钟。

（3）自由讨论阶段：个人发言后，小组进入自由讨论阶段。讨论内容既可以是对自己第一次发言的补充与修正，也可以是对他人某一观点与方案进行分析或提出不同见解，还可以在对大家提出的各种意见进行比较综合的基础上，突出最有效、最可行的行动方案。应聘者不但要继续阐明自己的观点，而且要对别人的观点做出反应。讨论最后必须达成一致意见。自由讨论的时间一般为 30～40 分钟，此阶段主考官不做任何干预。

（4）总结陈词阶段：要求达成小组意见后，推选出一名小组成员，对所讨论的结果进行总结陈词。

在讨论过程中，可以由考生自己负责时间，但多数情况是由主考官负责控制和提醒时间，把握整个讨论的进程。

3. 无领导小组讨论的观察要点

无领导小组讨论是通过考官对讨论过程中应聘者表现的观察来对应聘者进行评价，因而考官对应聘者的行为观察是决定测评效果的重要因素，考官的观察重点是应聘者的行为表现，这是考官评价应聘者的一切信息来源。

具体而言，考官在无领导小组讨论中的观察要点如下。

（1）参与程度：应聘者的发言顺序、发言时间长短、发言时机和发言次数。

（2）观点表达：应聘者采用什么策略来提出自己的观点，是否坚持自己认为正确的提议，观点冲突时采取什么策略。

（3）扮演角色：旁观者、协调者、激化者还是领导者。

（4）人际影响力：谁推动了讨论的进程，谁起了主导作用，谁亲和力最强等。

小测验　　　　　　　　无领导小组讨论练习

背景材料：学期末了，院学生会由于工作出色，获得了学校一笔奖励金，为对于怎么分配这笔奖励金，学生会专门从全院学生中邀请了6名学生组成奖金分配小组，专门讨论奖金的分配问题，你有幸成为其中一员。学生会有5个部门，分别是办公室、学习部、体育部、实践部、文艺部，由于奖金的数额是固定的，某个部门的奖金多了，就意味着其他部门的奖金少了，每个部门的部长都能说出一大堆理由，希望能多分些奖金。

办公室：组织协调各部门的会议，做好会议记录，做好各次活动的考勤工作，做好各部门的协调工作。

学习部：做好大一学生的早晚自习考勤工作，营造学院良好学风，组织学习知识讲座，开展十佳好学子活动，协调各部门的工作。

体育部：组织运动会的大型开展活动，组织篮球赛及各项运动比赛，协调各部门的工作。

实践部：组织跳蚤市场和大型招聘会，协调各部门的工作。

文艺部：组织灿烂金秋晚会，开展文化节活动，宣传校园艺术文化，协调各部门的工作。

问题及要求：作为决策小组的一员，你认为奖金应如何分配？

请你先用5分钟的时间，提出你认为合理的相近分配方案和主要理由，写在答题纸上。内容包括四个部门的奖金额顺序（由高至低），说出哪些部门应高于平均水平，哪些部门应低于平均水平，并分别说明你的理由。

要求如下：选出5位同学分别代表5个部门，个人陈述3分钟，自由讨论30分钟，总结发言5分钟。

6.2.4　无领导小组讨论题目设计

1. 无领导小组讨论题目设计要求

（1）联系实际。联系实际是指选取的材料和题目要符合实际工作的特征，这也是情景模拟的必备要求之一，包括内容和条件两方面。内容方面就是要求从实际工作中选取典型的话题和案例，供被评价者讨论。条件方面就是设置的条件要和实际工作条件在一定程度上保持一致，以期达到最佳的预测效果。在题目设计时，可以请在职者写出日常工作中他们认为典型的事件，然后总结出可供选择的话题和案例的清单，以备后来选择使用。

（2）争论性。无领导小组讨论的题目应具有一定的争论性，如果一开始大家就形成了一致意见，则失去了讨论的意义。正如前面所述，只有给被评价者足够的表现空间，才可能对其做出较为客观的评价。实践证明，争论越多，被评价者表现的机会就越多，暴露的不自觉行为也越多，就越容易看出个体之间的差异，而这些差异正是企业需要考察的。所以，无领导小组讨论题目设计中的要点之一是保证刺激材料要有一定的矛盾冲突，无论是资源争夺问题，还是多项选择问题，其矛盾点都是隐含在讨论材料中的。实践表明，所讨论的问题中隐含矛盾冲突的大小直接影响测验的效果。

（3）难度适当。提供的材料或者话题难度要适中，不能太难也不能太容易，这也是为了使被评价者有话可说，有充分的机会表现。如果过于简单，可能不用深入讨论就会达成一致，使评价者无从评价；如果太难，可能会对被评价者产生额外的压力，影响被评价者正常水平的发挥。可以说，测评材料的难度对于被评价者在测验中的表现有决定性的影响。难度是否适合，可以在测试阶段予以印证。

2. 无领导小组讨论题目的类型

无领导小组讨论的题目一般包括开放式问题、两难式问题、多项选择问题、操作性问题和资源争夺性问题，表6-3对不同类型进行了比较。

表6-3 无领导小组讨论题目类型一览表

类型	定义	特点	考察要点	例子
开放式问题	答案的范围可以很广、很宽，没有固定答案	容易出题，不太容易引起应试者之间的争辩	全面性、针对性、思路清晰、观点新颖	你认为什么样的领导是好领导
两难式问题	在两种互有利弊的答案中选择	容易出题，可引起应试者的竞争，两个答案要保持均衡	分析能力、语言表达能力及说服力	你认为以工作为取向的领导还是以人为取向的领导是好领导
多项选择问题	在多种备选答案中选择其一，或对备选答案的重要性进行排序	出题较难，较容易形成应试者之间的争辩	分析问题实质、抓住问题本质方面的能力	文化部收到30个文艺节目，请选出10个参加演出
操作性问题	给应试者一些材料、工具或者道具，设计出一个或一些由考官指定的物体	主要考察操作能力，不易引起争辩，对考官的要求和题目的要求较高	主动性、团队合作，在实际操作中所充当的角色	给应试者一些材料，要求他们配合，构建一座城堡或铁塔等
资源争夺性问题	适用于指定角色的无领导小组讨论。让处于同等地位的应试者就有限的资源进行分配	可以引起应试者的充分辩论，对讨论的要求较高，要保证各角色之间的均衡性	语言表达能力、分析问题能力、概括总结能力、反应的灵敏性、组织协调能力、统筹安排能力	如让应试者担当各个分部门的经理，并就有限数量的资金进行分配

案例链接

经典案例一：海上救援（世界 500 强 LGD 题）

现在发生海难，一游艇上有八名游客等待救援，但是直升机每次只能够救一个人。游艇已坏，不停漏水。寒冷的冬天，刺骨的海水。游客情况：

（1）将军，男，69 岁，身经百战。
（2）外科医生，女，41 岁，医术高明，医德高尚。
（3）大学生，男，19 岁，家境贫寒，参加国际奥数获奖。
（4）大学教授，50 岁，正主持一个科学领域的项目研究。
（5）运动员，女，23 岁，奥运金牌获得者。
（6）经理人，35 岁，擅长管理，曾将一大型企业扭亏为盈。
（7）小学校长，男，53 岁，五一劳动模范奖章获得者。
（8）中学教师，女，47 岁，桃李满天下，教学经验丰富。

请将这八名游客按照营救的先后顺序排序。

（3 分钟阅题时间，1 分钟自我观点陈述，15 分钟小组讨论，1 分钟总结陈词）

经典案例二：是什么影响了利润（世界 500 强 LGD 试题）

你被调到某旅游饭店当总经理，上任后发现 2007 年第四季度没有完成上级下达的利润指标，其原因是该饭店存在着许多影响利润指标完成的问题，它们是：

（1）食堂伙食差、职工意见大，餐饮部饮食缺乏特色，服务又不好，对外宾缺乏吸引力，造成外宾到其他饭店就餐。
（2）分管组织人事工作的党委副书记调离一月余，人事安排无专人负责，不能调动职工积极性。
（3）客房、餐厅服务人员不懂外语，接待国外旅游者靠翻译。
（4）服务效率低，客房挂出"尽快打扫"门牌后，仍不能及时把房间整理干净，旅游外宾意见很大，纷纷投宿其他饭店。
（5）商品进货不当，造成有的商品脱销，有的商品积压。
（6）总服务台不能把市场信息、客房销售信息、财务收支信息、客人需求和意见等及时地传给总经理及客房部等有关部门。
（7）旅游旺季不敢超额订房，生怕发生纠纷而影响饭店声誉。
（8）饭店对上级的报告中有弄虚作假、夸大成绩、掩盖缺点的现象，而实际上确定的利润指标根本不符合本饭店的实际情况。
（9）仓库管理混乱，吃大锅饭，物资堆放不规则，失窃严重。

（10）任人唯亲，有些局干部、公司干部的无能子女被安排到重要的工作岗位上。

请问：上述 10 项因素中，哪三项是造成去年第四季度利润指标不能完成的主要原因（只准列举三项）？请陈述你的理由。

经典案例三：成功的领导者是怎么样的（国考 LGD 面试题）

做一个成功的领导者，可能取决于很多的因素，比如：

善于鼓舞人

能充分发挥下属优势

处事公正

能坚持原则又不失灵活性

办事能力强

幽默独立有主见

言谈举止有风度

有亲和力

有威严感

善于沟通

熟悉业务知识

善于化解人际冲突

有明确的目标

能通观全局

有决断力

请你分别从上面所列的因素中选出一个你认为最重要和最不重要的因素。

答题要求：

首先，给你 5 分钟时间考虑，然后将答案写在纸上，亮出来。

接下来，你们几位用 30 分钟时间就这一问题进行讨论，并在结束时拿出一个一致性的意见，得出你们共同认为最重要和最不重要的因素。

然后，派出一个代表来汇报你们的意见，并阐述你们做出这种选择的原因。

如果到了规定的时间你们没有得出一个统一的意见，那么你们每个人的分数都要相应地减去一部分。

3. 无领导小组讨论评价表的设计

评价表是考官用以记录应试者表现的表格，此表一般与试题一起设计。评价表没有固定格式，但一般在满足考评需求的基础上体现出简洁、直观、容易理解和操作的特点。表 6-4 和表 6-5 为评价表样本，仅供参考。

表 6-4　LGD 评价表样表（1）

评委姓名　　　　　　　　时间

组别							
面试要素	思维分析能力	语言表达能力	参与及对他人态度	合作和协调能力	领导与责任感	集思广益总结能力	操控影响能力
权重	20	20	10	15	15	10	10
观察要点	分析正确，思维敏捷，有深度和广度，见解独特，对问题的分析系统全面	表达准确、恰当、简洁、流畅，有条理性、逻辑性强，善用非语言表达	态度主动，积极发表不同意见或能妥协支持或肯定别人的意见	有合作意识，善于沟通、协调或活跃气氛，缓解紧张关系	有大局意识，能抓住关键，对讨论导向，善于将小组意见引向一致	善于收集、整理众志、众意，集思广益，概括总结准确总结	善于支配控制他人，对群体其他成员有影响力
优	16～20	16～20	9～10	13～15	13～15	9～10	9～10
良	11～15	11～15	6～8	9～12	9～12	6～8	6～8
中	6～10	6～10	3～5	5～8	5～8	3～5	3～5
差	0～5	0～5	0～2	0～4	0～4	0～2	0～2
1							
2							
3							
4							
5							
6							
7							
8							

合计 100

表 6-5　LGD 评价表样表（2）

测评项目		分值	应聘者 A	B	C	D	E	F
倾听技巧	能够专心聆听他人的见解	4						
	能够理解、尊重他人的不同意见	3						
	能够择善而从，修正自己的意见	5						
	适当的非语言表情	3						
语言能力	能够清晰、准确地表达自己的见解	5						
	逻辑严密、说服力强	5						
	敢于发表不同意见	5						
组织协调能力	发言的主动性	5						
	支持、质疑或调解不同意见	5						
	能把小组意见引向一致	5						
洞察力	能够分析、澄清目前面临的问题	7						
	能够提出新颖、独到的观点	8						
团队意识	讨论中与人合作的意识	5						
	能够营造使每个人积极发言的气氛	5						
领导力	对讨论的总体情况的把握	5						
	能够消除紧张气氛和化解压力	5						
	能够概括、总结、形成决议	5						
反应与控制力	反应的灵敏性、正确性	5						
	对意外情况的应变能力	5						
	对自我情绪、行为的调控能力	5						
合计								

资料链接

无领导小组讨论之可取和不可取

无领导小组讨论是目前企业运用最为广泛的测评方法之一，对于求职者尤其是大学生来说，为了得到良好的测评结果，应懂得在无领导小组讨论中可能的加分项和扣分项。

一、可能的加分项

1. 仔细倾听别人的意见并给予反馈

在倾听别人意见的同时记录对方的要点，抬头聆听对方并适时地给以反馈，比如一个点头示意等，表明自己在倾听其他成员的观点。

2. 对别人正确的意见予以支持

团队中每个人都具有标新立异的能力，但不意味着每个人都有支持别人的魄力，适时支持其他团队成员有助于团队按时完成任务，支持是相互的。

3. 适时地提出自己的观点并设法得到小组成员的支持

在团队中清晰简明地提出自己的观点和意见，并理性地证明自己观点的优点和缺点，以期得到别人的支持。

4. 对别人的方案提出富有创造性的改进点

有时候很多成员会发现，前面发言的人有很多点可以说，但是轮到自己的时候可论点已经所剩无几，这时可以对前面的某些论点予以补充和改进，这样可以拓展某些问题的深度和广度，会让考官觉得你不只停留在表面感觉，而是挖掘了很多深层次的元素。

5. 在混乱中试图向正确的方向引导讨论

有时候小组讨论非常混乱，无中心、无目的、无时间概念。这时应以礼貌的方式引导大家向有序、理性的方向讨论。其包括提示大家"时间"、当前最需解决的问题，以及是否应进入下一个讨论阶段等。即便引导最终没有成功，但是考官会欣赏你有这样的意识。

6. 在必要的时候妥协以便小组在最终期限前达成结论

小组讨论通常都会有一个明确的目标，比如在什么场景下，遇到什么问题，运用什么资源，提出什么方案，达成什么结论，这是一个有特定任务和时间限制的团队项目。所以在任何情况下，只要有一丝可能都要尽量在最终期限前达成一致，得到共同结论。结论没有十全十美的，这时妥协就成了达成结论的必要手段。妥协的实质是"大局观"，在紧迫的时间点上，妥协的魄力同样会被考官赞赏。

7. 具有时间观念

工作中的团队对时间观念非常在意，能否在最终期限前给予计划是很重要的。能够在自己陈述观点、倾听别人观点或是讨论中表现出时间观念是有加分的。

8. 能够对整个讨论进行领导

通常这是一把双刃剑。领导需要得到大家的支持，如果大家反对或无人配合，则自告奋勇地充当领导者角色会成为败笔。领导同样可以通过比较隐形的驾驭方式表现出来。

二、可能的扣分项

1. 完全忽略别人的论述

通常表现为在别人发言时埋头写自己的演讲稿，对于别人的论述一无所知，并片面地认为只要表达自己的观点就足够了。

2. 不礼貌地打断别人

当别人在论述过程中，听到了与自己相左的观点便打断别人，开始自己的长篇论述。通常正确的做法是记下这些有异议的观点，待对方发言完后或讨论过程中再适时提出。

3. 啰唆

烦冗的陈述会令团队成员生厌，并表现出毫无时间观念。

4. 过激的语言表述

当不同意对方的观点时，尽量避免使用"我完全不同意××的观点"或"××的观点是完全错误的"等表达方式。更合理的表达可以为："××的观点虽然比较全面地分析了……但是在某些方面可能还有改进的地方……"这里涉及了沟通技巧的一些问题，需要平时的锻炼。

5. 搬出教条的模型以期压服别人

在分析某些案例时，很多人喜欢说"我觉得这个问题可以用××模型来分析"，抛出所谓的"SWOT""4Ps"等理论，以期说服别人。可是理论永远是理论，代替不了实事求是、具体问题具体分析的方法。用理论模型套活生生的案例从一开始就不会被考官所认可，因为这样会显得你学院派味道太浓，不懂变通，与现实隔离。如果团队成员中有人不懂或者从未听说这个理论，则提出这个方法的人肯定会被减分，因为没有考虑到团队的其他成员。可行的方法是，切忌说出这些理论的名字，而是根据具体问题，综合不同的模型，删减之后直接从浅显的地方入手，引导其他成员。

6. 否定一切，太自负

否定一切别人的观点，只认为自己的观点是正确的，这样很没有意义。

7. 没有把握好领导者的角色

极力想表现自己的决策能力或者领导能力会招人反感；充当领导者的度很难把握，太强则会太自负，太弱则又与领导者的应有作用不相匹配。建议没有十足的把握不要轻易尝试这个角色。

资料来源：根据网络资料整理。

6.3 角色扮演

6.3.1 角色扮演的内涵

角色是指人们所要求的一个具有特定社会职位的人应该做出的那些行为，或者是处于这一职位的人所实际做出的行为。一个人会同时具有很多种角色，在不同的组织中也有着不同的角色。角色扮演是个人完成社会对自己某一角色期待的行为。在评价中心里角色扮演就是向被试者描述或呈现一系列精心设计的情景，让被试者做出反应，通过被试者做出的行为表现对被试者进行评价。

角色扮演源自心理剧，最初用于心理咨询和心理治疗，尤其是儿童心理治疗和社会技能训练。心理剧在1920年左右，由莫瑞诺（J. D. Moreno）在维也纳创立。由于角色扮演在社会技能、行为评估方面的实践运用有相当的成效，经过后来学者的不断修正和完善，尤其在评价中心技术蓬勃发展后，又成为一种具有较高信度、效度的测评技术，应用于人员选拔、人才培训等领域。角色扮演是一种主要用以测评被试者处理人际关系能力和实际操作能力的情景模拟技术。在具体的面试中，根据所招聘职务的胜任特征设置一系列的情景问题，要求被试者扮演一个特定的角色，处理各种具体的问题和矛盾。评分者则根据被试者在角色情景中所表现出来的行为进行观察和记录，测评其相关素质。

6.3.2 角色扮演的类型

角色扮演技术有多种活动方式，在不同的应用领域中的表现形式也会不同。在招聘、选拔领域中常用的角色扮演类型有如下一些。

（1）按表演形式划分。角色扮演的形式很多，如即兴式角色扮演、固定角色扮演、预演式角色扮演、布偶剧、互换角色扮演、集体角色扮演等，但比较适合测评研究的主要是前两种，即兴式角色扮演和固定角色扮演。即兴式角色扮演，即主试者事先不编制情景脚本，只给被试者一个基本的要求，角色的表演由现场气氛即兴决定。这能够真实地表现出被试者的内在特质，但由于是即兴表演，被试者所表现的特质不一定是测评所希望的特质。固定角色扮演是根据活动的目的和要求，设置某一个固定的活动情景和角色，让被试者扮演该角色。这种形式的角色扮演不仅在招聘中，在团体心理辅导、行为塑造、行为矫正、培训等领域中都应用十分广泛。

（2）按有无助手划分为有助手参与和无助手参与两种。有助手参与的角色扮演是指角色扮演中有一个以上的助手在情景中承担一定的角色任务，并参与整个角色扮演的过程。助手要根据测试情景事先安排好，并接受专门的培训和练习；在角色扮演情景中，根据测评的要求由他们对被试者进行相关的提问、刁难、设置困难等，适当地引导和激发被试者的行为。在角色扮演中，助手的行为必须按照规定的行为标准进行，以保证助手行为的一致性和有效性。无助手参与的角色扮演是指在角色扮演过程中没有任何助手的参与，可以是单个应聘者扮演规定情景中的某个或某些角色，也可以是几个应聘者分别扮演规定情景中的不同角色，共同完成角色扮演，但后者在观察、评分时，对评分者的要求更高，常常需要事先进行较多的培训。

（3）按角色情景的任务内容划分为关系协调型、动手操作型和问题解决型三种。关系协调型，这种类型的角色扮演要求被试者以某一特定的身份去协调组织内部或组织间的关系，主要考察被试者的语言、思维、沟通、协调能力等。例如，要求被试者以某主管的身份协调其下属与其他部门经理的关系。动手操作型，这种类型的角色扮演提供给被试者一定的操作仪器或材料，要求被试者具体操作某一仪器或活动。例如折纸、堆塔、操作机床等。这种类型的角色扮演主要考察被试者的实际动手能力，学习能力等。问题解决型，这一类型的角色扮演测评就是在情景中设置问题让被试者以一定的身份来处理和解决。这种类型的角色扮演在招聘实践中运用十分广泛，它能够全面地考察被试者的思维、应变、组织协调、说服能力等多方面的能力。在编制这一类型的角色扮演时，通常采用的问题类型有两难问题、突发事件、危机事件、应急事件处理等形式。

6.3.3 角色扮演的优势和劣势

角色扮演作为评价中心的一种测评手段，有其自身的优势和劣势。

1. 角色扮演的优势

（1）角色扮演具有很高的表面效度。它是模拟真实的工作情景并且要求被试者扮演具体的角色，在具体的情景中能够使被试者全身心地投入到具体的角色情景中，并且能够让被试者把自己的能力真实地表现出来，也能够比较全面地考察被试者的综合素质。

（2）角色扮演具有真实性。角色扮演技术让被试者扮演设定情景中的某一个具体角色。设置的情景通常来源于真实的生活、工作场景或者是相关的情景，通过扮演，被试者可以客观地反映出自己的实际能力。这样有效避免了被试者在面试中的偶然因素、侥幸行为等。

（3）角色扮演具有直观性。通过设置具体的问题情景，让被试者来处理情景中的问题，被试者没有机会去猜测什么是"正确答案"。在扮演中被试者的想法、思维、语言表达、实际处理问题能力、应变能力等通过被试者的行为直观地传达给评分者。

（4）角色扮演具有独立性。角色扮演可以不依赖于评价中心的其他技术而单独运用于面试中，可以根据招聘的需要设立扮演的角色，从而对被试者进行全面的考核。

2. 角色扮演的劣势

（1）进行角色扮演测试时角色情景设置难度比较大。角色扮演的具体角色情景必须是所招聘岗位涉及的、能够表现出该职位的胜任特征或者是目标岗位的胜任特征能够迁移的相关情景。

（2）对评分者的要求较高，不仅要对所招聘职务的胜任特征有充分的把握，还必须有丰富的心理学知识，能够对被试者的行为进行正确的评价。在运用之前一定要对评分者进行培训。

（3）对角色扮演的计分比较困难。在角色扮演中的计分是通过观察被试者在角色扮演中的行为表现进行评分的。评分者在评分过程中容易受到如晕轮效应、宽容效应等主观因素的影响。

6.3.4 角色扮演测评步骤

角色扮演测评步骤一般包括前期准备和组织实施两个步骤。

1. 前期准备

（1）确定主持人。在测评实施之前，要指定一个熟悉角色扮演测评方法和程序的负责人，对整个测评进行总的协调和组织。主持人的主要任务是主持整个测评过程、安排被试者顺序、宣读指导语等，以推进所有角色扮演的测评程序。

（2）准备测评材料。测评时的材料准备包括：①测试题目，也就是提供给被试者阅读的角色扮演情景的书面材料。②评分表，评分者用来记录、评定被试者在角色扮演中的语言、行为等表现的专用表格。测评结束后，评分者要在评分表上对被试者的表现进行评价。③角色扮演的实施计划或者说明书，包括每个具体环节的文字材料、场地要求、工作人员安排、注意事项等。

（3）选择布置场地。角色扮演的场地选择比较灵活，根据具体的测评情景可以选择不同的场地进行测评。角色扮演的场地可以是真实工作环境的实地测评，也可以是模拟工作场景的模拟测评。实地测评的优点是角色扮演的情景真实，有利于被试者快速地投入角色，减少无关变量对被试者扮演的影响。无论是实地测评还是模拟测评，一般都要求光线充足、安静、场地宽敞、色调温和，不能对被试者产生视觉刺激和空间上的压抑感。此外，控制与测评无关的人员接触现场，以最大限度地减少无关变量对被试者的影响。如果被试者较多，可以设置"候考室"，候考室与测评室需相隔一定距离，避免嘈杂等对正在扮演者的干扰。

（4）考官培训。测评之前应确定测评考官，并对考官进行培训。考官可以由心理学专家、人力资源管理专家、拟招聘岗位实际从业者等人员组成。培训内容主要包括测评工具和评分技能两个方面。通过培训让评分者对角色扮演测评技术的特点优势、应用领域以及实际操作形成一个全面的、科学的认识。重点是测评工具的测评目的、指标来源、评价指标的界定、角色扮演的情景、评分标准和计分方法、实施过程中对评分者的观察与记录要求、评价程序、出现争议的解决方式、对评分者评语的要求等。测评技能培训主要是对评分者应具备的基本技能进行培训，包括行为观察、行为判别以及常见误差的避免等技能。

2. 组织实施

角色扮演的实施按照先后顺序一般分为三个步骤：

（1）引入。主考官将被试者引入考场，向被试者宣读指导语，并描述具体角色情景和角色任务，并告知必要的注意事项和要求。

（2）扮演。按照考官引导要求，被试者进入情景扮演任务角色，在此过程中助手向被试者施加一定刺激，帮助其进入角色完成任务，考官则观察和记录被试者的行为。

（3）评估。扮演活动结束后，考官根据事先制定的评分标准对被试者的行为做出量化评价，并进行汇总分析，得出被试者的最终成绩。

6.3.5 角色扮演情景设计

1. 角色扮演情景设计的原则

（1）自然真实性原则。角色扮演的特点之一就是它的情景模拟性，要求必须是与实际工作有关的问题，即要求讨论题目具备较好的现实性和典型性。因为这些典型的事件或问题最能反映拟任岗位的工作特点。这就要求在情景设计中做到自然真实，特别是关于冲突情景的设计，比如人物在事件中的冲突要符合人物内在的利益逻辑。所以设计题目时必须结合实际工作，从中找寻现实性和典型性都好的讨论题材，设计出与实际工作情景相似的题目。

（2）具体性原则。角色扮演情景设计的内容应该广泛而深刻。在立意方面，一定要高，设计题目要从大处着眼，含义要深刻；另外，情景内容一定要具体，即设计情景要从小处入手，具体、实在、不空谈，一定要避免那些玄妙、抽象、言之无物的争辩，避免给评价带来不便。设计的角色情景在内容上必须是所有被评价者熟悉并感兴趣的，因为这样才能保证人人有感可发，保证每位被评价者在情景中能够比较充分地表现自己，从而确保评价的公平性。如果内容对被评价者而言比较陌生，则会限制他们特定行为的表现，造成无法全面做出评价的后果，使测评无法达到预想的目的。同时，情景内容不应诱发被评价者的防御心理，只有如此才能让被评价者尽情展现自己的风采，表现真实的自我。

（3）典型性原则。角色扮演是用于测评素质指标的一种方法或工具，它是通过被测者对角色的扮演和把握的分析结果来考察被测者素质的一种方法。所以，角色扮演中选择的角色情景一定要有代表性，能较好地代表所要测评职位上的人员经常遇到的管理问题，也就是说情景一定要典型；而且情景要经过一定的文字和技术处理，切忌内容庞杂、毫无头绪，以便于被评价者理解和分析。

2. 角色扮演情景设计的程序和方法

从某种意义上说，角色扮演情景的设计者如同影视导演，只不过影视导演提供了具体的对演员的指导，而角色扮演情景的设计者只是提供了一个让演员展示能力的情景。要设计一个有效的角色扮演情景，一般分为以下几个步骤：

（1）选择与定位角色。在角色扮演中，角色的选择一般根据拟招聘的岗位而定，通常让被评价者扮演其应聘的工作岗位上的角色。因为角色扮演同时可以对多人进行测评，所以也可以让被评价者扮演与主要角色相对的角色，可以是主要角色的下属、同事、对手或其他人等。在角色确定之后，赋予人物性格、经历、处境、思想、道德、经济观念等，形成人物形象。然后对所选拔的岗位进行工作分析，确定对岗位的任职要求。员工甄选的目的是为岗位寻找合适人员，实现人岗匹配。这就要求在制定测评目标时，必须从工作本身的要求出发，进行工作分析，首先要知道被测者的职务需求是什么，即哪些素质指标是胜任该职务所必需的。需要指出的是，素质测评标准体系制定中所进行的工作分析，并不一定要求最后形成职业说明书与职业规范，最为关键的是指出从事某一职位工作的人需要具有哪些素质条件，履行职责与完成工作任务应以什么指标来评价等。如果公司已经进行了工作分析，则可以不必重复进行，直接查看已有的职位说明书即可。

（2）调查与采样角色行为。所要扮演的角色确定之后，就要对角色的行为进行调查。与工作分析的目的有所不同，工作分析的目的是形成素质能力指标，而角色行为的调查更侧重于收集实际工作中选拔岗位所常常遇到的具体情景。使用的方法与工作分析类似，有访谈法、关键事件法等。在收集具体情景的过程中，不仅要收集所扮演角色遇到的一些人物及事件，还要关注时间、地点等要素。因为将人物置于不同的环境之中，人物会体现出不同的性格。时间、地点的不同会需要不同的能力素质要求。可以说，在某种程度上，环境决定了人物的表现。

（3）情景主题的定位。在角色选择和角色行为调查的基础上，进行的是角色扮演之中重要而又困难的一步：情景主题的设计。正如黑格尔说过的那样，"一般来说，发现情景是一项重点工作，对于艺术家也往往是一件难事"。在角色扮演中，可以直接应用在角色行为调查中收集到的一些案例，但更好的是自行设计角色情景。规定情景是角色展开行动的依据和条件，它决定着角色行动的性质、样式和角色的心理活动。在构成角色情景的诸因素中，人物及其相互关系是最为重要而且活跃的因素。因为造就角色情景的目的就是更迅速、更充分地通过处理人物关系来体现被评价者的能力。通常来说，在多人同时进行的角色扮演测评中，角色之间的关系有冲突型和配合型两种，详见资料链接。

资料链接

角色的类型

一般来说，角色有冲突型和配合型两种类型。

1. 冲突型

冲突设置是角色扮演中最为常用的方式，角色冲突的设置主要有以下两种类型：

（1）角色内冲突，主要是指多种社会地位和社会角色集中于一个人身上，从而在他自身内部产生的冲突。其又有几种不同的情况，一种情况是一个人所承担的社会角色同时对他提出了角色要求，使他难以胜任，这时便发生了角色内冲突。由于这种情况使角色的承担者在时间上与精力上出现紧张的感觉，因而也有人把它称为"角色紧张"。另外一种情况是一个人所承担的几种角色行为规范互不相容，这时也会产生角色内冲突。如让受评人员扮演警察或税务人员，对其违法乱纪或偷税漏税的老朋友进行处理，这时就产生了角色内冲突。

（2）角色间冲突，即不同角色承担者之间的冲突。它常常是由于角色利益上的对立、角色期望上的差别以及人们没有按照角色规范行事等原因引起的，如领导与群众、服务员与顾客、邻居、夫妻、婆媳、父母与子女之间的关系冲突等。

2. 配合型

领导工作的有效与否，不仅取决于领导者的个人智慧，更重要的是取决于组织成员的分工配合。配合的基础因素是角色的平衡。研究表明，一个有效的领导班子里具有四种角色：领导者、思考者、实干家和协调者，每个成员总是在不自觉地扮演着其中的某种角色。在配合型的人际关系设置中，一个领导者只有能有效地扮演相应的角色，保持班子的平衡，实现配合默契，才能实现领导层的效益最大化。因此，在角色扮演中，很多情景需要角色之间相互配合。在配合的过程中考察被评价者的合作意识、处理问题的能力等。

在被评价者解决冲突矛盾的过程中，最容易对其能力进行全方位的考察。一般的角色之间的冲突可以有性格冲突、利益冲突、道德冲突等。冲突要有心理根据和社会意义，有时冲突并非都是正面交锋。在冲突的过程中，可以考察被评价者是属于攻击型、防守型、兼顾型中的哪一类型的人。攻击型的人在冲突之中以给对方带来最大损失为目的，其在冲突中的行为是以是否给对方带来损失为标准，而不考虑自身的处境变化。在市场经济的竞争中，一家大公司与一家实力较弱的公司进行市场的争夺时往往优势方可以攻击型的面目出现。防守型与攻击型正好相反，其在冲突之中以尽量保护自身利益为主要目标，其行动的目的是使自己在冲突中获利最大，而不管其他局中人的情况是相应的变差还是变好。兼顾型的人在大多数的冲突之中，具有一定的理智，有着比较灵活的行动标准，在考虑自身利益的同时，也会考虑对方情况的变化。作为一名成功的领导者，一般应采取兼顾型的处理方式。实际工作中的能力素质，很大程度上是当事人通过解决各种各样的问题和矛盾的行为过程体现出来的。所以在角色扮演中，如果冲突设置巧妙，就可以很好地体现和考察角色的各种能力。

（4）确定评价标准。根据不同的情景和人物，确定不同的评价标准也是情景设计中的重要部分，评价标准是指每一评定要素各个等级评分的参照标准模型，或者说是帮助评分者按规范化要求进行标准化记分的具体说明。常用的评分参照标准有两种形式：一种为简化参照标准，另一种为具体参照标准。两种形式的评分标准举例如下：

简化参照标准缺乏详细的标准阐述，感觉是一种主观上的模糊评定，受评分人员的影响较大，但它的设计过程简单、成本低，评分人员仅需对评价要素的具体内涵和问题要点进行良好把握即可，有利于对评价标准进行透彻了解和准确把握。所以，简化参照标准在人事管理中被广泛采用。

在简化参照标准的基础上，我们略加改善，可以先将每个测评指标要素反映的行为特征进行严格界定，然后再将指标要素反映的行为特征划分为几个程度等级（如优秀、良好、中等、较差、差），根据被测者的反应（答案）与各等级的主观拟合程度进行评分。

具体参照标准清晰、明确，评价者容易掌握和正确运用，感觉上更为客观和准确，有利于提高评定结果的可比性水平。但这种标准也有不少缺点：编制与检验难度大、成本高；每个等级上的行为特征的具体描述很难涵盖每个人的具体情况；各等级描述较为模糊、笼统，无法做到标准的量化界定等。因而它比较适用于作为大规模的人事评定或计划在较长时间内连续使用的人事评定的工具。总之，两种参照标准各有优劣，由评价人员酌情使用。

6.4 公文筐测验

6.4.1 公文筐测验的含义

公文筐测验又称文件筐测验或公文处理测试,是一种具有较高信度和效度的测评手段,可以为企业高级管理人才的选拔、聘用、考核提供科学可靠的信息。在这项测试中,设计出一系列管理者所处真实环境中需要处理的各类公文,这些公文可以涉及财务、人事备忘录、市场信息、政府法令、客户关系等。由于这些公文通常放在公文筐中,公文筐测验因此而得名。公文筐测验要求被测试者以管理者的身份,模拟一家公司所发生的实际业务、管理环境,在规定条件下(通常是较紧迫困难的条件,如时间与信息有限、孤立无援、初履新职等),对各类公文材料进行处理,形成公文处理报告,从而对被测试者的计划、组织、分析、判断、决策、文字等能力进行评价。

公文处理测试通过对应试者的计划、授权、预测、决策、沟通等方面的能力,特别是通过针对应试者的综合业务信息、审时度势、全面把握、运筹自如的素质的考察,来考察其作为高层管理者的综合性管理技能,尤其是考察经理等一级管理者的胜任能力。在实践中,公文处理测试主要用作评价、选拔管理人员、提高管理人员的管理技巧、解决人际冲突和组织内各部门间的摩擦的技巧等。

6.4.2 公文筐测验的优势和劣势

公文筐测验的优势和劣势如表 6-6 所示。

表 6-6 公文筐测验的优势和劣势

优 势	解 释
考察内容广泛	除了必须通过实际操作的动态过程才能体现的要素外,任何背景知识、业务知识、操作经验以及能力要素都可以涵盖于文件之中。借助于应试者对文件的处理来实现对应试者素质的考察
表面效度高	公文处理测试采用十分类似应聘职位中常见的文件,甚至有的直接就是应聘职位中常见的文件,因此,应试者如果能够妥善处理测试公文的话,那么他就能理所当然地被认为是具备所需的素质
应用范围大	考察内容范围的广泛使得公文处理测试具有广泛的实用性,并且表面效度高,易为人所接受,因此。公文处理测试在众多公选考试测试中普遍使用的一种
仿真性	公文处理测试完全模拟现实中真实发生的经营、管理情景,对实际操作有高度似真性,因而预测效度高
综合性	公文处理测试的测试材料涉及日常管理、人事、财务、市场、公共关系、政策法规等行政机关的各项工作,因此,能够对高层及中层管理人员进行全面细致的测评与评价
劣 势	解 释
人员要求高	编制文件的人员应由测试专家、管理专家和行业专家(实际工作者)三部分组成,三类专家相互配合才能完成公文的编制工作
成本高	公文处理测试的试题不论从设计、实施到评分都需要较长时间的研究与筛选,都必须投入相当大的人力、物力和财力才能保证较高的表面效度,因此成本会很高
评分难度大	由于不同的组织具有不同的机构、氛围和管理观念。文件处理结果的评价往往受多种因素的影响。在公文处理测试的评分确定过程中,由于专业人员和实际工作者往往存在理解上的差异,所以评价标准一般不会相同

6.4.3 公文筐测验的能力要素

公文筐测验所要测评的能力是定位于被测者从事管理活动时，正确处理普遍性的管理问题和有效地履行主要管理职能时所具备的能力。考察被测者对多方面管理业务的综合运用能力，包括对人、财、物、时间、信息等多方面的控制、理解和把握。具体来说，考察主要可以针对以下几个能力要素来进行。

1. 分析能力

分析能力要求应聘者能够在所给的众多公文中获取有关信息，能综合这些信息资料，透过现象抓住本质，分辨出各项公文反映问题的轻重缓急，准确掌握关键所在，洞悉事物间联系，并找出造成问题的原因，适时地做出适当的结论或对策。

2. 组织协调能力

组织协调能力主要考察应聘者协调各项工作和部属的行动，使之成为有机整体，做到有章可循、有条不紊，并按照一定的原则要求，同时处理各部门之间的关系，调节不同利益方向的矛盾冲突，使组织内外关系和谐，还要合理调配组织资源，让组织中每个人的行动都指向总体目标。

3. 决策能力

决策能力主要是指应聘者能够对复杂的问题进行审慎的剖析，从而能灵活地找出各种解决问题的途径，对其做出合理的评估，对不同方案的结果有着清醒的判断，以便提出更好的决策意见。该要素主要考察三部分内容：决策的质量、实施的方案、影响因素。评价决策时，要仔细考虑决策背后的合理性成分，考察竞聘者有没有考虑到短期和长期的后果，是否考虑了不同备选方案的优点，如果采取某种行动方案，要能给出理由。

4. 预测能力

预测能力主要是指可以全方位、系统地考虑环境中各种不同的相关因素，进而对各种因素做出合理恰当的分析，并做出合理的预测，同时能使预测具有可操作性，提供有效的实施方案。该要素主要考察三部分内容：预测的质量、预测所依据的因素、可行性分析。评价预测时，要考察应聘者在多大程度上用到了提供的材料来做出预测，即是否综合运用了各种因素才做出分析。

5. 表达和沟通能力

要求应聘者说明处理操作的理由，通过书面形式有效地表达出自己的想法和意见。根据评估内容，考察应聘者的思路是否清晰，意见是否连贯，措辞是否恰当及文体是否合适。得分高的文章要求语言流畅自然，文体风格与假设情景相适应，能根据不同信息的重要性来分别处理，具有结构性和逻辑性，考虑问题周到全面，能提出有针对性的论点，并熟悉各个领域。

6. 创新能力

创新能力主要考察应聘者在处理问题时是否敢于突破常规，尝试使用不同的方法、手段与程序，创造性地解决困难和化解矛盾，并能给出合理的处置理由。以上各个要素只是公文筐测验中经常用到的，并不是每个测验都必须要运用这些要素来对领导者进行考察。根据实际领导岗位的需要还可以在测验过程中有所增加，如考察洞察、计划、任用授权、团结部属的能力和岗位法规知识等。

6.4.4 公文筐测验的实施程序

公文筐测验的实施程序可分为实施前准备和实施两个阶段。

1. 实施前准备阶段

（1）人员准备。人员准备包括两个方面，一是考官准备，二是考生准备。考官准备主要是确定考官人员，并对考官进行必要的培训（培训内容与角色扮演的考官培训相类似，此处不再赘述）。考生准备是确定参加公文筐测验的人员以及测验顺序，并通知到位。

（2）材料准备。材料准备是指准备好公文筐测验所需的书面材料，主要包括测验所需的公文、评价表、答题册、公文纸和汇总表等。

（3）地点准备。地点准备是确定公文筐测验的具体地点，与无领导小组讨论不同，公文筐测验的房间应尽可能选择较为逼真的办公场所，如果有可能，可以直接安排在拟招聘人员将来可能工作的实际办公室进行。

2. 实施阶段

（1）测试引导。测试引导主要是将考生引入考试房间，确认考生身份，告知考试注意事项，将测试指导语、答题纸和装试题的公文袋发给考生。指导语一般分为两个部分：第一部分是总指导语，是对测验规则、目的的说明和对公文处理情景的描述，主要包括被测试者扮演的角色、情景中组织的构架等；第二部分是对整个测试中各个题目的反应方式、答题要求以及测试时间的说明。一般总指导语由主试者朗读，而第二部分的内容则由考生在答题过程中自行阅读。

> **资料链接**

总指导语样例

注意，为了不影响考试，请大家关掉身上的所有通信设备，以免造成干扰。

请大家查看一下手头材料，我们为您准备了一本答题册、公文袋材料、橡皮、铅笔、计算器，看是否还缺什么。这是一个公文筐测验，它模拟实际的管理情景，请您处理商业信函、文化和管理人员常用的信息。首先请大家在答题册相应位置填上姓名、单位和考号。在测验正式开始前请不要打开公文袋，本测验分四个部分，每一部分都要用到这些测验材料，请注意：不能在测验材料上做任何标记，请在答题册上回答问题．在别处回答无效。测验结束后请您把测验材料和答题册一并交还给我们。

  这个模拟的具体假设情景是：今天是 2019 年 5 月 18 日，您是某地方综合大学教育学院的王院长，现在的时间是上午八点，您刚刚来到办公室。您所在的大学已经初步通过"双一流建设工程"初审，再过半个月贵校将迎来国家教育部专家复审团的光临，这直接关系到贵校能否最终进入"双一流建设工程"。现在秘书已经将您要处理的公文整理后放了您桌子上的公文筐中，请您以文件、备忘录、便条、批示等来处理所有文件。记住您十点半还有一个重要的会议要开，在接下来的两个半小时中秘书会帮您推掉所有人的来访和电话，没有人会来打搅您。现在您可以工作了，祝您顺利！

  （2）考生答题。在考生对以上要求和指导语没有疑问后就可以拆封公文袋正式开始答题了。考生答题过程可以分为两种不同情形，一种情形是类似于正规的笔试，考生答题时要保证考生所在房间的安静和不被任何外界因素干扰。另一种情形是故意给考生制造一些麻烦。为了使公文筐测验更加贴合工作实际，可以在考生答题的规定时间内，故意安排一些突发事件让考生去处理（假如招聘职位为经理，在考生处理公文时，办公室主任突然闯入告知生产车间发生员工受伤事件需要马上处理等），这样可以更好地考察考生的领导、组织、协调和应变能力。

  （3）评价。在考生测验完毕之后应立即对应聘者的测评结果进行评价。测评结果评价由预先选定好的评价人员（考官）按照预定的评价标准对应聘者的测评结果进行评价打分、汇总，评定等级。

6.4.5 公文设计

  设计测评公文是公文筐测验的重要一环，只有公文设计体现了岗位职责要求，才能更好地测评应聘者的岗位适应能力。一般来说，公文设计包括五个阶段：确定岗位胜任能力、确定测评指标、设计试题、确定评分标准、试测与修正。

1. 确定岗位胜任能力

  这一阶段的工作其实与角色扮演和无领导小组讨论设计时的工作内容相同，主要是通过工作分析的方式确定岗位的任务、职责、工作中的人际关系，以及时间安排与职位工作的特点，确定胜任该职位必须具备哪些知识、经验和能力等，由此可以确定每种工作对于一个管理人员来说的相对重要性。通过工作分析，可以确定公文筐测验要测评什么要素，哪些要素可以得到充分测评，各种要素应占多大权重等。

2. 确定测评指标

确定测评指标是测评活动的中心和枢纽，它把测评的客体、测评的对象、测评的主题、测评的方法和测评的结果融为一体，同时也是整个测评工作指向的中心，在测评工作中具有重要的作用和意义。确定测评指标包括两方面内容：一是确定指标内容，二是确定指标权重。

（1）指标内容的确定。在确定测评指标时，我们可以借鉴已有研究的指标体系，但如果没有较为权威的体系可以借鉴时，我们就必须进行调查研究，以确立一个适合本测验的科学指标体系。具体的方法是运用因素分析来确定评价体系，一般来说公文筐测验能够测评处理实际问题的能力、分析能力、决策能力、规划能力、组织协调能力、表达沟通能力以及创新能力等。根据第一步的胜任力分析，将所牵涉的每一项素质都尽可能地进行详细的描述，然后针对具体岗位的管理者素质调查问卷，要求被调查者对每一项的重要性打分，再对数据进行因素分析，探索出管理者所需要的关键素质。在各项能力要素上的关键素质就构成了测评指标体系，如表6-7所示。

表6-7 测评指标体系样表

序号	指标名称	内涵界定
1	综合分析能力	对问题的敏感性强，能把问题分成几个方面，并能抓住事物的本质或主要方面，进行全面、透彻、系统、逻辑的分析，最后得出正确的结论
2	统筹能力	在纷繁复杂的工作中能够准确把握轻重缓急，抓住工作重点问题，并分阶段、分步骤、循序渐进地安排复杂的工作
3	组织能力	能准确认识自己的工作责任，善于分配工作与权利，并能积极传授工作和知识，引导、督促部属高效地完成任务
4	协调能力	能够巧妙地处理各部门之间的利益关系，合理地调配组织资源，使组织内外关系和谐，从而能将组织中各方面的力量拧成一股绳，相互密切配合
5	决策能力	善于对复杂问题进行审慎的剖析，能灵活地搜索各种解决问题的途径，并做出合理的评估，从而及时、果断地做出带有全局性、可行性的高质量决策意见和行动方案
6	书面表达能力	书面表达结构严谨，逻辑严密，文字生动流畅，言简意赅，准确反映自己的想法

经过上面步骤确定的指标往往是比较抽象的，评分者在评价时很难据此做出准确评价，因而还必须要把确定的初级指标要素进行分解，确定出可操作的二级指标，必要时也可对二级指标进行更为详细的分解说明，设计三级甚至四级指标。表6-8为二级指标样例。

表6-8 二级指标样例

一级指标	二级指标
决策能力	决策时效性 方案可行性 考虑全局性
统筹能力	事件判断准确性 工作安排计划性

（2）指标权重的确定。由于不同系统、不同岗位对管理者的能力要求是不同的，因此在各个关键指标上的权重分布肯定也是不一样的，不仅在指标上的分布不一样，各项能力的重要性要求也不一样。因此在设计以上管理者素质调查问卷时必须考虑到行业和岗位的能力针对性，问卷设计的针对性能为确定具体岗位的指标权重打下基础，可以依据因素分析之后的每一维度的因素负荷来确定其权重。当然权重的分配也可以根据以往的经验进行，这要从对行业的访谈调查中获得。

3. 设计试题

测试能否达到预期的效果取决于公文筐设计的好坏。由于公文筐测验是一种较为复杂的测试工具，因此试题设计必须遵循以上所述的科学原则。具体而言，公文设计可以有两种方式，一是收集已有的真实情况进行适当修改，二是根据测评要素自行设计全新公文。无论采用哪种方式，均须注意公文的全面性，首先体现在内容上的全面性，要考虑法规性公文、指挥性公文、知照性公文、报请性公文、记录性公文等各自的比重；其次必须考虑到公文形式上的全面性，电话记录、请示报告、上级主管的指示、待审批的文件、各种函件、建议等多种文件形式都要占到一定的比例。

4. 确定评分标准

由于公文筐测验有别于传统的能力测试，并没有完全客观化的答案，评分会受到评分者主观判断的影响，为了减少主观因素的影响就必须在设计时尽量使评分标准做到客观、详细。其可以根据确定的测验内容，设定相应的评分标准。一般评分标准可以分为五级。最低的1分——远远低于可接受的标准，明显不适于从事该项文件处理工作；2分——低于可接受的标准，基本上没有达到所需行为的质量、数量标准；3分——可以接受，基本达到所需行为的质量、数量标准；4分——高出可接受的水平，基本超过所需行为的质量、数量标准；5分——远远高出可接受的水平，明显高于成功的工作绩效所需要的各项标准。分数也可以转化为百分制，例如分为0～19、20～39、40～59、60～79、80～100五个分数段。当然在评价时必须对各要素的等级有一个详细的对照说明，如表6-9所示。

表6-9　等级说明

等　　级	说　　明
80～100分	能够准确地认识到公文之间有无联系，并能根据公文之间的联系来处理问题
60～79分	能够较为准确地认识到公文之间有无联系，并能根据公文之间的联系来处理问题
40～59分	能准确地认识到公文之间有一定的联系，但不能根据公文之间的联系来处理问题
20～39分	基本能够认识到公文之间的联系，但不能根据公文之间的联系来处理问题
0～19分	不能认识到公文之间的联系

5. 试测与修正

在正式试测之前，有必要针对行业和岗位选择15～20位管理人员，进行一次小范围的试测。试测有两项主要目的,一是为了进一步修正公文筐中的项目及评价标准,另一个目的是对主试者和评价人员进行培训。对评价人员进行培训时主要是让其掌握评价的内容和标准,了解需要观察的行为,了解如何减少评分中的偏差以及树立评价人员胜任评价工作的自信心。评价人员一般由两位人事测量方面的专家、两位具有丰富工作经验的管理专家和两位公文筐测验的设计人员组成。

资料链接

公文样例

公文 1

孔总:

银行的赵行长来电话约您商量有关 5 000 万元贷款到期后再延长转期 3 个月的有关问题。他约您于明天下午 3:00 在阳光酒店与您会谈,能否赴约请您通知赵行长。

财务部:张某

2017 年 3 月 19 日

公文 2

孔总:

接到山东分公司张厂长的长途电话:原定于本月 20 日举行的开工典礼,因遇到一些棘手问题尚未解决,决定延期举行。

助理:谢某

2017 年 3 月 19 日

公文 3

孔总:

前一段时间,人力资源部对同行业的员工福利状况进行了一次调查。就每个月用于员工的人均福利费而言,我们公司位于同行业的中上等水平。但考虑到现在行业的激烈竞争和高流动率,为了增强我们的凝聚力和吸引力,我们认为,提高员工的福利待遇是一项有力的激励措施。因此,我们提出一项增加员工福利的计划,也就是将现在的人均福利费 1 000 元/月,提高到人均 1 500 元/月的较高水平。不知您对这项计划的意见如何?请指示。

人力资源部:孙某

2017 年 3 月 18 日

公文 4

孔总：

　　收到一份通知，5月20日在北京饭店召开北京地区大型企业人力资源管理研讨会。届时到会的均为各企业总经理或人力资源部副总经理以及国内外一些人力资源管理专家和学者。您是否参加？请回复，以便我及早做出安排，办理相关报名事务。开会时间：5月20日上午8:00～11:30，下午13:30～16:30。

秘书：王某
2017年3月19日

公文 5

孔总：

　　最近，从财务部的部分员工那里反映上来的一些情况引起了我们的注意。您知道，前两个月我们刚刚从其他公司调入了一位具有丰富管理经验和特长的刘某任财务部经理，目的是为了进一步开展财务部的工作。但近来我们发现，因为多种原因使原来的财务部副经理邓某与刘某在工作配合上不尽如人意，并产生了一些矛盾。虽然二人之间的冲突尚未公开化，但已在财务部内部引起一些反映，并对工作和人员的情绪产生了不利的影响。这件事如何处理，想听听您的意见。

人力资源部：孙某
2017年3月19日

公文 6

孔总：

　　根据我们的调查，公司中青年员工离职率高与公司现有住房分配制度有一定关系。目前，公司已停止为员工建设或购买住房，仅为员工提供住房补贴，让他们自行租房居住或由公司提供帮助向银行抵押贷款买房居住，但由于房价太高，中青年员工无力购买，租房又不稳定，员工没有安全感。我们考虑，是否可由公司出资建设或购买一些小型公寓，以适当价格出租给暂时无房的员工，并规定在一定的期限后迁出公寓，给后来的员工暂住。这样可以使中青年员工安居乐业，降低核心员工流动率。此建议当否，请指示。如果可行，我们将向总裁办公室提出报告。

后勤服务中心：景某
2017年3月20日

学习建议

　　在本章的学习过程中，大家应该把重心放在评价中心的应用，掌握评价中心的类别、优势和劣势，以及应用方法；理解无领导小组讨论的内涵、优势和劣势，能够组织一场小型的无领导小组讨论;理解角色扮演的内涵、优势和劣势,能够设计符合岗位要求的角色扮演情景;理解公文筐测验的内涵、优势和劣势,能够根据岗位要求设计相应公文。

【本章重点】

评价中心的内涵和特点、评价中心的优势和劣势、评价中心应用的注意事项;无领导小区讨论的内涵、优势和劣势,无领导小组讨论试题的设计,无领导小组讨论的组织实施;角色扮演的内涵、优势和劣势,角色扮演情景的设计,角色扮演的组织实施;公文筐测验的内涵、优势和劣势,公文的设计,公文测验的组织实施。

【本章难点】

无领导小组讨论试题的设计,角色扮演情景的设计,公文的设计。

核心概念

评价中心、工作分析、管理游戏、案例分析、无领导小组讨论、角色扮演、公文筐、公文筐测验、公文、演讲、自由辩论。

课后思考与练习

1. 简述评价中心的内涵。
2. 相对于笔试,评价中心有哪些特点和优势?
3. 根据所学简述评价中心在人员招聘中的运用情形。
4. 评价中心有哪些具体方法,各有什么优缺点?
5. 简述无领导小组讨论的内涵、优势和劣势。
6. 简述角色扮演的内涵、优势和劣势。
7. 简述公文筐测验的内涵、优势和劣势。
8. 如何设计一份科学合理的无领导小组讨论试题?
9. 无领导小组的设计程序有哪些,应注意哪些问题?
10. 如何设计角色扮演的情景?
11. 公文设计应遵循什么原则?如何保证所设计公文与岗位素质考核相对应?
12. 简述无领导小组讨论、角色扮演和公文筐测验的相同点和不同点。

实训应用

实训项目: 角色扮演

实训目的: 通过实训,使学生掌握角色扮演的基本要点,能够根据案例提供的材料,理解角色内容,提高学生对相关管理情景的认知和掌控能力。

实训内容

指导语:请快速阅读以下所述案例,然后认真考虑你所扮演的角色,并按要求进行表演。

前进建材厂是本市规模较大的专业生产耐磨地板砖的国有企业。因该厂原领导班子年龄偏大，市委组织部经研究对该厂的三名正副职领导做了调整。调整后，人事安排如下：厂长黄勇，男，38岁，大专毕业，原是该厂分管生产技术的副厂长；副厂长程长天，男，36岁，原是该厂供销科科长，本科毕业；副厂长王青，女，43岁，高中毕业，原是该厂劳资科长。

黄勇主持该厂全面工作的第一周就对本厂领导班子成员做了分工。他提出自己除负责全面工作外同时分管生产技术和财务工作；程长天分管供销工作；王青分管人事、劳动工资和后勤工作。对厂长黄勇提出的分工方案，程长天和王青均表示同意。

三名厂长分工，各尽其责，工作积极，厂里的广大干部职工在新班子的带领下，头三个月的生产、经营状况良好，产量、产值均比领导班子调整前增长15%以上，得到了市工业局的表扬。

半年后，因建材市场竞争激烈，并正值销售淡季，企业的销售额明显下降，仓库的销售额明显下降，仓库里积压着大批产品，企业面临停产的危险。程长天根据当时建材市场及本厂的情况，采取了三项促销措施：一是把产品的单价下调8%；二是在本市范围内免费送货上门；三是按产品销售额的2%提成奖励给供销人员。程长天提出的措施果然有效，经过一个多月的时间，该厂的销售额又大幅回升，积压在仓库里的产品全部销售完毕，企业的产量、产值和利润都有明显的增长。

程长天在市里一次产品促销工作会议上汇报了该厂的促销做法，当时主持会议的市工业局陈副局长很感兴趣，在会议总结时充分肯定了建材厂的经验。不久，市工业局的一期简报也将厂里的促销经验刊登了。

黄勇看到工业局的简报后，很不高兴。同时也陆续有生产工人向他投诉，说销售人员上月的收入不合理，比生产技术工作的收入高出近一倍。有个别人还向黄勇报告说，听说程副厂长也拿了提成奖。

黄勇在半年总结会上强调了三个问题：一是不要满足于现有成绩，上级对我们的工作虽然做了肯定，但我们要认识到存在的问题还有不少，不要夜郎自大，要进一步努力，千方百计地完成和超额完成全年的生产、经营任务。二是要加强请示汇报工作，我是一厂之长，有些事情连市里都知道了，但却没有人告诉我，你说我这个厂长怎么当？三是注意廉洁奉公，尤其是领导干部不能以权谋私，多拿多占。黄勇说话完毕，征求其他两个厂长有没有补充。王青说没有，程长天却说，希望厂长讲话拿出证据，然后站起来气呼呼地离开会场。参加会议的干部、职工目瞪口呆。

副厂长程长天自从在总结会上听了厂长的讲话后，心里一直不舒服，同时也有供销人员向程长天报告说黄勇大发雷霆。供销科何科长还向程长天说，听说黄厂长要到市委组织部和纪检会汇报。程长天与供销科何科长研究了半天，召开了供销人员会议，宣布从下月起促销方式取消，一切恢复原状。自此，厂里产品又大量积压。

次年一月，程长天分别给市委组织部和市工业局写了请调报告，要求离开，并说到再艰苦的地方工作都没有意见。市委组织部到市工业局了解情况，上述为调查所获情况。

你作为市委组织部的副部长，将分别与黄厂长、程副厂长谈话，调解他们之间的矛盾。

实训要求：

1. 以班级为实训团体，选择出一位实训总负责人，三组角色扮演者。
2. 组建考核小组，针对案例内容设计考核要素和评价表。
3. 对考核结果进行分析，从三组中选出符合要求的候选人，并说明理由。

章末案例

公文筐测验

假定你是上海某合资食品公司的总经理，下面的任务都要求你一个人单独完成。今天是8月8日，你到总部里开了一天的会议刚回来，已经是下午4:40。你的办公桌上有一堆文件，你最好在5:00前处理完毕，因为你将去北京参加全国食品卫生鉴定会，机票已经订好，司机小王5:00来接你去机场，你要8月14日才能回到你的办公室办公。你公司的主要产品是星星牌系列食品，产品市场需求量很大，正打算扩大生产规模。好，你现在可以开始工作了。

公文1：关于加强职工教育培训工作的报告

孔总：

职工教育是开发、培养人才的重要途径，是企业持续发展的可靠保证。我公司50%的职工没有达到大专程度，基础知识缺乏，业务方面实际操作水平低，多数管理人员业务水平低，且缺乏现代企业经营管理的知识。如果不改变这种状况就很难掌握先进的技术和设备，就不能管理好现代化的企业，就不能消除人力、物力、财力的巨大浪费，也就难以大幅度提高劳动生产率。我公司虽然生产任务很重，但提高职工的素质也是势在必行的。所以有必要把干部、职工最大限度地组织起来，有计划地进行态度观念、文化、技术业务的培训，我们计划在5月20日下午3:00～5:00举行培训协调大会，到时将请你出席并为大会讲话，以引起有关人员的高度重视，完成我们的培训计划，从而为企业发展做出贡献。

培训部：田某

2017年8月8日

公文2

邀请函

兹定于2017年8月10日上午8:30，在市政府大楼门口集合上车，由孔市长带队到三里河经济开发区就银企合作事宜进行考察，希望贵公司能派一名高层领导参加。

市政府办公厅

2017 年 8 月 8 日

公文 3

孔总：

接到北京联合科技公司孙总的电话：原定于本月 10 日举行的重大资产重组会议，因遇到一些棘手问题尚未解决，决定延期举行。

助理：阿娇

2017 年 8 月 8 日

公文 4

孔总：

从本季度财务报表来看，这个月底应收款为 500 万元，应付款为 250 万元，应归还银行贷款为 200 万元，现银行账面余额为 250 万元。从报表情况来看，本季度销售情况虽然比较好，但销货款回收不理想，上海二店的销货款至今还未汇来。应收款项只能收回 10%，因此本月的工资和奖金没有办法支付，而 8 月 25 日是工资和奖金发放的日期，如果到时职工领不到工资和奖金，将会产生不良的后果。如何解决这一问题，请您尽快做出决定。

财务部：董某

2017 年 8 月 8 日

公文 5

孔总：

暑期高温就要到了，一车间提出要解决他们车间里的降温设备问题。二车间和三车间都装有空调，由于一车间的空间太大，少量空调不起什么作用，而多装的话需要的资金太多，这个问题一直没有解决。为此，一车间的职工意见很大，他们认为很不合理，对他们很不公平，他们提出今年如果不解决降温设备问题，他们将集体提出抗议，如果再不解决，他们将集体怠工，您看怎样解决这一问题？

生产部：邓某

2017 年 8 月 8 日

公文 6

孔总：

今天下午，公司外方经理比尔在车间检查工作时发现操作工小王在打瞌睡，他极为恼火，操着生硬的中国话用粗鲁的语言训斥、谩骂小王，语言极为难听，并决定扣发小王的当月工资并罚款 100 元。这件事引起全车间工人的强烈反响。他们议论说:"小王有错该批评,但不该训斥谩骂,经济惩罚也太重了。"有的工人说:"再发生这类事,我们要罢工。"请问该如何处理这件事?

人力资源部:蔡某
2017 年 8 月 8 日

相关链接

全国大学生创业服务网:http://cy.ncss.org.cn/
全国大学生就业公共服务立体化平台:http://www.ncss.org.cn/
中国人才网:http://www.cnjob.com/
中华英才网:http://www.chinahr.com/
智联招聘:http://ts.zhaopin.com/
前程无忧:http://www.51job.com/
中国人力资源网:http://www.hr.com.cn
中国人力资源开发网:http://www.chinahrd.net
中国外语人才网:http://www.jobeast.com/
中国汽车人才网:http://www.carjob.com.cn/
猎聘网:http://www.liepin.com/
人力资源总监:http://cho.icxo.com/
中国服装人才网:http://www.cfw.cn/
IT 英才网:http://it.800hr.com/
应届生求职网:http://www.yingjiesheng.com/
过来人求职网:http://www.guolairen.com/
中国教育在线:http://www.eol.cn/

Chapter 7
第 7 章

员工录用

学习目标

1. 了解员工录用的意义、原则
2. 熟悉员工录用的基本流程及方法
3. 掌握新员工入职的基本程序
4. 理解新员工培训的意义
5. 掌握新员工培训的内容

章首案例 红旗轻工设计院选择干部

红旗轻工设计院是我国一所历史较长的大型设计单位,拥有 800 多名工程技术人员。该院二所共有 15 位成员,所长张池是一位经验丰富的高级工程师(以下简称高工),他手下还有 3 名高工和 11 名较年轻的工程师和助理工程师。在他的带领下,所里同志团结协作,各方面的工作表现一直较好,多次受到院部的表扬和嘉奖。

不久前,张池被市里调到开发区的一家正在建设中的大型企业,负责引进技术、设备工作,因此二所所长一职暂告空缺,急待填补。所内的同志纷纷猜测,都相信新任所长准备从本所内选拔。有的人认为可以在所内公开选聘;多数人则认为所内有这样的人选,所里大家都相互了解,可以通过选举产生。至于究竟哪一位将担当此任呢?当然会是三位资深的高工之一了。

所内同志普遍认为高工王浩的希望最大。王工 45 岁,是三人中最年轻的,符合"年轻化"的要求,他是美国麻省理工学院的博士毕业生,业务能力很强,而且很富有创新精神,回国五年多来,设计工作一直很出色,以他为首所设计的项目中有三项已获得部里颁发的优秀奖,有一项已获市里的特等奖。他尊重所里的同志,并能主动与大家协作,多次成功地组织几次攻关项目。所内同志认为他是最理想的人选,但个别同志也担心,他直言不讳,对上面院里的一些领导的工作作风提过不少意见,可能"得罪"过院部的某些领导。

所里另一位高工李琦的竞争力也不容忽视。李工今年49岁，虽业务平平，但与院长私交颇深，他们是同乡，同时调来本院工作，平时来往密切。这一优势是王工无法比拟的。所内同志认为第三位高工刘同的机会最小。他已经54岁了，来本院工作已近30年，业务能力尚可，但没有什么创造性。此人四平八稳，从不与人争吵，是一位有名的"老好人"。不过，他对领导都恭顺谦卑，只要领导叫他干的，他总一声不响地去干。因此，他与院里领导的关系都较好，在领导的眼里，他是"听话"的人，但这些却在所内引起不少人的非议。

好几天不见院里有什么动静。在这期间，李工和刘工表现得特别卖劲，对所里的人也特别和气，并经常设法打听别人对所长人选的猜测和议论。而王工则无任何异常表现，他一如既往地工作着。有人跟王工开玩笑说："老王，您要升官了，升官后一定要请大家吃一顿啊！"王工谦逊地说："工作都是大家干的，我有何德何能配当所长呢？当然，如果大家和领导要我干，我也会尽力的。"

一周后，院里下达了正式的任命。任命刘工为二所所长，这实在大出所里同志的意料，在所里引起了很大的反响。刘工当然喜形于色，他认为这不仅是自己运气好，而且是他一贯"听话""敬上"的努力所致。王、李两位虽也面露微笑，但总觉得不太自然，而其余的人则多表示："不可理解，不可思议！"

过了没几天，院长把刘工召去，布置给二所一项为内地某省设计一家中型造纸厂的任务，该厂地处穷乡僻壤，设备又全是国产的，显然属于一项没有"油水"的苦差。老刘思索良久，才去找老李，说："老李，院里下达这个任务很重要，我看你就接了吧，反正你手头的任务马上就完了。"老李说："对不起，这活我可干不了。我手头的这个项目虽快结尾了，但也有不少问题，一时还很难解决得了，你还是让老王去干吧？"于是，老刘又硬着头皮去找王工："老王，院里下达了一项支援内地建中型造纸厂的任务，这任务紧迫，独立性又强，我想只有你才能担任！"老王不假思索地说："刘所长，您知道，我手头的一项任务也是十分紧迫的，而且只干到一半啊，我怎么能离开呢？您叫老李去吧？"老刘脸有难色地说："老李说他尚有许多扫尾的问题要解决。"老王也不客气地说："那么，老刘，那就只好劳您大驾了，您身为所长，理当身为表率，您目前又没有任务，只有您自己去担当此重任了。"老刘语塞，不声不响地走了。

几天后，老刘召开所里全体同志会议，宣布院长的一项新指示："院里给了我所一个新的项目，设备要从美国引进，项目开始和进行过程都要到美国去，院长和我商量，决定由李工担当此任，并给李工专门配备一位外语学院毕业的英文翻译。"这时举座哗然，几个青年业务尖子再也按捺不住，纷纷提出质问："你们为什么不让王工去？王工业务能力最强，英语没话说，他对美国又熟悉，如让他担此任务，出国不用翻译，又节省了国家外汇。"老王本人也感到不可理解，他转身拂袖而去，门"砰"一声带上。接连两三天，王工和几位较年轻的业务尖子均告病未来上班。

待到王工和几个年轻的业务尖子来上班时，刘所长搬来了院长，院长对他们不但不问生病、身体情况，劈头大声批评："你们也真不像话，都一起生病了，是真生病还是假生病？不管怎样，都一律扣一个月奖金。"不等院长说完，王工第一个站起来说："院长，不用扣奖金了，工资我都不要了，此处无留处，我自有其他去处，这是我的辞职报告。"紧接着，几个业务尖子也一起纷纷递交了他们的辞职报告。随后，他们便离开，到一家乡镇企业去了，他们在那家乡镇企业工作心情愉快，均得到了重用，而且每月收入也比原来高三倍多。后来，他们做出了几项设计，使红旗轻工设计院二所望尘莫及。

讨论：分析红旗设计院院长选聘干部的标准。如果你是该设计院的院长，你将选择谁为二所的所长？为什么？

7.1 员工录用概述

7.1.1 员工录用的内涵

员工录用是员工招聘过程中的重要一环，是在经历过初步筛选、笔试、面试以及评价中心等各种测试之后，根据其测评结果最终选择出企业适宜人才的过程。

员工录用是企业获取优质、合格的人力资源的直接和有效手段。同时，录用可以对企业的人力资源供需矛盾进行调和，为企业战略目标的实现提供人力资源保障。企业要实现发展目标，就必须有充沛的人员供给，将物质、资金、时间的投入转化为实际效益。找寻契合企业发展目标的人员，才能实现企业人力资源的优化配置，提高人力资源效益的回报。

企业员工录用过程是应聘者与企业相互选择的过程。一方面，应聘者会根据企业的实际情况对企业进行"筛选"和"测评"；另一方面，在员工录用过程中企业也在根据自身需要对应聘者进行"过滤"。这个过程同时是企业文化、精神及管理制度综合作用的结果。精心设计员工录用计划和顺利的实施可以帮助企业进行公众宣传，为求职者及公众充分了解自身，树立良好的社会形象和声誉提供了有效的平台。

7.1.2 员工录用的原则

1. 能岗匹配原则

录用的过程要紧密围绕能力－岗位间的匹配度进行。对于人员的录用，责任部门要对岗位的责任、义务和要求十分明确，依据工作岗位本身的要求来设计录用目标、测试鉴别方法和评价依据，严格按照人力资源规划的供需计划来吸纳每一名员工。以"公允心"对待整个录用过程，避免"任人唯亲"的现象。日本松下电器的松下幸之助力排众议，任人唯贤，任人唯才，大胆启用一线普通职工，就是看重其出众的才能和长期一线生产积累的对企业全面且真实的了解，鼓励其倡导的改革，推动了企业的长效发展，也为企业打造了良性、积极的企业文化。

2. 高层人才内部选拔优先原则

外部供给与内部选拔是人才录用的两种主要途径。外部供给可以给企业注入新鲜血液,在一定程度上避免企业人员更替过程中"近亲结婚"现象而导致的管理模式僵化。但值得注意的是,"新鲜血液"也同时会给本体带来排异现象,无法立刻融入而导致管理的混乱,尤其在选拔可以引导变革、推动企业战略发展的高层管理人才时更为显现。内部选拔则有利于激励和引导良性的竞争机制与文化,同时,由于对自身企业文化的认同及归属感,高层次人才首选内部任用机制能够避免或缩短磨合期,有效降低录用成本,大大提高录用效率。

3. 挖掘潜质、持续培训原则

新员工录用后,往往需要一段试用期甚至更长的磨合期,最终也可能出现录用效果低甚至录用失败的现象,这其中有因为录用方法和录用标准选择不当引起的,也可能由于新录用员工的潜能未得到充分挖掘,需要更长时间的入职、岗前培训。所以,在员工试用期,企业要制定工作标准与考核机制,一方面随时跟踪录用效果,及时修订录用计划;另一方面根据员工的具体表现给予必要的指导和培训,使具有合格潜质的员工得到及时的引导,缩短磨合期,顺利转型。

4. 信任原则

新员工录用与正式上岗之间有一段试用期,属于磨合互动期,企业往往因为顾虑不合格员工在试用期结束离职后将企业机密泄露而拒绝给予信任与支持,而新录用员工也因为得不到有效的支持和必要的授权,无法实现职业目标,消极情绪产生和蔓延。信任缺失也会在造成员工离职,造成核心员工流失的同时,使核心技术等机密信息泄露。

📚 资料链接

人才选拔,是"以德为先"还是"唯才是举"

在人才的选拔和使用上,"德"与"才"孰重孰轻,如何正确认识和处理"德"与"才"的关系,是一个无法回避的问题。最理想的当然就是"德才兼备",但在管理实践中,一个在德才上达到两全其美的人是很难找到的。那么,在这种情况下,我们该重"德",还是重"才"呢?古往今来,许多政治家、思想家和管理学家对此都有过不同的论述,提出了不同的观点。

三国时期,曹操提出"唯才是举"的用人理念,曹操用人时注重真才实用,不求全责备,用其长而避其短。同一时期的诸葛亮,提出"以德为先"的用人思想,要求德才兼备、全面发展,突出"德"在用人标准中的优先地位和主导作用,如果"德"不具备,才能再好,也不会得到重用。在人才标准的认定上,曹操和诸葛亮的差异竟如此之大甚至完全相反,这是为什么?

德与才是一个统一体

按照冰山模型，"才"主要是指冰山以上的知识、经验、技能，也与冰山以下的角色定位、自我认知、品质等相关，而"德"，则完全与冰山以下的价值观、品质、动机等相关。由此可见，"德"是人内在的、难以测量的部分，它们不太容易通过外界的影响而得到改变，但却对人的行为与表现起着关键性的作用。

既然"德"与"才"都属于胜任力的范围，从这个角度来说，这两者是一个完整的统一体，不能割裂，不可偏废。北宋司马光指出："才者，德之资也；德者，才之帅也。"其很好地阐述了这一观点。

一方面，"德"对"才"起着统帅和保证作用，它既决定着"才"的方向，同时也是"才"的原动力。"德"不备，没有正确的方向以施其"才"。另一方面，"德"不能离开"才"而单独存在，一个人如果不具备所需要的知识和才能，任何事情都办不好，在这种情况下也就无所谓"德"。"才"不具，没有得力的凭借以显其"德"。这就是我们坚持"德才兼备"标准的道理所在。

"德才兼备"是人才标准的一种追求目标，并非强调"德"与"才"的所有方面都完美无缺。因为"德"和"才"都包含了素质要求的多个方面，"德才兼备"是指"德"和"才"中的核心素质是符合用人标准的。

根据"德"与"才"的高低，我们可以将其划分为九种类型，对其的使用措施也有所不同（如下图）。在处理"德"与"才"的关系上，在"德才兼备"的原则下，我们把"德"又摆在更加重要的位置，也就是"以德为先"，因为"德才兼备""以德为先"是一个统一体，是相辅相成的。

德	低	中	高	才
高	有德无才（限制使用）	德>才（培养使用）	"德才兼备"（重用）	
中	德才平庸（减少使用）	德才中等（一般使用）	才>德（合理使用）	
低	无德无才（淘汰不用）	德才平庸（减少使用）	有才无德（限制使用）	

德与才在不同情况下有不同的要求

按照上面的逻辑，"唯才是举"与"以德为先"，其实并不矛盾，它们是指在不同的情况下，对人才素质要求的不同侧重点。

古代一些政治家深知这个道理，他们往往根据当时的形势需要来选用人才。比如前面提到的曹操，在把握"德"与"才"的关系上，偏重于"才"的方面。

他在第一道《求贤令》中提到，选人要以"才"为主。只要有"才"，其他方面有点不足也可以运用，其意就是说不管白猫黑猫，能捉老鼠的就是好猫。第二道《求贤令》中提到，有德行的人未必能干成事；能干成事的人未必德行怎么高尚。陈平"盗嫂受金"，但他能帮助刘邦成就汉朝基业；苏秦最不讲信用，但他能使弱小的燕国强大起来。第三道《求贤令》中提到，陈平、韩信是市井无赖，吴起杀妻求将，母死不奔丧，但他们都为国家立下了不朽的大功，现在天下还没有统一，正是国家用人之际，不管他有什么缺陷，都要积极举荐上来，千万不要有所遗漏。曹操把"唯才是举"的理念发挥到了极致。

在诸葛亮主政时期，蜀国已基本安定下来，治国的重心已从对外战争转移到对内的以经济建设为核心，开始走和平崛起之路。虽然曾六出祁山，但都是小打小闹、虚张声势而已。因此，这时他需要的不是上马定乾坤的将帅之才，而是提笔安天下的治国之才，要以民为本，走群众路线，所以必须把"德"摆在第一位，以德行好坏来决定用还是不用。如果品德好，能力差点，只是不能把事情办好，不会造成大的祸害。能力差点，可以锻炼培养，提高能力，品德不好就不太容易改了。

实际上，诸葛亮的"以德为先"，并不是不注重"才"，它是与"德才兼备"密不可分的，只是在"德"与"才"之间，将"德"摆在更加重要的位置。这种用人的理念，从大方向上来说，应该是合理的。只是诸葛亮晚年在用人时，把"德"的标准提得过高，加上他自己事必躬亲，以致一些有才能的人遭到埋没。此外，唐太宗等其他古代政治家，也都是按照"德才兼备""以德为先"的原则进行官吏的选拔和任用。

事实上，曹操的"唯才是举"思想，在魏国后期其弊端也逐渐显露出来，曹操的继任者重用有才能但对曹魏怀有二心的司马懿家族，最终导致将皇位拱手让人。再来看我们今天，当初中国共产党在革命年代，用人上也是坚持"唯才是举"的原则，团结一切可以团结的力量，来投身革命事业。而革命胜利后，中国共产党将"德才兼备""以德为先"确定为贯彻坚持的用人理念。

由此可见，古往今来的政治家和管理者在处理"德"与"才"的关系上是很聪明的，基本原则是服从于当时的政治路线或战略目标。天下大乱的时候，其主要目标是争夺天下，一切只要对战争胜利有用的人才，都可以运用。当战争胜利了，国家安定太平了，国家的主要目标和任务是搞好建设，发展生产，安定社会，这时在选用人上就要注重"德"的要求。

对于今天的企业管理来说，也是同样的道理。坚持"德才兼备"的原则，要注意从实际出发，不同行业、不同企业、不同层次、不同岗位，对干部的"德"与"才"的要求不尽相同。

从企业的性质来看。外资企业重"德"，特别看重诚实守信等素质；民营企业重"才"，在"德"的方面上比较看重对企业的忠诚；国有企业则要求"德才兼备"，特别强调敬业奉献、清正廉洁等品质，甚至连生活作风问题也有严格的要求。

从企业不同的发展阶段来看。在创业成长阶段，规章制度和管理机制尚不成熟，企业的首要任务是开拓市场，尽快占领市场、增加市场份额，迫切需要有才能的人来支撑企业发展，这时用人主要看重才能，而在成熟稳定阶段，规章制度比较完善，企业文化也已经形成，需要的是守业的人，用人则侧重于"德"，并逐渐强调"德才兼备"。

从不同岗位层级来看。对基层员工，对"德"的主要要求是敬业奉献、有责任心；对中层员工的要求是组织认同、敢于担当等，而对高层员工，对"德"的要求则比较全面，要有良好的品德和修养，除了突出政治品质外，也比较注重清正廉洁、公道正派等职业道德。

从不同的岗位来看。对采购、招标、财务等敏感岗位，更看重的是清正廉洁、诚实守信等品质；对人力资源管理、行政后勤等岗位，更看重的是公平公正等素质；其他的岗位则更加侧重于敬业奉献与责任心。

总之，"德"与"才"之间的关系是辩证统一的，它们相互联系、相互依存、相互制约，不能割裂、不能等同、不能偏废。"唯才是举""以德为先"是并不矛盾的，它是在一定情况下对"德才兼备"人才标准的不同侧重点。

资料来源：MBA 百科，http://news.mbalib.com/story/235270/.

7.2 员工录用的流程与方法

7.2.1 员工录用的流程

由于不同企业人力资源管理制度和用人理念的差异，员工录用的流程也不尽相同。图 7-1 为某企业员工录用流程图。

虽然不同企业的录用程序不尽相同，但是员工录用所包含的一般事项却是相通的。一般来说，员工录用会进行如下几个方面的工作。

第一，整理、比较拟录用人员信息。录用工作初期要组建评价小组，形成评价方法和指标，根据企业和职位所需，对应聘者各方面的能力进行综合评价和比较，对应聘者的"意愿"（工作动机、工作兴趣、个人特征、职业目标）和"能力"（知识、技能本身以及需要获得的能力）进行科学的预判。能力指标可以通过信息核实和能力测试进行评分，意愿指标则通过结构化和非结构化面试进行推测与评定。

第二，对录用决策影响因素进行归纳分析。关注应聘者自身潜能和组织需要之间的对称，关注企业可以提供的薪酬水平和应聘者期望值之间的差距，以当前企业短期需求为主还是长远战略目标为主。

第三，选择合适的录用决策方法。录用决策方法一般有如下几种（下节详细介绍）。统计法：要求更高效的指标体系，反应数据客观。统计法甄选决策要对评价指标的重要性进行区分，赋予权重，进行加权运算，按照分数高低择优录用。补偿法：以高分项弥补低分指标，得出最后总分，按照分数高低择优录用。跨栏法：所有录用环节均要在满足前一阶段的要求后进行，不可跳跃。企业可以根据自身的实际情况选择适宜的录用决策方法。

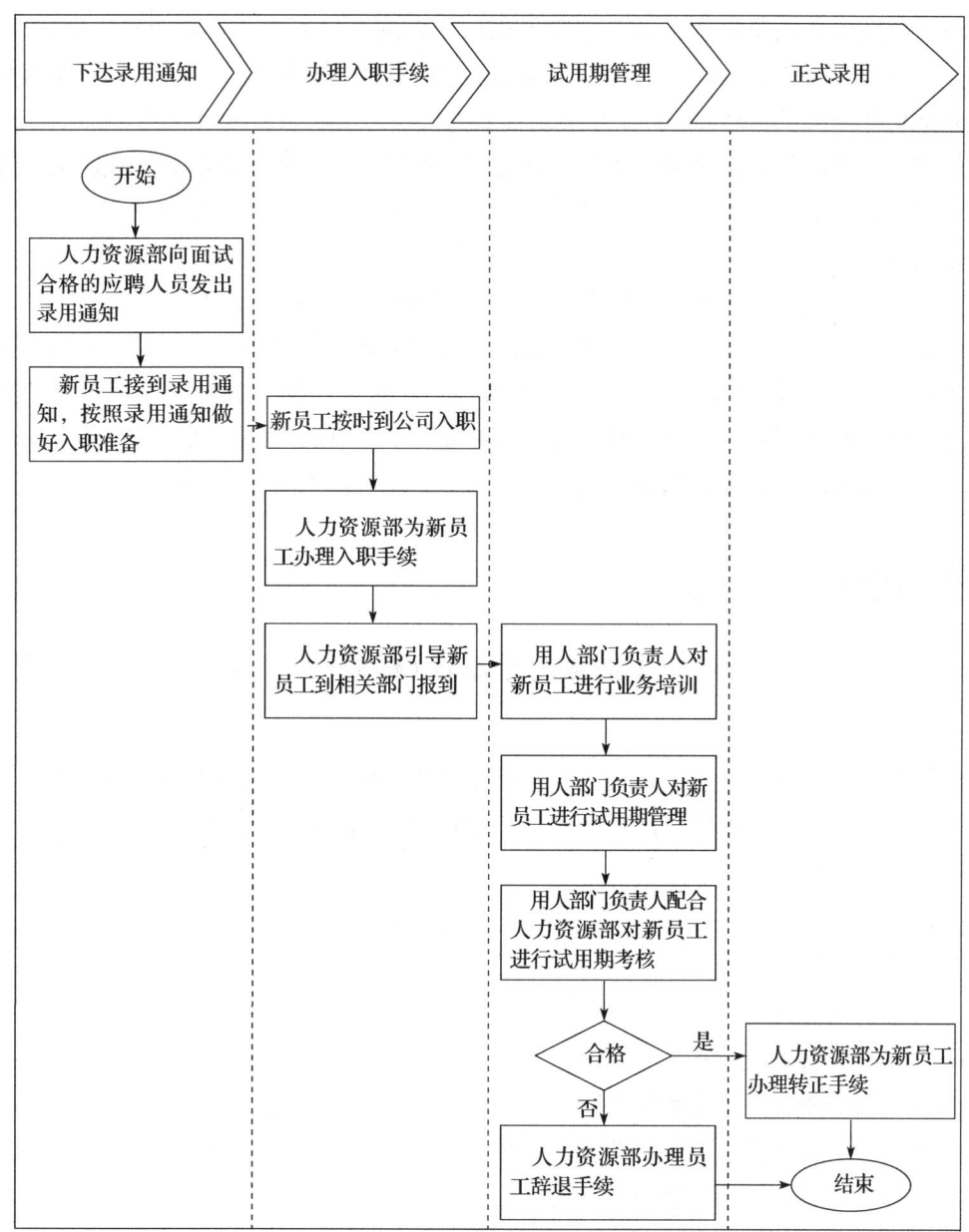

图 7-1 某企业员工录用流程图

第四，录用人员信息核实。录用人员信息核实就是一般意义上所讲的背景调查，主要包括三个方面。

（1）身份信息核实：以个人身份证、户口簿或者护照等信息为标准，对是否存在违法、违纪等信息进行核查。

（2）学历信息核实：学历造假是职场应聘中极易出现的不诚信行为，也直接影响录用后岗位责任的完成质量。因此，录用环节要对个人教育背景进行调查。借用核查辅助手段进行验证，例如权威验证网站。

（3）职业经历信息核实：针对应聘者简历或者陈述中所涉及的职业经历进行核实，包括上岗时间、受聘职位职责、离职原因等信息的真实度进行核实。可以通过结构化面试及非结构化面试了解对曾经的工作经历的满意度及情绪状态，侧面反映其综合素质。

第五，通知应聘者。通知应聘者是录用工作中的一个重要组成部分。在决策过程决定录用或不录用应聘者时要通过书面或非书面方式通知应聘者，按照录用与否，通知可分为录用通知和辞谢通知。

在通知被录用者时要及时，因为求职者往往会同时应聘多个单位，同时获得多个单位的青睐，因而为了争夺人才，在录用阶段中要尽可能缩短录用时间，并将录用通知以最快速度及时通知应聘者。在录用通知中应该讲明报到时间、报到地点以及到达路线等。对于所有被录用者，应该用相同的方法通知，不要有的用电话通知，有的用信函通知，有的用 E-mail 通知，一致地对待所有应聘者，能够给人留下好的印象。

资料链接

书面录用通知书（样本）

_____ 先生 / 小姐：

感谢您应聘本公司 _____ 职位，经初审合格，现根据本公司员工录用规定给予录取，欢迎您加入本公司行列。有关报到事项如下，请参照办理。

一、报到时间

报到日期：20____年____月____日____时____分。地点：_____

二、携带资料

（一）录用通知书

（二）居民身份证（原件及复印件）

（三）学历证书（原件及复印件）

（四）资历、资格证书（或上岗证）

（五）原工作单位解除劳动合同证明

（六）体检合格证明

（七）非本市户口需携带暂住证

（八）近期一寸彩色照片二张

三、根据公司的规定，新员工签劳动合同_____年，试用期_____个月，试用期薪资_____元 / 月。

四、以上事项若有疑问或困难，请与本公司人力资源部联系

联系人：_____ 联系电话：_____

对于未被录用的申请者，同样应该用相同的方式通知其未被录用。每个参加了面试的人都应该得到一个及时的回答，不能因为未被录用而置之不理，这既是一种不礼貌行

为，还显示了企业对人才的不尊重，给企业留下负面影响。对未被录用者的通知尽量采用辞谢信或电话通知的方式，最好采用书面或邮件通知。为表示对人才的尊重，辞谢信最好加盖单位公章和人力资源部负责人的亲笔签名。如果采用电话通知，应在通话过程中表示对应聘者能力素质的认可，并阐述未被录用的理由，向其表示歉意。

资料链接

辞谢通知书（样本）

尊敬的_____先生/女士：

  十分感谢您对我们公司_____职位的兴趣。您对我们公司的支持，我们不胜感激。您在应聘该岗位时的良好表现，给我们留下深刻的印象。

  由于我们名额有限，这次只能割爱，我们已经将您的有关资料备案，并会长期保留，如果有了新的需求，我们会优先考虑您。

  感谢您能够理解我们的决定，祝您早日找到理想的职位。对您热诚地应聘我们公司，再次表示感谢。

  此致

敬礼

人力资源部经理：_____
_____年_____月_____日

  第六，签订劳动合同。签订劳动合同既是确定双方劳动关系的一种方式，也是相关法律的要求。根据《中华人民共和国劳动法》（简称《劳动法》）第十六条第一款规定，劳动合同是劳动者与用工单位之间确立劳动关系，明确双方权利和义务的协议。根据这个协议，劳动者加入企业、个体经济组织、事业组织、国家机关、社会团体等用人单位，成为该单位的一员，承担一定的工种、岗位或职务工作，并遵守所在单位的内部劳动规则和其他规章制度；用人单位应及时安排被录用劳动者的工作，按照劳动者提供劳动的数量和质量支付劳动报酬，并且根据劳动法律、法规的规定和劳动合同的约定提供必要的劳动条件，保证劳动者享有劳动保护及社会保险、福利等权利和待遇。

  2007年通过的《中华人民共和国劳动合同法》（简称《劳动合同法》）对劳动合同的签订、劳动合同的内容、履行、变更、终止等进行了更为明确的规定。第二章第十条规定，建立劳动关系，应当订立书面劳动合同。已建立劳动关系，未同时订立书面劳动合同的，应当自用工之日起一个月内订立书面劳动合同。第二章第八条规定，用人单位招用劳动者时，应当如实告知劳动者工作内容、工作条件、工作地点、职业危害、安全生产状况、劳动报酬，以及劳动者要求了解的其他情况；用人单位有权了解劳动者与劳动合同直接相关的基本情况，劳动者应当如实说明。第二章第十六条规定，劳动合同由用人单位与劳动者协商一致，并经用人单位与劳动者在劳动合同文本上签字或者盖章生效。劳动合同文本由用人单位和劳动者各执一份。第二章第十七条对劳动合同的内容进行了规定。劳动合同的内容一般包括：

（1）用人单位的名称、住所和法定代表人或者主要负责人。
（2）劳动者的姓名、住址和居民身份证或者其他有效身份证件号码。
（3）劳动合同期限。
（4）工作内容和工作地点。
（5）工作时间和休息休假。
（6）劳动报酬。
（7）社会保险。
（8）劳动保护、劳动条件和职业危害防护。
（9）法律、法规规定应当纳入劳动合同的其他事项。

劳动合同除前款规定的必备条款外，用人单位与劳动者可以约定试用期、培训、保守秘密、补充保险和福利待遇等其他事项。

总之，用人单位应根据《劳动法》和《劳动合同法》的相关规定，在协商一致的条件下与员工签订劳动合同。

小案例　　　　　　提供虚假材料的合同有效吗

汤某于2013年3月1日进入上海某公司从事销售工作，入职时，汤某向公司人事部门提交了其本人于2012年毕业于某大学材料工程系的学历证明复印件，并签署"任职承诺书"，承诺："……提供给公司的个人材料均是真实有效的，如有作假，愿意无条件被解除劳动合同……"同时双方签订了终止日为2014年3月1日的劳动合同，此后双方每年续签期限为1年的劳动合同。2017年10月，上海某公司以汤某提供虚假学历证书为由与汤某解除了劳动合同。汤某不服，遂向当地劳动仲裁委员会提起了申诉，诉称公司多次与其续签劳动合同，足以证明公司考虑到了申请人的业务能力而不予计较学历造假一事，公司解除合同违反法律规定，请求公司支付违法解除劳动合同的赔偿金180 000元。本案仲裁、一审均支持了汤某的请求，但二审却做出了截然相反的判决。

7.2.2　员工录用的方法

1. 主观决策法

主观决策法也称为诊断法，是指依赖决策者或者决策团队对于应聘岗位的了解，通过主观判断的方式确定录用人员的一种方式。这种方法操作简单，成本低，对硬件要求低，所以使用更加便捷、经济。但由于主观影响因素干预，决策团队最终可能存在比较差异化的决策，难以做出最终决定，做出的决定也往往缺失说服力。

2. 客观决策法

客观决策法也称为定量决策法、统计法等。相对于主观决策法，客观决策法更为客观和科学。在使用客观决策法进行员工录用的时候，要辨别评分指标的重要性，赋予其权重，最后根据统计的评分结果进行加权运算，按照最终得分进行择优录用。使用统计法进行员工录用时，通常以补偿模式、多切点模式和跨栏模式应用最为广泛。其中：①补偿模式是指评价指标中得分高的指标可以替代一些得分低的指标，即并联指标的使用；②多切点模式要求应聘者达到所有指标的最低限度，然后在从所有达标的候选者中按照统计分数高低进行决策；③跨栏模式采用串联指标，应聘者要通过测试才可以顺利进入下一个阶段的筛选环节，在每个环节的评分都要在合格以上。跨栏模式对应聘者的综合素质有一定要求，同时，对指标体系的区别与设计要求高。在实际应用中，企业最常用的是变通的跨栏模式，即在每个测评环节并不设定合格线，而是按照进阶比率进行环节筛选，只有通过第一环节的候选者才能进入下一个环节，直至通过最后一个测评环节，到达最后录用。

资料链接

××集团新员工入职管理办法

为规范集团新入职员工的引导工作，帮助新入职员工尽快熟悉集团的组织架构、规章制度，融入企业文化，特制定本办法。

一、入职前准备工作

（一）人力资源部门准备工作

1. 与待入职员工确定报到日期，向待入职员工发放"录取通知书"。

2. 通知新入职员工报到时应提交的资料，包括毕业证书、学位证书、职称证书、职业资格证书、身份证、各类个人获奖证书复印件、两张一寸彩色照片、离职证明原件、正规医疗部门出具的健康证明、社保转移单及银行卡号。

3. 准备好新入职员工入职手续办理所需表单。

4. 人力资源部门与用人部门分别确定引导人一名。

（二）用人部门准备工作

1. 待入职员工直接上级（或部门负责人）确认待入职员工的办公场所。

2. 在待入职员工报到日期前，完成办公设备、办公用品的领取。

二、入职引导

（一）人力资源部门办理入职手续

原则上，人力资源部门引导人应于新入职员工报到当日内完成以下工作：

1. 安排新入职员工填写"员工履历表"，将其个人信息采集至EHR员工信息模块。

2. 核实新入职员工提交的毕业证书、学位证书、职称证书、职业资格证书、身份证、个人获奖证书复印件和原单位离职证明，同"员工履历表"一起存档。

3. 确认该员工的社保关系转入时间。

4. 按照相关内部管理制度的规定签订"劳动合同书"。

5. 向新入职员工简要介绍其所在公司的组织结构。
6. 发放派遣通知单和"员工手册"。
7. 明确新入职员工的电话号码、电子邮箱等通信方式，加入通讯录。
8. 办理指纹考勤录入，讲解考勤制度。
9. 向其介绍所属单位适用的人力资源相关管理制度。
10. 引导新入职员工到所属部门，介绍给其直接领导。
11. 经理级（含）以上管理员工的聘任通知在集团执行网上发布，并在泡泡上公开其泡泡号；其他管理员工的情况通过POPO向公司公告。

（二）用人部门工作程序

原则上，新入职员工由人力资源部门引导至所属部门后，用人部门应于入职日起三个工作日内完成以下工作（关键员工的本部分工作可由人力资源部门配合完成）：

1. 直接上级带领新入职员工参观部门，介绍部门人员及其他部门相关人员。
2. 根据职位说明书，直接上级向新入职员工明确其岗位职责权限。
3. 用人部门引导人引导新入职员工办理胸卡、门禁卡、饭卡。
4. 用人部门引导人向新入职员工介绍部门制度、业务及与其他部门对接工作的办理流程。

本办法由集团人力资源中心负责解释，自下发之日起执行。

附件：××集团管理员工入职申报表

××集团管理员工入职申报表

申报时间：＿＿＿＿年＿＿月＿＿日

姓名		所属公司		部门		职位	
入职时间		转正日期		汇报上级		直属下级	
招聘考官	人资部门：面试官＿＿＿＿ 面试官＿＿＿＿ 面试官＿＿＿＿						
	业务部门：面试官＿＿＿＿ 面试官＿＿＿＿ 面试官＿＿＿＿						

申 报 资 料

基本资料		其他资料	
材料名称	是否归档	材料名称	是否归档
职位申请表复印件（附照片）	□是 □否		□是 □否
面试评价报告复印件	□是 □否		□是 □否
个人详细简历	□是 □否		□是 □否
心理素质测评报告复印件	□是 □否		□是 □否
身份证复印件	□是 □否		□是 □否
学历、学位证书复印件	□是 □否		□是 □否
其他职称、资格证书复印件	□是 □否		□是 □否
背景调查报告复印件	□是 □否		□是 □否

备注：

申报人签名：＿＿＿＿＿

7.2.3 常见的录用决策误区

1. 最终录用决策权不独立

录用决策的最终决定权在于该职位的直接主管。主管可以在人力资源部的参谋下，独立做出判断。然而，在现实中，人力资源部可能会通过各种方式有意识或无意识地诱导招聘职位主管的选择，而不是真正由后者独立地做出判断。

2. 录用决策小组成员之间不协调

录用决策的关键点在于录用决策小组成员之间有一致的判定标准，使评价的结果尽量客观、真实。在招聘实践中，录用决策小组成员很可能对应聘者的判断并不一致，如果未能充分地沟通与协调，必然会出现矛盾的结果。

3. 录用决策前未澄清甄选过程中的模糊细节

对甄选中存在疑惑之处，必须要先澄清，然后才能做出录用决策。如果未能对甄选过程中的模糊细节进行充分的调查，在尚存疑点的情况下，就做出最后的录用决策，会增加录用决策失误的可能性。

4. 评价标准不清晰

为了防止决策时依据的标准不统一，造成用人失误，在人力资源部门和用人部门之间应建立统一的对象评价标准。

5. 录用决策前的甄选测试不科学

甄选测试直接为最终的录用决策提供依据，而如果甄选测试缺乏科学性，那么其结果就会导致之后的录用决策不科学。

另外，企业在招聘录用的整个环节应加强对核心、优秀人才的主动吸引措施，摒弃坐等人才上门的思想。企业在建立招聘池的过程中，要有的放矢地重点加强对核心员工、高层次人才的吸引手段。随着高新人才的竞争愈加激烈，企业的招聘工作更是一场高端人才的竞争，没有行之有效的人才引入政策就失去了核心人才，同时使竞争对手的核心竞争力增加，企业陷入更加劣势的竞争地位之中。所以员工录用不是单纯地公开发布信息，坐等应聘简历的工作，而是积极主动地为企业自身设计人才吸引策略的动态过程。从寻求共同文化、价值观的角度吸引志同道合的员工，从合理甚至有竞争力的薪酬待遇角度设计薪酬制度，同时，在录用后，通过科学合理地分配工作岗位，帮助员工建立并强化心理契约，以减少录用后的人才流失。

7.3 新员工入职

7.3.1 新员工入职程序

一般来说，通过录用程序确定了最终录用人员之后，企业就要做好迎接新员工的准备。新员工入职一般包括入职准备、入职报到、入职培训、转正评估、正式员工等五个过程。

1. 入职准备

入职准备是指企业为迎接新员工的到来而做的一些准备工作，主要是准备新员工入职的材料和新员工上岗所需的物资等。比如为新员工安排办公位、申请电脑、电话、办公用品、公司通用邮箱、网络账号等。另外，在入职准备阶段还要确定入职的准确时间，以保证在正式入职前准备好所需的物质材料。

2. 入职报到

入职报到通常是指入职当天所需做的工作。入职当天所做工作一般分为两个部分，一是人力资源部办理入职手续，二是用人部门带领新员工熟悉工作环境。一般而言，人力资源部应指派专人办理新员工的入职手续，为新员工提供全程辅导，让新员工在入职第一天就感觉到组织的温暖，并向新员工介绍公司的基本情况。入职手续办理完毕后，应由人力资源部专职接待人员带领新员工与用人部门进行对接。用人部门应尽可能由部门经理安排其工作位，告知其工作主要内容、注意事项，认识同事，熟悉工作场所，参观公司等。

3. 入职培训

入职报到基本上是在员工入职第一天进行的，在入职手续办妥并熟悉工作环境之后，公司一般会对新员工进行入职培训。由于不同公司的理念和管理制度不同，因而新员工培训的重视程度不尽相同，培训的形式和内容也会有所差异。有的企业会安排 5～30 天，甚至更长时间的入职培训，有的企业可能只会安排一两天的培训，甚至有的企业并不安排正式的培训，仅由人力资源部和用人部门告知其一些岗位必知事项，仅此而已。

4. 转正评估

一般而言，劳动合同都会规定一个试用期，试用期结束后，企业要及时为员工办理转正评估手续。转正是对员工的一次工作评估，也是公司优化人员的一个重要组成部分。转正对新员工来说是一种肯定与认可，转正考核流程的良好实施，可以为员工提供一次重新认识自己及工作的机会，帮助员工自我提高。新员工试用期满，由人力资源部安排转正评估。评估一般包括员工自评和部门经理评估两个部分，其中部门经理的评估结果将对该员工的转正起到决定性的作用。

5. 正式员工

如果新员工通过试用期的转正评估，企业要为员工办理正式入职手续，建立相关人事档案。

7.3.2 新员工培训

1. 新员工培训的内涵和意义

新员工培训,也叫职前教育,是指给企业的新雇员提供有关企业的基本背景情况,使员工了解所从事工作的基本内容与方法,使他们明确自己工作的职责、程序、标准,并向他们初步灌输企业及其部门所期望的态度、规范、价值观和行为模式等,从而帮助他们顺利地适应企业环境和新的工作岗位,使他们尽快进入角色。

如果说招聘是对新员工管理的开始,那么新员工培训是企业对新员工管理的继续。这种管理的重要性在于通过将企业的发展历史、发展战略、经营特点及企业文化和管理制度介绍给新员工时,对员工进入工作岗位有很大的激励作用,新员工明确了企业的各项规章制度后,员工可以实现自我管理,节约管理成本。通过岗位要求的培训,新员工能够很快胜任岗位,提高工作效率,取得较好的工作业绩,起到事半功倍的效果。通过新员工培训,管理者对新员工更加熟悉,为今后的管理打下了基础。

新员工培训对于个人来说是对企业进一步了解和熟悉的过程,通过对企业的进一步熟悉和了解,一方面可以缓解新员工对新环境的陌生感和由此产生的心理压力,另一方面可以降低新员工对企业不切合实际的想法,正确看待企业的工作标准、工作要求和待遇,顺利通过磨合期,在企业长期工作下去。新员工培训是新员工职业生涯的新起点,新员工培训意味着新员工必须放弃原有的与现在的企业格格不入的价值观、行为准则和行为方式,适应新组织的行为目标和工作方式。

2. 新员工培训的内容

虽然不同企业新员工培训的内容和方式会有所差异,但一般来说,新员工培训包含如下内容。

(1)企业概况:企业创业历史,企业现状以及在行业中的地位、企业品牌与经营理念、企业文化、未来前景、组织机构、各部门的功能和业务范围、人员结构、薪资福利政策、培训制度、历年重大人事变动或者奖惩情况、团队精神介绍、沟通技巧训练及新员工所希望了解的其他方面。

(2)员工守则:企业规章制度、奖惩条例、行为规范等。

(3)入职须知:入职程序及相关手续办理流程。

(4)财务制度:费用报销程序和相关手续办理流程以及办公设备的申领使用。

(5)安全知识:消防安全知识、设备安全知识及紧急事件处理等。

(6)沟通渠道:员工投诉及合理化建议渠道介绍。

(7)实地参观:参观企业各部门以及工作娱乐等公共场所。

(8)介绍交流:介绍企业高层领导、各部门负责人及对企业有突出贡献的骨干于新员工认识并交流。

(9)岗前培训:服务意识、岗位职责、业务知识与技能、业务流程、部门业务周边关系等。

资料链接

某企业新员工入职培训方案

第一条 入职培训的目的

1. 使新进人员了解本公司概况及规章制度,认识并认同企业文化。

2. 使新员工明确自己的岗位职责、工作任务和工作目标,尽快进入岗位角色,融入新的环境中来。更快地胜任拟任岗位的工作并遵守规定,减少双方磨合的时间。

第二条 培训的对象

企业新进人员。

第三条 培训的时间

新员工入职培训期为一个月,包括15天的集中脱岗培训及后期的在岗指导培训。

第四条 培训的内容

1. 企业概况:公司创业发展史、企业现状以及在行业中的地位、发展目标、组织机构、各部门的功能和企业的经营业务。

2. 企业管理制度:薪酬福利制度、企业奖惩制度、员工行为规范等。

3. 职业礼仪。

4. 职业生涯规划。

5. 人际沟通技巧。

6. 介绍交流。

第五条 培训阶段

1. 公司总部培训。

2. 所在部门培训。

3. 现场指导。

第六条 培训计划安排

培训计划安排如下表所示。

培训计划安排日程表

培训课程	实施时间	培训地点	培训主要内容
军训	7天	××部队	1. 增强学员的国防意识 2. 提高学员的集体主义精神 3. 培养学员吃苦耐劳的品德
企业概况	2个课时	集团学院	1. 企业的经营理念和历史 2. 企业的组织结构 3. 企业的经营业务和主要产品 4. 企业在行业中的竞争力状况
职业礼仪	2个课时	集团学院	1. 个人仪容仪表规范 2. 待人接物行为规范 3. 社交礼仪

（续）

培训课程	实施时间	培训地点	培训主要内容
企业管理制度	2个课时	集团学院	1. 薪酬福利制度 2. 奖惩制度 3. 员工日常行为规范 4. 员工考勤制度 5. 劳动关系制度
企业文化	2个课时	集团学院	1. 企业价值观 2. 企业战略 3. 企业道德规范
职业生涯规划	2个课时	集团学院	1. 职业目标的设立 2. 目标策略的实施 3. 内外部环境分析 4. 自我评估
人际沟通技巧	4个课时	集团学院	1. 沟通的意义 2. 沟通的障碍 3. 沟通的技巧 4. 沟通的原则
介绍交流	4个课时	集团学院	企业领导和优秀员工与学员开放式的互动交流
企业参观	0.5天	企业办公场所	参观企业

第七条　各部门及现场指导培训的重点在于培训学员的实际操作技术、技能。其要点如下：

1. 拟任岗位的工作技能及工作方法。

2. 日常注意事项。

第八条　从事培训指导的人员本身必须具备丰富的专业知识、熟练的工作技巧，并且能耐心、细心地解决学员在培训期间所遇到的问题。

第九条　带训人员若表现突出，企业将视情况给予奖励。反之，若带训人员工作不认真、不负责，企业会视情况给予惩罚。

第十条　培训考核

培训考核分书面考核和实操考核两部分。

集中脱岗培训以书面考核为主，在岗培训以实操考核为主，满分均为100分。企业执行3%的末位淘汰率，由员工所在部门的领导、同事及人力资源部共同鉴定。

第十一条　培训效果评估

人力资源部制定调查表进行培训后跟踪，以使今后的培训更加富有成效并能达到预期目标。

第十二条　本制度自发布之日起执行，解释权归企业人力资源部所有。

××××年××月××日

资料来源：作者收集于网络。

学习建议

在本章的学习过程中,大家应该把重心放在员工录用的法律风险防范上,掌握员工录用的必要程序,理解劳动合同在员工录用过程中的地位和作用,掌握一般劳动合同的内容,掌握新员工培训的基本内容,熟练运用新员工培训的操作程序。

【本章重点】

员工录用的内涵、员工录用的程序、员工录用的方法、员工录用决策模式、员工录用的法律风险防范、新员工培训内容、新员工培训流程。

【本章难点】

员工录用的法律风险防范,新员工培训内容

核心概念

员工录用、员工录用原则、背景调查、录用决策、录用方法、劳动合同、试用期、转正评估、新员工培训。

课后思考与练习

1. 在员工录用过程中应秉承什么原则?
2. 新员工上岗培训的内容有哪些?
3. 在员工录用过程中可能存在哪些法律风险?如何防范?
4. 员工录用的一般程序有哪些?
5. 在迎接新员工入职时,企业应做好哪些准备?
6. 签订劳动合同是不是员工入职的必要工作?为什么?

实训应用

实训项目:新员工培训

实训目的:通过实训使学生掌握新员工培训的一般内容和流程,掌握新员工培训的组织技能。

实训内容:中国重型汽车集团有限公司(简称中国重汽)的前身是济南汽车制造总厂,始建于1956年,是我国重型汽车工业的摇篮,现为山东省济南市人民政府国有资产监督管理委员会直接监管的重要骨干企业之一。中国重汽曾在1960年生产制造了中国第一辆重型汽车——黄河牌JN150八吨载货汽车;1983年成功引进了奥地利斯太尔重型汽车项目,是国内第一家全面引进国外重型汽车整车制造技术的企业。2007年中国重汽在中国香港主板红筹上市,初步搭建起了国际化平台;2009年成功实现与德国曼公司的战略合作,曼公司参股中国重汽(香港)有限公司25%+1股,中国重汽引进曼公司D20、

D26、D08 三种型号的发动机，中卡、重卡车桥及相应整车技术，为企业长远发展奠定了坚实的基础。目前，中国重汽已成为我国最大的重型汽车生产基地，2016 年 8 月，中国重汽在"2016 中国企业 500 强"中排名第 222 位。由于公司发展需要，2017 年公司面向应届毕业生招聘了 150 名新员工，分别为机械制造专业 25 名，汽车工程专业 35 名，凝聚态物理专业 5 名，市场营销 10 名，人力资源管理 4 名，财务人员 21 名，储备人才 50 名。请以人力资源部的身份编制一套新员工培训方案，要求方案具有可执行性。

章末案例

案例 1

某单位在某网站上刊登了数十个岗位的招聘启事，招聘条件统一为"同行业两年以上从业经验；如果应聘的是管理职位，还需有同行业管理职位两年以上从业经验"。李某看到招聘广告后决定应聘该公司行政主管一职。经面试合格后该公司与李某签订了一份合同书，合同约定试用期为 3 个月。试用期满前，公司通知李某，由于其未通过试用期的考核评估，因此公司决定与其解除劳动合同。李某认为，公司的行为属于违法解除劳动合同，遂向劳动争议仲裁委员会申请仲裁，要求公司支付违法解除劳动合同的经济赔偿金。

审理结果

仲裁委经审理认为，公司以李某试用期工作表现不符合录用条件为由解除劳动合同，首先应当拿出经双方确认的或向李某公示的集体录用条件。在本案中，由于公司对符合法律要求的具体录用条件无法举证，因此，仲裁委员会认定公司招聘广告中写明的招聘条件即为公司的录用条件，鉴于李某完全符合该条件的要求，仲裁委员会支持了李某的申诉请求，要求公司承担违法解除劳动合同的赔偿责任。

问题：

企业在招聘录用员工时如何才能避免案例中出现的情形？

案例 2　　　　　　　　录用通知书能否代替劳动合同

2016 年 2 月，北京某广告公司完成了一次外部招聘，经过层层筛选，某高校应届毕业生王某成为他们的录用对象之一。录用名单确定后，公司按照招聘程序向王某发出了录用通知书，其中标注了他的工作岗位、工资报酬等。王某接到通知书后便到公司办理了入职手续，双方没有签订正式的劳动合同。2016 年 12 月 26 日，公司因受外部经济环境的影响而陷入经营危机，决定实行经济性裁员，王某不幸被列入裁员名单。双方在协商解除劳动合同的过程中，王某提出，公司一直没有与他签订书面劳动合同，按照劳动合同法的相关规定，公司应当向他支付在职期间的双倍工资。但公司认为，招聘时，公司便向包括王某在内的每个被录用人员发放了录用通知书，通知书中包括了《劳动合同法》规定的劳动合同应当具备的所有条款，工资、福利、试用期、岗位等内容一应俱全。

在职期间，双方一直按照录用通知书中的内容履行各自的权利义务，王某认可录用通知书的内容和效力，从未对此提出过任何异议。因此，录用通知书就是劳动合同，公司愿意按照法律规定向王某支付经济性裁员的经济补偿金，但不应当向王某支付双倍工资。双方最终未能协商一致，王某向劳动争议仲裁机构提起仲裁。

问题：
1. 如果你是仲裁员，你会如何做出仲裁结果？为什么？
2. 录用通知书和劳动合同各有什么功用？录用通知书上规定的劳动内容、劳动报酬、劳动条件等内容是否必须构成劳动合同的内容？为什么？

相关链接

全国大学生创业服务网：http://cy.ncss.org.cn/
全国大学生就业公共服务立体化平台：http://www.ncss.org.cn/
中国人才网：http://www.cnjob.com/
中华英才网：http://www.chinahr.com/
智联招聘：http://ts.zhaopin.com/
前程无忧：http://www.51job.com/
中国人力资源网：http://www.hr.com.cn
中国人力资源开发网：http://www.chinahrd.net
中国外语人才网：http://www.jobeast.com/
中国汽车人才网：http://www.carjob.com.cn/
猎聘网：http://www.liepin.com/
人力资源总监：http://cho.icxo.com/
中国服装人才网：http://www.cfw.cn/
IT 英才网：http://it.800hr.com/
应届生求职网：http://www.yingjiesheng.com/
过来人求职网：http://www.guolairen.com/
中国教育在线：http://www.eol.cn/

【附录】

【附录 7A】 美的整体厨卫事业部新员工入职指南

目　录

◆ 事业部概况与发展篇
　事业部简介
　主要产品

事业部战略规划

事业部文化理念

◆ 入职指引篇

第二章　入职指引

第二章　办公室工作服务指引

第三章　适应与沟通

第四章　试用与转正

第五章　培训与发展

第六章　绩效管理

◆ 员工关系篇

第一章　员工关系与沟通

第二章　劳动合同管理

◆ 生活指引篇

事业部概况与发展篇

事业部简介

　　整体厨卫事业部全称广东美的厨卫电器制造有限公司，位于广东省佛山市顺德区北滘镇美的工业城，是目前全球最具规模的，集研、产、销于一体的大型综合性整体厨卫产品制造基地之一。事业部成立于 2007 年 9 月 5 日，其前身为 1999 年成立的广东美的厨具用品制造有限公司，是美的日用家电集团旗下专业生产经营燃气具、卫浴电器、厨房电器的制造供应商。其年产能达 500 万台，厂房面积 16 万平方米，员工 2 000 多人。

　　事业部下设一个专业销售公司（国内营销公司）、三个专业产品公司（卫浴电器公司、厨房电器公司、燃气具公司）、三个职能部门（经营管理部、财务管理部、审计监察中心）以及一个整体橱柜项目组。

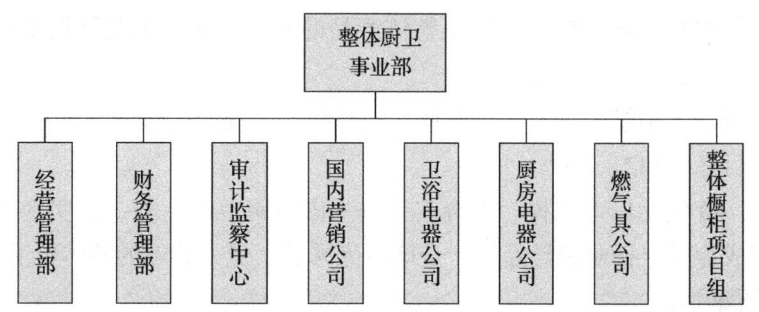

　　事业部在产品研发、品质保障、生产制造、市场营销等方面均拥有领先优势。

　　产品研发方面：事业部拥有先进的研发中心与优秀的研发团队，与西北工业大学等国内知名高校展开了多项技术合作，并成立了博士后工作室，目前烟机的实测风量和油脂分离度两项指标均居国内领先水平。2007 年研制成功的第四代纯上进风燃烧系统，使美的灶具在各种极限使用条件下一次点火成功率可达到 90% 以上，奠定了行业技术领先地位。

在对外合作项目中，事业部先后与日本 TOTO、德国斯宝亚创集团等跨国公司合作开发新产品。2007 年，与德国斯宝亚创集团合作的 AEG 项目，成功开发出一款多型号燃气热水器产品，并获得 CE 安全认证，拥有了在欧盟国家中销售的通行证。

品质保障方面：事业部拥有先进完善的国家级测试评价中心。吸油烟机 2003 年首批获得"国家免检产品"称号，2004 年获得"中国环保节能产品认证"；燃气灶具 2004 年通过了"CGC"蓝火苗安全认证，2007 年被授予"中国名牌产品"称号；电热水器 2005 年获得"中国名牌产品"称号；消毒柜 2002 年通过"CQC"安全认证，2005 年获得"广东省名牌产品"称号，是消毒柜国家标准的主要起草单位。

生产制造方面：事业部采用行业领先的设备和技术，拥有 15 条自动装配生产线，并引进国际领先的美国诺信喷涂喷漆生产线，购置意大利进口激光切割机，配置中国台湾地区金丰 200 吨双曲轴冲床、天锻、合锻冲压设备 300 多台，建立了行业领先的喷涂车间、钣金车间和搪瓷内胆车间。

市场营销方面：事业部目前在全国 26 个省、自治区、直辖市设立了 30 多个营销管理中心，建立了以 200 多家省一级经销商为支撑、近 4 000 个零售终端为骨架（其中专卖店近 1 000 家）、近 2 000 个特约顾客服务中心为后盾的市场销售网络；在海外市场，整体厨卫产品远销欧洲、美洲、非洲、东南亚等众多国家和地区，出口量持续上升。

主要产品

- 卫浴电器公司：储水式电热水器、快热式热水器、浴霸。
- 厨房电器公司：吸油烟机、消毒柜。
- 燃气具公司：燃气灶、燃气热水器。

事业部战略规划

总体思路

- 对内：加快核心部件的自产以及整体产品的研发水平、工艺万贯水平的提升，快速提升产品力。
- 对外：创新营销模式，走渠道专业化的路线，实现全渠道的突破和领先。

总体发展目标：3321 工程

3 年时间、30 亿元以上规模、综合实力进入国内厨卫产业前二，实现 1 亿元以上的利润。致力于成为厨卫行业领导品牌，全球最优秀的、受人尊敬的整体厨卫方案供应商。

事业部文化理念

企业使命

为人类提供美的生活品质，塑造最优的整体厨卫家居环境。

企业愿景

我们致力于成为厨卫行业领导品牌，全球最优秀的、受人尊敬的整体厨卫方案供应商。

◇ **企业价值观**

以人为本、绩效导向。

◇ **企业精神**

激情、超越、务实、创新。

◇ **企业作风**

紧密团结、共同创业、饱含激情、艰苦奋斗。

◇ **企业口号**

憋足一口气、抱团打天下。

入职指引篇

➢ 了解入职程序，帮助您减少可能的慌乱，从容办理各项手续

第一章 入职指引

报到材料准备

1. 与原单位解除劳动合同的证明。

2. 毕业证、学位证、职称证、身份证等原件及复印件各两张。

3. 需交一寸彩色标准照片三张（用于员工入厂手续、工作卡、体检）。

4. 非顺德户口的员工在户口所在地出具"流动人员计划生育证"及在北滘镇派出所办理暂住证。

5. 体检证明。

报到总流程

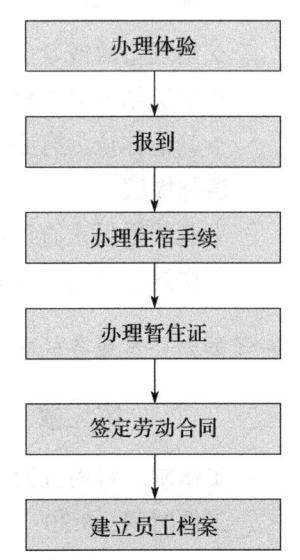

第一步：办理体检

◇ 领取体检表，体检时间：周一至周五 8:00～10:00，取回体检结果交经营管理部。

◇ 体检费用：50元，应届毕业生免费。

◇ 办理部门：美的工业城东区西门职工医院

咨询电话：8917/8619

第二步：报到

◇ 提交个人资料，在"录用登记表"上填写准确的个人资料。

◇ 领取工作卡。

◇ 办理部门：经营管理部及各产品公司营运管理中心。

咨询电话：7236（事业本部），5253（卫浴电器公司），5323（厨房电器公司），3885（燃气具公司），2593（国内营销公司）。

第三步：办理住宿手续

◇ 员工到农行开存折，凭"试用员工审批表"和"住宿通知单"办理住宿手续。

- 领取钥匙和出入证，检查房内设施，入住。
- 办理部门：物业管理处。

第四步：办理暂住证

办理部门：北滘镇派出所（顺江居委会）。

第五步：签订劳动合同

- 签订"劳动合同""保密协议"一式两份。
- 关键岗位：签订"竞业限制协议"一式两份。
- 办理部门：经营管理部及各产品公司营运管理中心／人力资源中心。

咨询电话：7236（事业本部），9403（卫浴电器公司），5323（厨房电器公司），2459（燃气具公司），2593（国内营销公司）。

第六步：建立员工档案

- 员工档案包括以下材料：毕业证复印件、CET4/6复印件、学位证复印件、职称证复印件、身份证复印件、员工履历表、原单位解除劳动合同证明文件（毕业生不需要）、暂住证和就业证复印件、计划生育证明复印件等。
- 办理部门：营运管理部及各产品公司营运管理中心／人力资源中心。

咨询电话：7236（事业本部），9403（卫浴电器公司），5323（厨房电器公司），2459（燃气具公司），2593（国内营销公司）。

📖 特别事项

当个人资料有以下变更或补充时，请您在1个月内将变更材料交给经营管理部或所在产品公司的营运管理中心，以确保与您有关的各项权益。

- 姓名、身份证号码、家庭地址和电话号码、婚姻状况。
- 出现事故或紧急情况时的联系人。
- 培训结业或进修毕业。
- 其他你认为有必要知会事业部的个人信息。

温馨提醒

事业部提倡正直诚信，并保留审查您提供的个人资料的权利。如有虚假，事业部将立即与您终止试用或解除劳动合同，并由您承担由此引发的一概后果及责任。

> 了解办公室服务的相关信息将有利于您工作的顺利开展

第二章　办公室工作服务指引

工作制：每周五天半工作制

工作时间：8:30～18:00

　　　　　（午休：11:30～13:00）

打卡：上班打卡时间不得晚于 8:30

　　　　下班打卡时间不得早于 18:00

座　　位：由您所在部门统一安排
办公桌椅：由您所在部门统一申领
厂　　卡：由经营管理部统一办理

异常处理：⊙忘带工作卡及忘打卡请填写"打卡异动申请"，否则按旷工处理。
⊙迟到也需打卡，否则按旷工处理。
⊙请假、出差、休假需办理相关手续，如有可能发生缺勤、迟到等现象，应及时与您的上司联系。
提醒：严禁代人打卡，上班必须将厂卡佩戴于胸前。
⊙咨询电话：1134，具体内容参见"办公管理办法"。

电脑：由部门统一申请，但需要一定的时间。如果您的电脑出现问题或咨询 IT 方面的信息，请致电 6100，具体内容详见"总务管理办法"。

提醒您：电脑正常使用年限为 5 年，严禁随意拆卸电脑和重新配置、更换配件。

个人邮箱、名片：向部门提出申请，表格可以请信息员帮忙提供。详细情况可询问经营管理部，电话 1134。

提醒：E-mail 经常保持打开状态，养成定时收看 E-mail 的习惯。

票务、公务用车、电话及办公文具申请：请直接与您部门的信息员联系。

复印、传真：复印密码请与您所在部门的信息员联系，传真服务请直接与您所在部门的信息员联系。

特别提醒：办公区严禁吸烟，如有需要，请到指定的区域！

在事业部内如何打电话

呼出

◇ 拨"0"可以打外线。
◇ 美的内部联络直接拨打分机号。
◇ 外部打入事业部拨 2633 + 分机号。

转接

◇ 本机转到他人座机：快速按一下 R 键，接着按下他人座机的分机号码即可。
◇ 他人座机转到本机：拿起话筒，按下 *71*××××#（××××为他人座机的分机号码）。

密码

◇ 电话密码的设立：拿起话筒，依次按以下电话按键 *54*2××××#。
◇ 电话密码的开启：拿起话筒，依次按以下电话按键 #54*2××××#。

提醒：经理级以上人员必须在 7:30～22:00 时间段内保持手机开通。

内部信息网—CMP，电话：1929

制度表格：查询公司各类流程制度和效率表格。

通讯录：查找同事联系方式。

公司概况：了解过去，展望未来。

新闻中心：内部新闻、综合社会信息。

分权手册：查询各类业务工作办理审批流程。

财务小知识，咨询电话：2422，具体内容详见"财务审批制度"

五项费用报销（差旅费、业务费、汽车费、邮政费、办公费）

五项费用支出采取年度预算内的月度项目执行预算，员工凭费用发票，填写费用支出报销单（差旅费凭差旅费报销单附出差报告申请单，办公费用凭发票、进仓单、合同）办理付款手续。

员工借款

借款管理原则："及时报账，前期不清，后期不借。"因公出差借款填写出差报告申请单，其他借款凭业务报告填写借款申请单。

◇ 私人借款。

1）私人借款限额 1 000 元，仅限于应届毕业生，由个人提出申请，经营管理部审批。

2）福利性借款按股份公司及事业部政策，个人申请，经营管理部部长审批。超政策的总经理批准或转批。

◇ 因公借款由个人凭相关业务审批报告原件，填写"借款申请单"（出差凭"员工出差申请单"）。

1）国内营销部驻外业务员：管理中心经理限额 10 000 元，管理中心非本地化客户专员限额 4 000 元，非本地化客服主任限额 5 000 元。

2）其他人员（包括营销内勤人员）国内出差借款：经理及以上人员限额 15 000 元，经理级以下人员限额 10 000 元。海外差旅费根据差旅标准而定。

3）其他的因公借款凭已审批的业务报告办理。

提醒您：

出差人员返回后一周以内，其他的因公借款业务在规定时间内必须凭有效单据填单冲账或现金归还借款。逾期不归又没有合理的理由及书面报告的，财务管理部将对经办人进行通报处罚。

员工岗位业务费（工资部分）报销流程

个人填写"费用支出报销单"→部门负责人审核→财务管理部费用管理主管审核单据，出纳办理。

提醒您：

1. 按正常报销业务分类（业务费、差旅费、办公费）填写，如"业务费"××元，"电话费"××元。(各员工如不清楚如何填写，相关事宜可以咨询财务管理部。)

2. 发票的粘贴要按照业务类型进行分类。发票背面填写报销人姓名。

3. 业务费报销条粘贴在费用报销单的左上角。

4. 所有报销手续必须取得发票或行政事业单位统一收据。特殊原因不能取得的，必须事前知会财务部，按照财务部的指引操作，否则不予办理报销手续。财务管理部已审批的费用，会通知各部门信息员或经办人，信息员或经办人务必在通知当日到财务管理部领取费用报销单，逾期财务部不负责保管。

➢ 主动性是融入团体的前提条件，快点加入我们的大家庭吧！

第三章 适应与沟通

以下场合是您熟悉环境的好地方。

◇ **食堂**：边吃边聊很容易建立友好关系。
◇ **餐桌上**：和部门同事吃饭是很不错的交流机会。
◇ **晚会、游戏或其他集体活动**：积极参加各种活动，让您和同事都有熟悉的机会。事业部经常会有各种文体活动，诸如羽毛球、篮球之类的；在圣诞节等节日我们也会举办相应的员工晚会。
◇ **员工宿舍**：大部分新员工都选择住在美的的宿舍，串串门你会有许多新发现。
◇ **事业部论坛**：事业部自己的 BBS，厨卫人在里面讨论大事小事、开心事、不平事、生活、工作等，进去看看肯定会有许多收获的。
◇ **协同管理平台**：报到后，您将获得协同管理平台的账号和密码。协同管理平台（简称 CMP）有强大的功能。事业部办公人员可以利用 CMP 进行日常办公、公文审批、文件共享、知识共享、项目管理、产品研发等，促进办公人员之间的交流和协作。下面简单介绍一下常用的几种功能。

➢ 制度、文件查询。公司的各种重要制度、文件都会挂在平台上，您进入平台后，点击协同管理—文档管理—所有文件，您可以方便地浏览公司的制度和文件，也可以在通讯录里查找同事的联系方式。

➢ 邮件管理。您可以通过邮件管理系统快捷地和同事互通信息，也可以通过附件发送资料。平台启动后，当您看到桌面右下角有发红光的灯泡，那说明有人发邮件给您了。

➢ 流程管理。公司提倡高效率的无纸化办公，各种申请、报告都可以在平台上走流程进行审批。您可以将要走流程的文件导入平台"我的工作—我的文件"，然后平台自动会生成审批程序。整个流程走完，文件也就审批完毕了。

➢ 文档共享。假如您想让您的文档共享，可以把它导入"我的工作—我的文件"里，然后设置共享。在设置共享时，您可以选择共享的对象及共享的权限。

在使用 CMP 系统时遇到问题，请与 IT 管理中心联系，咨询电话：1929。
详情请查阅"协同管理平台使用、维护管理办法"。

第四章 试用与转正

试用与转正录用

试用期原则上为 3 个月，最长不超过 6 个月。在此期间，如果员工认为事业部的实际状况、发展机会与预期有较大差距，或由于其他原因而决定离开，可提出辞职，并按规定办理离职手续。相应地，如果员工的工作无法达到要求，事业部也会终止对其试用。

试用期请假，转正时间将会延长，请假超过一个月，做自动离职处理。转正时间为入职后第三个月的下旬。

| 试用转正流程 |

第一步：转正申请

在新员工入职后的第三个月中旬，将可提出转正申请（表现特别优异者，事业部将视其情况予以提前转正；对于表现较差者将缓期转正或辞退，试用期最多不超过6个月）。

第二步：提交转正工作总结

◇ 试用期培训学习的内容和成果。

◇ 试用期主要的工作内容和工作结果、岗位适应情况。

◇ 目前存在的问题及下一步计划。

◇ 其他需要说明的问题。

第三步：转正考评

◇ 经营管理部（或所在产品公司的营运管理中心）与部门沟通。

◇ 经营管理部（或所在产品公司的营运管理中心）或业务线经理与您面谈。

第四步：办理审批手续

◇ 达到要求，经营管理部（或所在产品公司的营运管理中心）办理正式录用手续和转正工资申报手续。

◇ 未达到要求，缓期转正或辞退。

第五章　培训与发展

建立多元和尊重人的人力资源文化，为员工提供成长与发展的机会，激励员工贡献并与企业分享成功，建立良性绩效循环。

咨询电话：3253 7108（事业本部）　5253（卫浴电器公司）
　　　　　3891（厨房电器公司）　3885（燃气具公司）
　　　　　3518（国内营销公司）

| 人才培养 |

1. 培养原则：培训主要采取学用结合，以岗位技能培训为主，采用多种形式进行。

2. 岗前培训：新进员工必须接受统一组织的岗前培训，员工的出勤情况、考试成绩、表现将作为转正的依据之一。岗前培训的主要目的是让新员工了解事业部的基本情况，熟悉企业文化，掌握基本工作知识和技能。

3. 事业部经营管理部行政与人力资源中心为事业部员工教育与培训工作的业务指导机构与管理部门，各二级人力资源为各单位员工教育培训工作的归口管理部门。

4. 培训体系：

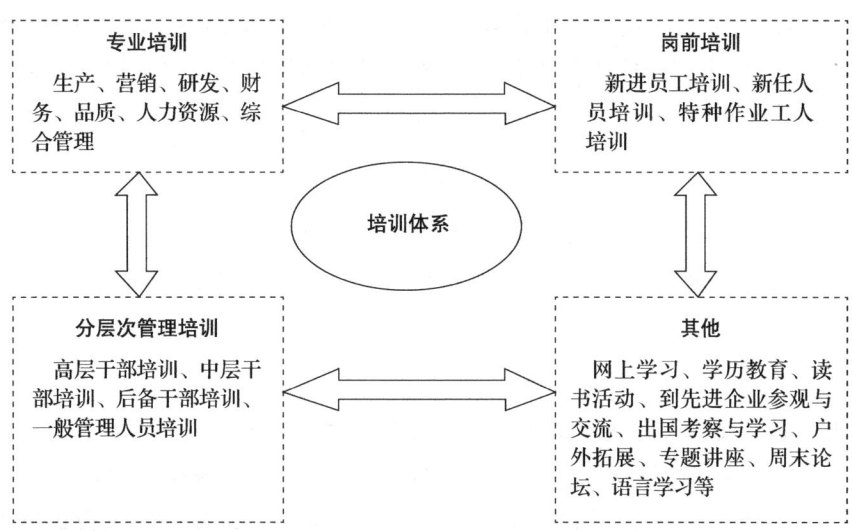

培训费用管理

培训费用报销及签订培训协议年限请详见事业部最新"培训管理办法"。

第六章　绩效管理

绩效管理的核心思想为"业绩导向、关注过程"，事业部通过关键绩效指标（KPI）的自上而下的层层分解，最后落实到具体岗位，从而保证事业部战略目标落到实处。

咨询电话：3253（事业本部）　3891（厨房电器公司）　5253（卫浴电器公司）
　　　　　9492（燃气具公司）　9525（国内营销公司）

绩效考评体系

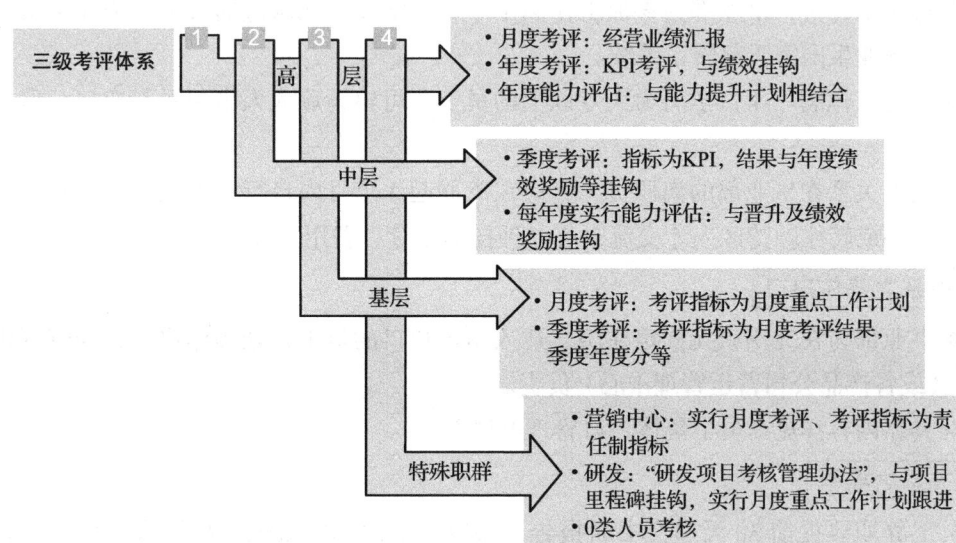

考评结果运用

1）以岗位说明书为基础实施绩效考核，与个人固定薪酬调整及浮动薪酬挂钩。

2）以资质评估为基础实施能力评估考核，考核结果作为对员工进行培训、职位升降、调动、裁员等的重要依据。

员工关系篇

第一章 员工关系与沟通

事业部提倡内部融洽、友好、和谐的人际关系，致力于建立一种参与、平等、沟通的工作氛围。

投诉渠道

员工认为部门及个人有违反事业部各项规章制度或损害事业部、员工正当合法权益的行为，均可依据规定的途径提出投诉，投诉范围涵盖任何业务操作行为。

1）事业部提倡实事求是的投诉原则；提倡员工通过内部途径解决投诉问题；提倡员工署名投诉，但对匿名投诉也同样对待；提倡员工直接向事业部投诉。

2）员工可通过以下途径直接向公司提出投诉：

◇ 拨打内部投诉热线电话 7236。

◇ 投递或邮寄信件、发送投诉传真。可将信件直接投入公司设于厂区各主要场所的任何一个意见箱内，也可通过邮寄方式将信件寄至经营管理部或审计监察中心。

◇ 到审计监察中心面谈。

3）接到员工投诉后，事业部将组织有关人员进行调查，并根据调查结果尽快做出处理决定。

具体内容参见"员工投诉管理办法"。

员工关系之人事关系

◇ 每年7月份，事业部为参加工作满1年、经学校分配派遣的大中专毕业生员工办理毕业生国家干部转正手续。

◇ 美的工作满一年，学历为大专以上的员工，可申请调入人事关系与户口，费用自理。

◇ 人事关系在事业部的离职员工，应在离职起3个月内自行将本人人事关系调出事业部或转往顺德区人才交流中心办理挂靠手续，费用自理。

员工关系之集体户口

◇ 事业部为在北滘镇无固定住房、迁入本地户口的员工办理集体户口，经营管理部（或各产品公司营运管理中心）负责。

◇ 具体内容详见"员工集体户口管理办法"。

员工关系之离职

员工辞职要提前30天递交书面报告，领取员工辞职审批表、离职人员手续办理通知单、工作交接表、资产交接表并按管理程度进行办理和审批，经理级以上干部、财务人员、销售人员及敏感岗位员工须经审计监察室审计后方可离职。对未按规定办理离职手续的员工，事业部将酌情扣发其薪资，且辞职人员需签订解除劳动合同书面协议方能离职。

第二章　劳动合同管理

事业部实施全员劳动合同制管理，事业部与员工签订劳动合同；员工与事业部之间签订的"保密协议""竞业限制协议"及其他劳动合同附件是劳动合同的组成部分；劳动合同规范文本由事业部结合法律规定预先制定。

合同类型及期限

序号	类型	签订对象	合同（协议）期限	试用期
1	劳动合同	季节工、生产工	季节工以完成一定的工作任务为期限 生产工合同期一年至二年	以完成一定工作任务为期限的合同不约定试用期
		非生产工种、大专以上学历员工、管理岗位员工	普通员工合同期三年 高层及业务骨干人员合同期三年	新员工试用期三个月
2	特聘合同	特殊专业人才、国际化人才、其他战略人才	首次签订合同期限一般为一年，再次签订转为劳动合同的期限	试用期一般一个月
3	劳务合同	已退休人员、内退人员等	协议期一年	

合同签订、变更

- ◇ 新员工入职 15 日内，事业部完成与新聘员工合同的签订手续。
- ◇ 各单位变更劳动合同要与员工协商一致，并采用书面形式签订补充协议或重新签订劳动合同。内部调动的合同签订：在美的集团内部跨经营单位调入事业部的员工，事业部应与新调入员工重新签订劳动合同，美的工龄需连续计算，原单位给调出员工出具解除劳动合同证明，事业部不再约定试用期。

合同终止

合同期满前 30 天，各单位根据工作需要与员工协商决定是否续签订劳动合同，任何一方不同意续签，原合同期满视为劳动合同终止。

合同解除

- ◇ 属下列情况之一的，事业部不能解除员工劳动合同。

1）员工从事接触职业病危害作业未进行离岗前职业健康检查，或者疑似职业病病人在诊断或者医学观察期间的。

2）员工患有职业病或因工负伤，经劳动鉴定委员会确认，丧失或部分丧失劳动能力的。

3）女员工在孕期、产期、哺乳期的。

4）患病或者非因工负伤，在规定的医疗期内的。

5）在美的集团连续工作满 15 年，且距法定退休年龄不足 5 年的。

6）法律规定的其他情形。

◇ 属下列情况之一的，事业部可以随时解除劳动合同且无须支付员工经济补偿金。

1）试用期内证明员工不符合录用条件的。

2）员工严重违反劳动纪律或公司规章制度的。

3）严重失职、营私舞弊，对公司利益造成重大损害的。

4）员工被依法追究刑事责任的。

5）以提供虚假简历与证件资料或其他欺诈手段订立本合同的。

6）员工失职，徇私舞弊，使公司一次直接损失超过1 500元或季度累计超过3 000元的。

7）1个月内不履行请假手续，不来公司上班连续3天以上，一年之内累计6天以上的。

8）在工作中提供虚假材料，不按公司规定进行工作汇报或有不实的工作报告的。

9）私拿公司、客户或第三方财物的。

10）擅自离职或未经公司同意自动离职的。

11）泄露公司客户信息或其他商业秘密的。

12）员工同时与其他用人单位建立劳动关系，对完成公司的工作任务造成影响的，或者经事业部及各单位提出，拒不改正的。

◇ 属下列情况之一的，事业部可以解除劳动合同，但应提前30天通知员工，或者额外支付员工一个月的工资，并相应支付员工一次性经济补偿金。

1）员工与公司协商一致，由公司提前解除劳动合同的。

2）员工不能胜任工作，经培训或调整工作岗位仍不能胜任工作的。

3）劳动合同签订时所依据的客观情况发生重大变化，致使原劳动合同无法履行，经协商不能就变更劳动合同达成协议的。

4）劳动者患病或者非因工负伤，在规定的医疗期满后，不能从事原工作也不能从事由用人单位另行安排的工作的。

具体内容参见《劳动合同管理办法》及《中华人民共和国劳动合同法》。

咨询电话：6973

生活指引篇

餐厅

厂区内用餐

空调餐厅位于家用空调（国际、国内）事业部办公大楼二楼和三楼。

中西餐厅

名　　称	经营范围	地　　址
名典咖啡语茶	中餐、西餐、咖啡语茶等	北滘文化广场
典藏咖啡语茶	中餐、西餐、咖啡语茶等	北滘建设南路
绿岛西餐厅	中餐、西餐、咖啡语茶等	北滘建设南路，工商局对面

（续）

名　　称	经营范围	地　　址
西部牛扒城	中餐、西餐等	北滘建设北路雄峰花园
活力 party	中餐、西餐、台球、乒乓球等	105 国道与南源路交叉处大花坛侧

交通

事业部坐落于佛山市顺德区北滘镇蓬莱路，距离北滘镇南源路商业街约 3 千米。

北滘镇南源路商业区：各厂区门口的摩托车，5 元 / 次。

北滘镇文化广场：各厂区门口的摩托车，4 元 / 次。

海岸花园：各厂区门口的摩托车，4 元 / 次。

新海岸（海天、海华公寓）：各厂区门口的摩托车，3 元 / 次。

蓬莱新村：各厂区门口的摩托车，4 元 / 次。

美的新村：各厂区门口的摩托车，4 元 / 次。

大良镇：相距约 10 千米。

　　　　美的海岸花园的专用公车，3 元 / 人。

　　　　前往容桂镇、中山市、珠海市的中途公共汽车，3 元 / 人。

　　　　顺德出租的士，25 元 / 次。

广州：相距约 30 千米。

　　　美的海岸花园的专用公车，10 元 / 人，整点出发。

　　　碧桂园的专用公车，8 元 / 人，半点出发。

　　　折返广州的出租的士，40～80 元 / 次。

　　　前往广州的中途公共汽车，7 元 / 人。

番禺、市桥：相距约 20 千米。

　　　　　　顺德出租的士，60 元 / 次。

　　　　　　前往广州的中途公共汽车，5 元 / 人。

佛山、南海：相距约 25 千米。

　　　　　　顺德出租的士，50 元 / 次。

深圳：相距约 180 千米。

　　　前往深圳的公共汽车，75 元 / 人。

中山、珠海：相距约 120 千米。

　　　　　　前往中山、珠海的公共汽车，45 元 / 人。

备注：以上价格仅供参考，请根据情况自行议价。

名　　称	上落站地址
美的海岸花园的专用公车	美的西大门、海岸花园、北滘镇美的新村大门
碧桂园的专用公车	碧江碧桂园门口

（续）

名　称	上落站地址
公共大巴	北滘交通中心
中途公共汽车	105 国道
顺德出租的士	北滘镇南源商业街路口，电话 22331888

购物

名　称	地　址	交　通
陈村顺联广场	陈村	摩托车、出租车、顺联广场免费大巴
北滘镇南源路商业街	南源路	摩托车、海岸花园的专用公车
大良镇华盖路商业街	华盖路	海岸花园的专用公车、顺德出租的士、中途公共汽车、204、205、202 等城巴
广州天河城广场	天河路 208 号	海岸花园专用公车、中途公共汽车、碧桂园的专用公车、顺德的士，也可在芳村转乘地铁
佛山市南海广场	南海大道	顺德出租的士
容桂镇商业街		顺德出租的士、中途公共汽车

娱乐运动

名　称	活动范围	地　址
美的新村俱乐部	乒乓球、台球、卡拉 OK	美的新村内
海岸花园会所	乒乓球、羽毛球、台球、卡拉 OK、篮球、网球、游泳、健身	海岸花园内
文化广场	台球、网吧、篮球	北滘派出所对面
百福公园	游泳、滑旱冰、篮球、游乐场	北滘中学对面

医院

名　称	电　话	地　址	交　通
美的职工医院	26338917	美的工业城西大门侧	步行、摩托车
北滘镇伟明医院	26656485	北滘镇跃进路	摩托车
佛山市中医院	82224121	禅城区	公交车
顺德区第一人民医院	22318000	大良镇	的士、公交车
祈福医院	020-84518999	番禺祈福新村	公交车

移动通信

名　称	业务范围	地　址
中国移动北滘客服中心	开机、换卡、手机销售、缴费等业务（仅限于移动用户 136～139）	北滘镇南源路利福花园路口

（续）

名　　称	业务范围	地　　址
中国联通北滘客服中心	开机、换卡、手机销售、缴费等业务（仅限于联通用户130～132）	北滘镇南源路南昌路口 北滘文化广场

其他

如果银行卡、信用卡丢了怎么办，马上打即时挂失电话。

农业银行：95599　　　　信用合作社：961238

工商银行：95588　　　　中国银行：95566

建设银行：95533

资料来源：作者收集于互联网。

【附录7B】　　　　《中华人民共和国劳动合同法》

《中华人民共和国劳动合同法》已由中华人民共和国第十届全国人民代表大会常务委员会第二十八次会议于2007年6月29日通过，根据2012年12月28日《全国人民代表大会常务委员会关于修改〈中华人民共和国劳动合同法〉的决定》修订。

第一章　总　　则

第一条　为了完善劳动合同制度，明确劳动合同双方当事人的权利和义务，保护劳动者的合法权益，构建和发展和谐稳定的劳动关系，制定本法。

第二条　中华人民共和国境内的企业、个体经济组织、民办非企业单位等组织（以下称用人单位）与劳动者建立劳动关系，订立、履行、变更、解除或者终止劳动合同，适用本法。

国家机关、事业单位、社会团体和与其建立劳动关系的劳动者，订立、履行、变更、解除或者终止劳动合同，依照本法执行。

第三条　订立劳动合同，应当遵循合法、公平、平等自愿、协商一致、诚实信用的原则。

依法订立的劳动合同具有约束力，用人单位与劳动者应当履行劳动合同约定的义务。

第四条　用人单位应当依法建立和完善劳动规章制度，保障劳动者享有劳动权利、履行劳动义务。

用人单位在制定、修改或者决定有关劳动报酬、工作时间、休息休假、劳动安全卫生、保险福利、职工培训、劳动纪律以及劳动定额管理等直接涉及劳动者切身利益的规章制度或者重大事项时，应当经职工代表大会或者全体职工讨论，提出方案和意见，与工会或者职工代表平等协商确定。

在规章制度和重大事项决定实施过程中，工会或者职工认为不适当的，有权向用人单位提出，通过协商予以修改完善。

用人单位应当将直接涉及劳动者切身利益的规章制度和重大事项决定公示，或者告知劳动者。

第五条 县级以上人民政府劳动行政部门会同工会和企业方面代表，建立健全协调劳动关系三方机制，共同研究解决有关劳动关系的重大问题。

第六条 工会应当帮助、指导劳动者与用人单位依法订立和履行劳动合同，并与用人单位建立集体协商机制，维护劳动者的合法权益。

第二章　劳动合同的订立

第七条 用人单位自用工之日起即与劳动者建立劳动关系。用人单位应当建立职工名册备查。

第八条 用人单位招用劳动者时，应当如实告知劳动者工作内容、工作条件、工作地点、职业危害、安全生产状况、劳动报酬，以及劳动者要求了解的其他情况；用人单位有权了解劳动者与劳动合同直接相关的基本情况，劳动者应当如实说明。

第九条 用人单位招用劳动者，不得扣押劳动者的居民身份证和其他证件，不得要求劳动者提供担保或者以其他名义向劳动者收取财物。

第十条 建立劳动关系，应当订立书面劳动合同。

已建立劳动关系，未同时订立书面劳动合同的，应当自用工之日起一个月内订立书面劳动合同。

用人单位与劳动者在用工前订立劳动合同的，劳动关系自用工之日起建立。

第十一条 用人单位未在用工的同时订立书面劳动合同，与劳动者约定的劳动报酬不明确的，新招用的劳动者的劳动报酬按照集体合同规定的标准执行；没有集体合同或者集体合同未规定的，实行同工同酬。

第十二条 劳动合同分为固定期限劳动合同、无固定期限劳动合同和以完成一定工作任务为期限的劳动合同。

第十三条 固定期限劳动合同，是指用人单位与劳动者约定合同终止时间的劳动合同。

用人单位与劳动者协商一致，可以订立固定期限劳动合同。

第十四条 无固定期限劳动合同，是指用人单位与劳动者约定无确定终止时间的劳动合同。

用人单位与劳动者协商一致，可以订立无固定期限劳动合同。有下列情形之一，劳动者提出或者同意续订、订立劳动合同的，除劳动者提出订立固定期限劳动合同外，应当订立无固定期限劳动合同：

（一）劳动者在该用人单位连续工作满十年的；

（二）用人单位初次实行劳动合同制度或者国有企业改制重新订立劳动合同时，劳动者在该用人单位连续工作满十年且距法定退休年龄不足十年的；

（三）连续订立二次固定期限劳动合同，且劳动者没有本法第三十九条和第四十条第一项、第二项规定的情形，续订劳动合同的。

用人单位自用工之日起满一年不与劳动者订立书面劳动合同的，视为用人单位与劳动者已订立无固定期限劳动合同。

第十五条 以完成一定工作任务为期限的劳动合同,是指用人单位与劳动者约定以某项工作的完成为合同期限的劳动合同。

用人单位与劳动者协商一致,可以订立以完成一定工作任务为期限的劳动合同。

第十六条 劳动合同由用人单位与劳动者协商一致,并经用人单位与劳动者在劳动合同文本上签字或者盖章生效。

劳动合同文本由用人单位和劳动者各执一份。

第十七条 劳动合同应当具备以下条款:

(一)用人单位的名称、住所和法定代表人或者主要负责人;

(二)劳动者的姓名、住址和居民身份证或者其他有效身份证件号码;

(三)劳动合同期限;

(四)工作内容和工作地点;

(五)工作时间和休息休假;

(六)劳动报酬;

(七)社会保险;

(八)劳动保护、劳动条件和职业危害防护;

(九)法律、法规规定应当纳入劳动合同的其他事项。

劳动合同除前款规定的必备条款外,用人单位与劳动者可以约定试用期、培训、保守秘密、补充保险和福利待遇等其他事项。

第十八条 劳动合同对劳动报酬和劳动条件等标准约定不明确,引发争议的,用人单位与劳动者可以重新协商;协商不成的,适用集体合同规定;没有集体合同或者集体合同未规定劳动报酬的,实行同工同酬;没有集体合同或者集体合同未规定劳动条件等标准的,适用国家有关规定。

第十九条 劳动合同期限三个月以上不满一年的,试用期不得超过一个月;劳动合同期限一年以上不满三年的,试用期不得超过二个月;三年以上固定期限和无固定期限的劳动合同,试用期不得超过六个月。

同一用人单位与同一劳动者只能约定一次试用期。

以完成一定工作任务为期限的劳动合同或者劳动合同期限不满三个月的,不得约定试用期。

试用期包含在劳动合同期限内。劳动合同仅约定试用期的,试用期不成立,该期限为劳动合同期限。

第二十条 劳动者在试用期的工资不得低于本单位相同岗位最低档工资或者劳动合同约定工资的百分之八十,并不得低于用人单位所在地的最低工资标准。

第二十一条 在试用期中,除劳动者有本法第三十九条和第四十条第一项、第二项规定的情形外,用人单位不得解除劳动合同。用人单位在试用期解除劳动合同的,应当向劳动者说明理由。

第二十二条 用人单位为劳动者提供专项培训费用,对其进行专业技术培训的,可以与该劳动者订立协议，约定服务期。

劳动者违反服务期约定的，应当按照约定向用人单位支付违约金。违约金的数额不得超过用人单位提供的培训费用。用人单位要求劳动者支付的违约金不得超过服务期尚未履行部分所应分摊的培训费用。

用人单位与劳动者约定服务期的，不影响按照正常的工资调整机制提高劳动者在服务期期间的劳动报酬。

第二十三条 用人单位与劳动者可以在劳动合同中约定保守用人单位的商业秘密和与知识产权相关的保密事项。

对负有保密义务的劳动者，用人单位可以在劳动合同或者保密协议中与劳动者约定竞业限制条款，并约定在解除或者终止劳动合同后，在竞业限制期限内按月给予劳动者经济补偿。劳动者违反竞业限制约定的，应当按照约定向用人单位支付违约金。

第二十四条 竞业限制的人员限于用人单位的高级管理人员、高级技术人员和其他负有保密义务的人员。竞业限制的范围、地域、期限由用人单位与劳动者约定，竞业限制的约定不得违反法律、法规的规定。

在解除或者终止劳动合同后，前款规定的人员到与本单位生产或者经营同类产品、从事同类业务的有竞争关系的其他用人单位，或者自己开业生产或者经营同类产品、从事同类业务的竞业限制期限，不得超过二年。

第二十五条 除本法第二十二条和第二十三条规定的情形外，用人单位不得与劳动者约定由劳动者承担违约金。

第二十六条 下列劳动合同无效或者部分无效：

（一）以欺诈、胁迫的手段或者乘人之危，使对方在违背真实意思的情况下订立或者变更劳动合同的；

（二）用人单位免除自己的法定责任、排除劳动者权利的；

（三）违反法律、行政法规强制性规定的。

对劳动合同的无效或者部分无效有争议的，由劳动争议仲裁机构或者人民法院确认。

第二十七条 劳动合同部分无效，不影响其他部分效力的，其他部分仍然有效。

第二十八条 劳动合同被确认无效，劳动者已付出劳动的，用人单位应当向劳动者支付劳动报酬。劳动报酬的数额，参照本单位相同或者相近岗位劳动者的劳动报酬确定。

第三章　劳动合同的履行和变更

第二十九条 用人单位与劳动者应当按照劳动合同的约定，全面履行各自的义务。

第三十条 用人单位应当按照劳动合同约定和国家规定，向劳动者及时足额支付劳动报酬。

用人单位拖欠或者未足额支付劳动报酬的，劳动者可以依法向当地人民法院申请支付令，人民法院应当依法发出支付令。

第三十一条 用人单位应当严格执行劳动定额标准，不得强迫或者变相强迫劳动者加班。用人单位安排加班的，应当按照国家有关规定向劳动者支付加班费。

第三十二条 劳动者拒绝用人单位管理人员违章指挥、强令冒险作业的，不视为违反劳动合同。

劳动者对危害生命安全和身体健康的劳动条件，有权对用人单位提出批评、检举和控告。

第三十三条 用人单位变更名称、法定代表人、主要负责人或者投资人等事项，不影响劳动合同的履行。

第三十四条 用人单位发生合并或者分立等情况，原劳动合同继续有效，劳动合同由承继其权利和义务的用人单位继续履行。

第三十五条 用人单位与劳动者协商一致，可以变更劳动合同约定的内容。变更劳动合同，应当采用书面形式。

变更后的劳动合同文本由用人单位和劳动者各执一份。

第四章 劳动合同的解除和终止

第三十六条 用人单位与劳动者协商一致，可以解除劳动合同。

第三十七条 劳动者提前三十日以书面形式通知用人单位，可以解除劳动合同。劳动者在试用期内提前三日通知用人单位，可以解除劳动合同。

第三十八条 用人单位有下列情形之一的，劳动者可以解除劳动合同：

（一）未按照劳动合同约定提供劳动保护或者劳动条件的；

（二）未及时足额支付劳动报酬的；

（三）未依法为劳动者缴纳社会保险费的；

（四）用人单位的规章制度违反法律、法规的规定，损害劳动者权益的；

（五）因本法第二十六条第一款规定的情形致使劳动合同无效的；

（六）法律、行政法规规定劳动者可以解除劳动合同的其他情形。

用人单位以暴力、威胁或者非法限制人身自由的手段强迫劳动者劳动的，或者用人单位违章指挥、强令冒险作业危及劳动者人身安全的，劳动者可以立即解除劳动合同，不需事先告知用人单位。

第三十九条 劳动者有下列情形之一的，用人单位可以解除劳动合同：

（一）在试用期间被证明不符合录用条件的；

（二）严重违反用人单位的规章制度的；

（三）严重失职，营私舞弊，给用人单位造成重大损害的；

（四）劳动者同时与其他用人单位建立劳动关系，对完成本单位的工作任务造成严重影响，或者经用人单位提出，拒不改正的；

（五）因本法第二十六条第一款第一项规定的情形致使劳动合同无效的；

（六）被依法追究刑事责任的。

第四十条 有下列情形之一的，用人单位提前三十日以书面形式通知劳动者本人或者额外支付劳动者一个月工资后，可以解除劳动合同：

（一）劳动者患病或者非因工负伤，在规定的医疗期满后不能从事原工作，也不能从事由用人单位另行安排的工作的；

（二）劳动者不能胜任工作，经过培训或者调整工作岗位，仍不能胜任工作的；

（三）劳动合同订立时所依据的客观情况发生重大变化，致使劳动合同无法履行，经用人单位与劳动者协商，未能就变更劳动合同内容达成协议的。

第四十一条 有下列情形之一，需要裁减人员二十人以上或者裁减不足二十人但占企业职工总数百分之十以上的，用人单位提前三十日向工会或者全体职工说明情况，听取工会或者职工的意见后，裁减人员方案经向劳动行政部门报告，可以裁减人员：

（一）依照企业破产法规定进行重整的；

（二）生产经营发生严重困难的；

（三）企业转产、重大技术革新或者经营方式调整，经变更劳动合同后，仍需裁减人员的；

（四）其他因劳动合同订立时所依据的客观经济情况发生重大变化，致使劳动合同无法履行的。

裁减人员时，应当优先留用下列人员：

（一）与本单位订立较长期限的固定期限劳动合同的；

（二）与本单位订立无固定期限劳动合同的；

（三）家庭无其他就业人员，有需要扶养的老人或者未成年人的。

用人单位依照本条第一款规定裁减人员，在六个月内重新招用人员的，应当通知被裁减的人员，并在同等条件下优先招用被裁减的人员。

第四十二条 劳动者有下列情形之一的，用人单位不得依照本法第四十条、第四十一条的规定解除劳动合同：

（一）从事接触职业病危害作业的劳动者未进行离岗前职业健康检查，或者疑似职业病病人在诊断或者医学观察期间的；

（二）在本单位患职业病或者因工负伤并被确认丧失或者部分丧失劳动能力的；

（三）患病或者非因工负伤，在规定的医疗期内的；

（四）女职工在孕期、产期、哺乳期的；

（五）在本单位连续工作满十五年，且距法定退休年龄不足五年的；

（六）法律、行政法规规定的其他情形。

第四十三条 用人单位单方解除劳动合同，应当事先将理由通知工会。用人单位违反法律、行政法规规定或者劳动合同约定的，工会有权要求用人单位纠正。用人单位应当研究工会的意见，并将处理结果书面通知工会。

第四十四条 有下列情形之一的，劳动合同终止：

（一）劳动合同期满的；

（二）劳动者开始依法享受基本养老保险待遇的；

（三）劳动者死亡，或者被人民法院宣告死亡或者宣告失踪的；

（四）用人单位被依法宣告破产的；

（五）用人单位被吊销营业执照、责令关闭、撤销或者用人单位决定提前解散的；
（六）法律、行政法规规定的其他情形。

第四十五条 劳动合同期满，有本法第四十二条规定情形之一的，劳动合同应当续延至相应的情形消失时终止。但是，本法第四十二条第二项规定丧失或者部分丧失劳动能力劳动者的劳动合同的终止，按照国家有关工伤保险的规定执行。

第四十六条 有下列情形之一的，用人单位应当向劳动者支付经济补偿：
（一）劳动者依照本法第三十八条规定解除劳动合同的；
（二）用人单位依照本法第三十六条规定向劳动者提出解除劳动合同并与劳动者协商一致解除劳动合同的；
（三）用人单位依照本法第四十条规定解除劳动合同的；
（四）用人单位依照本法第四十一条第一款规定解除劳动合同的；
（五）除用人单位维持或者提高劳动合同约定条件续订劳动合同，劳动者不同意续订的情形外，依照本法第四十四条第一项规定终止固定期限劳动合同的；
（六）依照本法第四十四条第四项、第五项规定终止劳动合同的；
（七）法律、行政法规规定的其他情形。

第四十七条 经济补偿按劳动者在本单位工作的年限，每满一年支付一个月工资的标准向劳动者支付。六个月以上不满一年的，按一年计算；不满六个月的，向劳动者支付半个月工资的经济补偿。

劳动者月工资高于用人单位所在直辖市、设区的市级人民政府公布的本地区上年度职工月平均工资三倍的，向其支付经济补偿的标准按职工月平均工资三倍的数额支付，向其支付经济补偿的年限最高不超过十二年。

本条所称月工资是指劳动者在劳动合同解除或者终止前十二个月的平均工资。

第四十八条 用人单位违反本法规定解除或者终止劳动合同，劳动者要求继续履行劳动合同的，用人单位应当继续履行；劳动者不要求继续履行劳动合同或者劳动合同已经不能继续履行的，用人单位应当依照本法第八十七条规定支付赔偿金。

第四十九条 国家采取措施，建立健全劳动者社会保险关系跨地区转移接续制度。

第五十条 用人单位应当在解除或者终止劳动合同时出具解除或者终止劳动合同的证明，并在十五日内为劳动者办理档案和社会保险关系转移手续。

劳动者应当按照双方约定，办理工作交接。用人单位依照本法有关规定应当向劳动者支付经济补偿的，在办结工作交接时支付。

用人单位对已经解除或者终止的劳动合同的文本，至少保存二年备查。

第五章　特别规定

第一节　集体合同

第五十一条 企业职工一方与用人单位通过平等协商，可以就劳动报酬、工作时间、休息休假、劳动安全卫生、保险福利等事项订立集体合同。集体合同草案应当提交职工代表大会或者全体职工讨论通过。

集体合同由工会代表企业职工一方与用人单位订立；尚未建立工会的用人单位，由上级工会指导劳动者推举的代表与用人单位订立。

第五十二条 企业职工一方与用人单位可以订立劳动安全卫生、女职工权益保护、工资调整机制等专项集体合同。

第五十三条 在县级以下区域内，建筑业、采矿业、餐饮服务业等行业可以由工会与企业方面代表订立行业性集体合同，或者订立区域性集体合同。

第五十四条 集体合同订立后，应当报送劳动行政部门；劳动行政部门自收到集体合同文本之日起十五日内未提出异议的，集体合同即行生效。

依法订立的集体合同对用人单位和劳动者具有约束力。行业性、区域性集体合同对当地本行业、本区域的用人单位和劳动者具有约束力。

第五十五条 集体合同中劳动报酬和劳动条件等标准不得低于当地人民政府规定的最低标准；用人单位与劳动者订立的劳动合同中劳动报酬和劳动条件等标准不得低于集体合同规定的标准。

第五十六条 用人单位违反集体合同，侵犯职工劳动权益的，工会可以依法要求用人单位承担责任；因履行集体合同发生争议，经协商解决不成的，工会可以依法申请仲裁、提起诉讼。

第二节　劳务派遣

第五十七条 经营劳动派遣业务应当具备下列条件：

（一）注册资本不得少于人民币二百万元；

（二）有与开展业务相适应的固定的经营场所和设施；

（三）有符合法律、行政法规规定的劳务派遣管理制度；

（四）法律、行政法规规定的其他条件。

经营者劳务派遣业务，应当向劳动行政部门依法申请行政许可；经许可的，依法办理相应的公司登记。未经许可，任何单位和个人不得经营劳务派遣业务。

第五十八条 劳务派遣单位是本法所称用人单位，应当履行用人单位对劳动者的义务。劳务派遣单位与被派遣劳动者订立的劳动合同，除应当载明本法第十七条规定的事项外，还应当载明被派遣劳动者的用工单位以及派遣期限、工作岗位等情况。

劳务派遣单位应当与被派遣劳动者订立二年以上的固定期限劳动合同，按月支付劳动报酬；被派遣劳动者在无工作期间，劳务派遣单位应当按照所在地人民政府规定的最低工资标准，向其按月支付报酬。

第五十九条 劳务派遣单位派遣劳动者应当与接受以劳务派遣形式用工的单位（以下称用工单位）订立劳务派遣协议。劳务派遣协议应当约定派遣岗位和人员数量、派遣期限、劳动报酬和社会保险费的数额与支付方式以及违反协议的责任。

用工单位应当根据工作岗位的实际需要与劳务派遣单位确定派遣期限，不得将连续用工期限分割订立数个短期劳务派遣协议。

第六十条 劳务派遣单位应当将劳务派遣协议的内容告知被派遣劳动者。

劳务派遣单位不得克扣用工单位按照劳务派遣协议支付给被派遣劳动者的劳动报酬。

劳务派遣单位和用工单位不得向被派遣劳动者收取费用。

第六十一条 劳务派遣单位跨地区派遣劳动者的，被派遣劳动者享有的劳动报酬和劳动条件，按照用工单位所在地的标准执行。

第六十二条 用工单位应当履行下列义务：

（一）执行国家劳动标准，提供相应的劳动条件和劳动保护；

（二）告知被派遣劳动者的工作要求和劳动报酬；

（三）支付加班费、绩效奖金，提供与工作岗位相关的福利待遇；

（四）对在岗被派遣劳动者进行工作岗位所必需的培训；

（五）连续用工的，实行正常的工资调整机制。

用工单位不得将被派遣劳动者再派遣到其他用人单位。

第六十三条 被派遣劳动者享有与用工单位的劳动者同工同酬的权利。用工单位应当按照同工同酬原则，对被派遣劳动者与本单位同类岗位的劳动者实行相同的劳动报酬分配办法。用工单位无同类岗位劳动者的，参照用工单位所在地相同或者相近岗位劳动者的劳动报酬确定。

劳务派遣单位与被派遣劳动者订立的劳动合同和与用工单位订立的劳务派遣协议，载明或者约定的向被派遣劳动者支付的劳动报酬应当符合前款规定。

第六十四条 被派遣劳动者有权在劳务派遣单位或者用工单位依法参加或者组织工会，维护自身的合法权益。

第六十五条 被派遣劳动者可以依照本法第三十六条、第三十八条的规定与劳务派遣单位解除劳动合同。

被派遣劳动者有本法第三十九条和第四十条第一项、第二项规定情形的，用工单位可以将劳动者退回劳务派遣单位，劳务派遣单位依照本法有关规定，可以与劳动者解除劳动合同。

第六十六条 劳动合同用工是我国的企业基本用工形式。劳务派遣用工是补充形式，只能在临时性、辅助性或者替代性的工作岗位上实施。

前款规定的临时性工作岗位是指存续时间不超过六个月的岗位；辅助性工作岗位是指为主营业务岗位提供服务的非主营业务岗位；替代性工作岗位是指用工单位的劳动者因脱产学习、休假等原因无法工作的一定期内，可以由其他劳动者替代工作的岗位。

用工单位应当严格控制劳务派遣用工数量，不得超过共用工总量的一定比例，具体比例由国务院劳动行政部门规定。

第六十七条 用人单位不得设立劳务派遣单位向本单位或者所属单位派遣劳动者。

第三节 非全日制用工

第六十八条 非全日制用工，是指以小时计酬为主，劳动者在同一用人单位一般平均每日工作时间不超过四小时，每周工作时间累计不超过二十四小时的用工形式。

第六十九条 非全日制用工双方当事人可以订立口头协议。

从事非全日制用工的劳动者可以与一个或者一个以上用人单位订立劳动合同；但是，

后订立的劳动合同不得影响先订立的劳动合同的履行。

第七十条 非全日制用工双方当事人不得约定试用期。

第七十一条 非全日制用工双方当事人任何一方都可以随时通知对方终止用工。终止用工，用人单位不向劳动者支付经济补偿。

第七十二条 非全日制用工小时计酬标准不得低于用人单位所在地人民政府规定的最低小时工资标准。

非全日制用工劳动报酬结算支付周期最长不得超过十五日。

第六章 监督检查

第七十三条 国务院劳动行政部门负责全国劳动合同制度实施的监督管理。

县级以上地方人民政府劳动行政部门负责本行政区域内劳动合同制度实施的监督管理。

县级以上各级人民政府劳动行政部门在劳动合同制度实施的监督管理工作中，应当听取工会、企业方面代表以及有关行业主管部门的意见。

第七十四条 县级以上地方人民政府劳动行政部门依法对下列实施劳动合同制度的情况进行监督检查：

（一）用人单位制定直接涉及劳动者切身利益的规章制度及其执行的情况；

（二）用人单位与劳动者订立和解除劳动合同的情况；

（三）劳务派遣单位和用工单位遵守劳务派遣有关规定的情况；

（四）用人单位遵守国家关于劳动者工作时间和休息休假规定的情况；

（五）用人单位支付劳动合同约定的劳动报酬和执行最低工资标准的情况；

（六）用人单位参加各项社会保险和缴纳社会保险费的情况；

（七）法律、法规规定的其他劳动监察事项。

第七十五条 县级以上地方人民政府劳动行政部门实施监督检查时，有权查阅与劳动合同、集体合同有关的材料，有权对劳动场所进行实地检查，用人单位和劳动者都应当如实提供有关情况和材料。

劳动行政部门的工作人员进行监督检查，应当出示证件，依法行使职权，文明执法。

第七十六条 县级以上人民政府建设、卫生、安全生产监督管理等有关主管部门在各自职责范围内，对用人单位执行劳动合同制度的情况进行监督管理。

第七十七条 劳动者合法权益受到侵害的，有权要求有关部门依法处理，或者依法申请仲裁、提起诉讼。

第七十八条 工会依法维护劳动者的合法权益，对用人单位履行劳动合同、集体合同的情况进行监督。用人单位违反劳动法律、法规和劳动合同、集体合同的，工会有权提出意见或者要求纠正；劳动者申请仲裁、提起诉讼的，工会依法给予支持和帮助。

第七十九条 任何组织或者个人对违反本法的行为都有权举报，县级以上人民政府劳动行政部门应当及时核实、处理，并对举报有功人员给予奖励。

第七章 法律责任

第八十条 用人单位直接涉及劳动者切身利益的规章制度违反法律、法规规定的，由劳动行政部门责令改正，给予警告；给劳动者造成损害的，应当承担赔偿责任。

第八十一条 用人单位提供的劳动合同文本未载明本法规定的劳动合同必备条款或者用人单位未将劳动合同文本交付劳动者的，由劳动行政部门责令改正；给劳动者造成损害的，应当承担赔偿责任。

第八十二条 用人单位自用工之日起超过一个月不满一年未与劳动者订立书面劳动合同的，应当向劳动者每月支付二倍的工资。

用人单位违反本法规定不与劳动者订立无固定期限劳动合同的，自应当订立无固定期限劳动合同之日起向劳动者每月支付二倍的工资。

第八十三条 用人单位违反本法规定与劳动者约定试用期的，由劳动行政部门责令改正；违法约定的试用期已经履行的，由用人单位以劳动者试用期满月工资为标准，按已经履行的超过法定试用期的期间向劳动者支付赔偿金。

第八十四条 用人单位违反本法规定，扣押劳动者居民身份证等证件的，由劳动行政部门责令限期退还劳动者本人，并依照有关法律规定给予处罚。

用人单位违反本法规定，以担保或者其他名义向劳动者收取财物的，由劳动行政部门责令限期退还劳动者本人，并以每人五百元以上二千元以下的标准处以罚款；给劳动者造成损害的，应当承担赔偿责任。

劳动者依法解除或者终止劳动合同，用人单位扣押劳动者档案或者其他物品的，依照前款规定处罚。

第八十五条 用人单位有下列情形之一的，由劳动行政部门责令限期支付劳动报酬、加班费或者经济补偿；劳动报酬低于当地最低工资标准的，应当支付其差额部分；逾期不支付的，责令用人单位按应付金额百分之五十以上百分之一百以下的标准向劳动者加付赔偿金：

（一）未按照劳动合同的约定或者国家规定及时足额支付劳动者劳动报酬的；

（二）低于当地最低工资标准支付劳动者工资的；

（三）安排加班不支付加班费的；

（四）解除或者终止劳动合同，未依照本法规定向劳动者支付经济补偿的。

第八十六条 劳动合同依照本法第二十六条规定被确认无效，给对方造成损害的，有过错的一方应当承担赔偿责任。

第八十七条 用人单位违反本法规定解除或者终止劳动合同的，应当依照本法第四十七条规定的经济补偿标准的二倍向劳动者支付赔偿金。

第八十八条 用人单位有下列情形之一的，依法给予行政处罚；构成犯罪的，依法追究刑事责任；给劳动者造成损害的，应当承担赔偿责任：

（一）以暴力、威胁或者非法限制人身自由的手段强迫劳动的；

（二）违章指挥或者强令冒险作业危及劳动者人身安全的；

（三）侮辱、体罚、殴打、非法搜查或者拘禁劳动者的；

（四）劳动条件恶劣、环境污染严重，给劳动者身心健康造成严重损害的。

第八十九条 用人单位违反本法规定未向劳动者出具解除或者终止劳动合同的书面证明，由劳动行政部门责令改正；给劳动者造成损害的，应当承担赔偿责任。

第九十条 劳动者违反本法规定解除劳动合同，或者违反劳动合同中约定的保密义务或者竞业限制，给用人单位造成损失的，应当承担赔偿责任。

第九十一条 用人单位招用与其他用人单位尚未解除或者终止劳动合同的劳动者，给其他用人单位造成损失的，应当承担连带赔偿责任。

第九十二条 违反本法规定，未经许可，擅自经营劳务派遣业务的，由劳动行政部门责令停止违法行为，没收违法所得，并处违法所得一倍以上五倍以下的罚款；没有违法所得的，可以处五万元以下的罚款。

劳务派遣单位、用工单位违反本法有关劳务派遣规定的，由劳动行政部门责令限期改正；逾期不改正的，以每人五千克以上一万元以下的标准处以罚款，对劳务派遣单位，吊销其劳务派遣业务经营许可证。用工单位给派遣劳动者造成损害的，劳务派遣单位与用工单位承担连带赔偿责任。

第九十三条 对不具备合法经营资格的用人单位的违法犯罪行为，依法追究法律责任；劳动者已经付出劳动的，该单位或者其出资人应当依照本法有关规定向劳动者支付劳动报酬、经济补偿、赔偿金；给劳动者造成损害的，应当承担赔偿责任。

第九十四条 个人承包经营违反本法规定招用劳动者，给劳动者造成损害的，发包的组织与个人承包经营者承担连带赔偿责任。

第九十五条 劳动行政部门和其他有关主管部门及其工作人员玩忽职守、不履行法定职责，或者违法行使职权，给劳动者或者用人单位造成损害的，应当承担赔偿责任；对直接负责的主管人员和其他直接责任人员，依法给予行政处分；构成犯罪的，依法追究刑事责任。

第八章 附 则

第九十六条 事业单位与实行聘用制的工作人员订立、履行、变更、解除或者终止劳动合同，法律、行政法规或者国务院另有规定的，依照其规定；未作规定的，依照本法有关规定执行。

第九十七条 本法施行前已依法订立且在本法施行之日存续的劳动合同，继续履行；本法第十四条第二款第三项规定连续订立固定期限劳动合同的次数，自本法施行后续订固定期限劳动合同时开始计算。

本法施行前已建立劳动关系，尚未订立书面劳动合同的，应当自本法施行之日起一个月内订立。

本法施行之日存续的劳动合同在本法施行后解除或者终止，依照本法第四十六条规定应当支付经济补偿的，经济补偿年限自本法施行之日起计算；本法施行前按照当时有关规定，用人单位应当向劳动者支付经济补偿的，按照当时有关规定执行。

第九十八条 本法自 2008 年 1 月 1 日起施行。

Chapter 8 第 8 章

招聘评估

学习目标

1. 了解招聘评估的概念和意义
2. 理解招聘评估在招聘活动中的地位和作用
3. 掌握招聘评估定量评估方法的应用
4. 掌握招聘效果评估的主要内容和方法
5. 熟悉招聘人员工作业绩评价方法

章首案例 谁当经理更合适

某电子电器工业公司是一家由十几家小厂组成的专业公司。公司行政领导班子由一总经理和三位副经理四个成员组成。总经理由于年事已高即将退休,需要物色一个合适的新总经理。该公司的上级主管部门经过一段时间的研究考察,认为现任三位副经理不宜提升,新的总经理需从下面人员中挑选。各方面的意见汇总后决定在李厂长和王厂长两人中选一个。下面是有关他们两人的资料。

李厂长,男,39岁,文化程度大学本科(电子专业),中共党员,原是该厂技术员,高级知识分子家庭出身。他工作十分积极努力,认真学习科学文化知识,并善于把学到的知识用来指导工作,为产品开发、升级换代、提高质量、建立科学的检测手段等都做出了重要贡献。他从技术科长提升为厂长后,对厂里进行了一系列的改革,加强了科学管理,使工厂的面貌明显改观,大大提高了经济效益,工厂年利润和人均创利都在本系统居首位,职工收入也大幅度增加。全厂上下精神振奋,一派欣欣向荣的景象。

李厂长性格开朗,精力充沛,善言谈,好交际,活动能力很强。他积极开展横向联系,在全国十多个省市开设了200多个经销点,效益都很显著。他认为,要发展就要靠技术,因此千方百计不惜重金引进人才,至今该厂已有十多名外来的高级工程师。他还很重视产品的广告,工厂每年要花几十万元的广告费。他参加了市企业管理协会,在协会中活动频繁,对厂里的工作也有所促进。

李厂长事业心强，一心扑在工作上，早出晚归，一年到头风尘仆仆，不辞辛苦。该厂曾被评为市企业管理先进单位，李厂长获市优秀厂长称号，该厂的产品也被评为市优质产品。李厂长有一个明显的缺点，就是骄傲自满、自以为是，常常盛气凌人，有时性情急躁，还会暴跳如雷，不把公司的领导放在眼里，经常顶撞他们，公司的"指令"常常被他顶回去，公司领导对他这一点颇为不满。各科室也不大愿意和他打交道，他同公司下属的其他几个兄弟单位关系也不融洽。这些厂的厂长对他敬而远之，对上级表彰他颇有微词。他也不急于做思想工作，认为这是党支部的事。所以平时遇到思想问题，他都要党支部去做工作。他和几个副厂长关系处得不太好，领导几次出面协调也无济于事。

王厂长，男，37岁，文化程度大专（企业管理专业），中共党员，有技术员职称，小业主家庭出身。组建该厂时他就担任厂长，至今已近10年。他经历了该厂由弱到强、几起几落的整个过程。他对电子行业的特点非常熟悉，自己又有设计能力。他最大的特点是精通企业管理，他率先把计算机运用到企业管理中去。他对整个厂的机构设置、行政人员的配备，以及各副厂长、科长、车间主任和各级管理人员的职责都有明确的规定，每年考核两次、奖惩分明。因此，平时大家各司其职，他却显得很悠闲自在，常常到这个科室转转，到那个车间看看，以便了解情况，发现问题。公司及有关部门召开的会议，他从来不缺席。

王厂长性格内向，沉稳，不喜欢大大咧咧地议论，对什么事情总要深思熟虑，三思而行，人们说他"内秀"。他对自己厂今后五年的发展，有一个远景规划，听起来切实可行，也颇鼓舞人心。对一些出风头的社会活动，他不太喜欢参加，但对各种开阔思路的业务技术讲座却很感兴趣。他善于做职工的思想工作，他认为企业职工的思想问题都是在生产过程中产生的。作为一厂之长，要抓好生产也要做好员工的思想工作。因此，对一些老大难问题，他从不推诿，都是亲自处理。他还要求各级行政干部了解职工的思想，并把它们作为考核的内容。他和党支部、工会的关系都很好，积极支持他们的工作。他待人谦和、彬彬有礼，和公司上下左右关系都不错，公司有什么事，只要打一声招呼，他就帮助解决了。因此，他的人缘挺好，厂里进行民意测验，大家几乎异口同声地称赞他。

和李厂长不同，他不喜欢花高价引进工程技术人员，他认为关键时刻还是要靠自己，宁愿多花些钱来培养自己厂里的技术人员。这几年来，厂里也确实培养了一批技术骨干，有些人还很拔尖。他也不喜欢高价做广告，他说我们的产品质量自己有数。他把做广告的钱用来购买先进的技术设备，提高质量服务，说等质量经得起"吹"的时候再做广告。但实际上他们厂的产品质量还是不错的，开箱抽查，合格率达98%。

该厂是市企业管理先进单位、区文明单位，工会是区先进职工之家，党支部是区先进党支部，他本人则荣获市优秀厂长和局优秀党员称号。但也有不少人认为，王厂长缺乏开拓精神，求稳怕变，按部就班，工作没有多大起色。按照厂里的基础和实力，应该发展得更快些。和李厂长比，王厂长显得保守、过于谨慎、处事比较圆通、怕得罪人。

王厂长听了这些议论，不以为然，依旧我行我素。

李厂长和王厂长谁当总经理更合适，上级领导部门至今议而未定。

问题：

1. 依据有关个性理论，对两位厂长的能力、气质、性格进行分析和比较。
2. 通过对他们个性的分析比较，你认为谁当总经理更为合适，怎样才能做到扬长避短、人尽其才？

8.1 招聘评估概述

8.1.1 招聘评估的概念

招聘评估虽是招聘活动的最后一个环节，但是相对重要的组成部分。在这一环节招聘人员通过对流程的效益和成本进行核算进而了解在招聘过程中相应的费用支出，并且可以有针对性地确定应支出项目和不应支出项目。通过这种方式的审核，可以相应地控制支出的成本。但前提必须是保证质量和效率，之后尽可能减少不必要的开支，并为以后的招聘提供丰富的参考资料以及经验。招聘评估需要进行录用员工的绩效审核，分析其能力以及工作潜力，并在此基础上分析招聘工作和方法的有效性，进而可以改变招聘的策略和方法，或者对招聘资源进行优势重组。

8.1.2 招聘评估的意义

招聘评估是通过现代的测量手段，对招聘人员的基本素质、个性适宜性、管理能力、管理技能和业务技能等要素进行综合评价，为招聘效果提供科学、客观、翔实的量化依据，以进一步提高下次招聘工作的效率，帮助企业更好地进行人员招募、人员选拔及录用等工作，推动人才开发，找寻现代招人之道，其具体体现在以下两个方面。

1. 有利于组织节省开支

招聘评估包括招聘结果的成效评估（具体又包括招聘成本与效益评估、录用员工数量与质量评估）和招聘方法的成效评估（具体又包括招聘的信度与效度评估），因而通过招聘评估中的成本与效益核算，招聘人员就能够清楚费用支出情况，对于其中非应支出项目，在今后招聘中加以去除。

2. 检验招聘工作成果与方法的有效性程度

通过对录用员工质量的评估，企业可以了解员工的工作绩效、行为、实际能力、工作潜力、与招聘岗位要求的符合程度，从而为改进招聘方法、实施员工培训和进行绩效评估提供必要的、有用的信息。

8.1.3 招聘评估的标准

1. 信息准确性与可靠性

此处的信息主要是指录用决策信息。招聘评估应重点考察录用决策所依据信息的准确性与可靠性，一般而言，录用决策所需信息包括应聘者的年龄、性别、毕业院校、专业、成绩、职业经历、所授予奖项等。从所选取的测评工具的测试内容、合理程度以及其与工作性质相吻合的程度来判断招聘的准确性，这要求负责招聘的人员必须真正了解空缺职位的要求。如招聘人力资源管理经理，必须测评其人力资源开发与管理方面的专业知识、基本管理知识、管理能力等，否则测评难以反映其专业素质。除此之外，评价结果客观反映应聘者实际情况的程度，主要取决于选拔方法的效度，例如，通过面试与知识考试相结合的方法测评营销人员的市场营销知识比较可靠，而要了解应聘者的个性特点就应该借助于专门的心理测验方法。

2. 信息客观性

客观性即不受主观因素的影响，对应聘者进行客观的评价。具体来讲，它包括两个方面：一方面招聘人员不受个人的偏见、价值观和感情等因素的影响，客观地对应聘者进行评价；另一方面应聘者不会因其社会地位、种族、宗教、性别和籍贯等因素而被人为地划分等级。要做到客观评价，招聘人员需要克服主观偏见的影响。

3. 信息全面性

全面性即测评内容是否具有完整性，能否全面反映招聘岗位所需要的各项要求。要想全面地对应聘者进行评价，首先需要明确岗位各方面的任职资格要求，包括政治素质（职业道德）、专业素质、身体素质等。对专业素质来讲，它不仅包括专业知识，还应包括专业技能与专业领域的工作经验等。

4. 能力、特长与潜力的适合性

适合性即招聘录用人员与企业需求是否匹配。"合适的就是最好的"，松下公司的招聘理念之一是"招聘70分的人才"，再将他们培养成"100分的人才"。招聘活动是否成功最终要看录用人员与岗位匹配的程度，这将决定他们的稳定性、工作中能力的发挥程度以及对企业的贡献度。特长带有一定的先天气质和有倾向的后天培养，某些特长可能对企业发展有至关重要的作用，为此，对具备某些特长的人要尤其关注。潜力是一种尚未被开发的能力和素质，或者说是不能一眼就见到的能力和水平，但潜力标志着他个人未来可能达到的某种高度、给企业带来的贡献等。

5. 学历与成长背景

由于一流大学的教育资源与教学文化、理念等决定了其培养对象的综合素质，所以企

业在招聘过程中要考虑应聘者的学历出身背景，以保障录用人员的工作能力。同时，家庭成长背景与一个人建立完整的人格有着直接的关系，而优秀的人格品质也是评价人才的重要标准。所以，学校教育、家庭教育、自我与社会教育都应成为人才筛选的重要指标。

8.2 招聘评估内容

1. 招聘成本效益评估

招聘成本效益评估是指对招聘中的费用进行调查、核实，并对照预算进行评价的过程。招聘成本效益评估是鉴定招聘效率的一个重要指标。通过成本与效益核算招聘人员能够清楚地知道费用的支出情况，区分出哪些是应支出项目，哪些是不应支出项目，以便降低今后的招聘费用。为此，美国人力资源管理协会介绍了一种"标准驱动招聘模式"，只需确定参与的人数、各个参与人的小时工资率等即可计算，相对简便、易于操作。

2. 招聘人员数量评估

对招聘录用员工数量的评估是检验招聘工作有效性的一个重要方面。通过数量评估，分析在数量上满足或不满足需求的原因，有利于找到各招聘环节上的薄弱之处，改进招聘工作。同时，通过人员录用数量与计划招聘数量的比较，可以为企业人力资源规划的修订提供依据。录用人员的数量评估主要从应聘比、录用比和招聘完成比三方面进行。

3. 招聘质量评估

招聘质量评估是对所录用员工入职后的工作绩效行为、实际能力、工作潜力的评估，它是对招聘工作成果与方法有效性进行检验的另一个重要方面。质量评估既有利于改进招聘方法，又为员工培训、绩效评估提供必要的信息。录用人员的质量评估实际上是在人员选拔过程中对录用人员的能力、潜力、素质等进行的各种测试与考核的延续，也可根据招聘的要求或从工作分析中得出的结论，对录用人员进行等级排列来确定其质量，该方法与绩效考核方法相似。

4. 招聘时间评估

招聘时间评估也就是招聘时效性评估，或者叫招聘周期评估。招聘周期是指从提出招聘需求到新聘员工实际到岗之间的时间，也就是岗位空缺时间。一般来说，岗位空缺时间越短，招聘效果越好。但不同类型和层次的岗位，由于劳动力市场上的供求情况不同，其招聘的难易程度和招聘周期也往往有很大差别，需要结合实际情况进行分析。

5. 其他

除了以上内容外，招聘评估还需关注以下会影响招聘质量的几个方面。

第一，招聘规划是否科学、合理和全面。一方面要考察现阶段是否有人才浪费和人才不足的现象，另一方面要考察所制定的招聘规划是否考虑到组织的战略目标和未来发展。

第二，招聘人员招聘期间的言行表现。招聘人员的专业素养既影响招聘质量，也影响求职者的求职意愿和公司形象，因此必须予以考察，包括是否愿意和用人部门一起探讨并明确招聘需求在内。

第三，招聘渠道选择的有效性。很多企业一开始就没有具体分析各招聘渠道之间的差别，盲目投放招聘信息，产生大量不合格的应聘者，影响整个招聘进程。因此，应考察不同招聘渠道的效果，根据所招聘职位的性质和企业自身的发展状况找出最有效的招聘渠道。

第四，招聘程序是否严格按照招聘规程和规范执行。

第五，招聘策略的选择、招聘方案的制订以及招聘程序的执行等方面是否与组织的使命、经营目标和价值观相匹配。

第六，录用决策速度和拒绝候选人的态度与方式。

第七，新员工满意度评估，包括对招聘人员的工作表现、所任职位和企业的满意度。对招聘人员招聘工作的满意度体现了对招聘人员招聘工作的感性认识，对所任职位的满意度能反映人岗匹配度的高低，对企业的总体满意度则反映了员工对企业的认同度。

以上所列评估内容并不是每家企业在每次招聘活动中都会做的内容，因为不同企业的状况不同，评估内容会有所差异，甚至有些企业并没有实际意义上的招聘效果评估。另外，在企业招聘实践中，招聘效果评估的表现形式也会有所差异，比如许多企业用员工流失率来检验招聘工作的有效性，这种做法非常牵强。因为员工流失率受到众多因素的影响，包括企业整体薪酬水平的高低、员工和直接上司关系的质量、企业发展前景和行业景气指数等，所有这些都不是人力资源部能控制的，更不是招聘工作能够控制的，但用试用期内新员工流失率指标进行评估则相对合适。另外，招聘评估应该由人力资源部经理、招聘工作人员及用人部门的负责人组成的评估小组负责进行。尤其要重视用人部门的意见，因为从营销角度看，招聘工作是为用人部门服务的，用人部门对招聘工作的满意度应该是衡量招聘工作有效性的重要指标。

8.3 招聘评估方法

8.3.1 招聘数量评估方法

招聘数量评估一般采用应聘比、录用比和招聘完成比三个指标。

$$应聘比 = 应聘人数 \div 计划招聘人数 \times 100\%$$

$$录用比 = 录用人数 \div 应聘人数 \times 100\%$$

$$招聘完成比 = 录用人数 \div 计划招聘人数 \times 100\%$$

应聘比在某种意义上可以说明员工招聘信息发布的效果，通常来说，该比例越大，则招聘信息发布的效果越好。录用比越低，通常表明企业可以进行人才选择的余地较大，人才招募的效果往往会相对好一些。当招聘完成比等于或大于100%时，则说明在数量上全面完成或超额完成了招聘任务，但在实际工作中，超额完成的情况很少发生，因为一般都会根据招聘计划中确定的人员需求数量招人，除非遇到了很优秀的候选人而临时决定增加招聘指标，将其作为人才储备，或者用于替换一些业绩相对较差的员工。

8.3.2　招聘质量评估方法

招聘质量评估实际上是评价所招聘员工是否符合岗位要求，通常采用绩效考评的方式进行，如果绩效达到预设目标，则可认为该员工符合岗位要求，反之则认为该员工招聘失败。因为绩效考评往往要经过一个完整的绩效周期之后才能得出，所以招聘质量评估通常情况下会在员工入职一段时间以后才做（当然，有的企业也会省略这一步骤）。在实践中，招聘质量评估通常采用录用合格比来表示，同时为了考评招聘工作的持续改进情况，也会将本次的评估结果与以往的招聘结果相比较，以得出本次招聘的相对效果。

$$录用合格比 = 录用人员胜任工作人数 \div 实际录用人数 \times 100\%$$

$$基础合格比 = 以往年度平均录用合格比$$

$$录用合格比与基础合格比之差 = 录用合格比 - 基础合格比$$

式中，录用合格比指录用人员胜任工作人数占实际录用人数的比例，一般用试用期考核合格的人数与同批次录用员工总人数之比表示。这里所指的录用人员胜任工作人数是指顺利通过岗位适应性培训、试用期考核最终转正的员工。基础合格比是反映以往招聘有效性的绝对指标，用以往年度平均录用合格比表示，也就是历年录用合格比的平均值。录用合格比与基础合格比之差则反映当前招聘的有效性是否高于以往招聘有效性的平均水平，可以考察招聘有效性是否在不断提高。此外，招聘数量中的录用比和应聘比这两个数据在一定程度上反映录用人员的质量。一般来说，应聘比越大，录用比越小，则说明招聘的质量越好。

关于基础合格比，实践中有的企业用"现有人员胜任工作人数 ÷ 实际聘用人数 × 100%"来计算基础合格比，这种做法有失偏颇。首先，胜任工作指的是员工绩效符合工作要求，但对于一个在公司已经工作多年的员工来说，和当初应聘时相比，其能力和态度乃至价值观都已经发生了巨大变化，而恰恰是员工能力和态度决定了员工绩效。因此，不可以根据其现在的绩效情况来判断当初招聘决策的质量。其次，录用合格实际上是指新聘员工的素质与其岗位要求相匹配，但人岗匹配本身具有动态性，匹配度的高低会随时间的推移而变化，甚至所任岗位与刚入职时也已不同。不管任职时间的长短，完全根据现有员工的人岗匹配情况来考察企业后续招聘的质量显然不合理。

至于考察新员工是否胜任工作的期限到底以多长时间为宜，目前还没有形成明确的、科学合理的结论。但显然，期限长短与岗位性质和员工个性特点有关。一些生产操作性和事务性岗位，完成一项工作的周期很短，绩效在短时间内就可以衡量，从而短期内就能判断出新聘员工是否能胜任工作，但对一些管理类和技术研发类等工作周期较长的岗位，所需时间应相应延长。从个性来看，部分新员工可能个性谨慎，只有在对新岗位的工作性质和环境等因素充分把握后才会充分表现自己的才能，岗位适应时间比较长，而有的新员工适应岗位的时间则相对较短。从国外的经验看，一般来说，这个时间最短需要6个月，1年时间比较适合。但考虑到劳动合同法将试用期最长规定为6个月，因此，可以统一采用入职后6个月的绩效评估结果作为考察新员工是否合格的标准，并将在这6个月里离职以及绩效低于合格水平的员工都判断为招聘质量不合格。

资料链接

中小企业如何提高招聘效果

　　中小企业由于受自身规模和整体行业发展水平的影响，招聘工作与大企业相比往往处于不利地位。那么如何才能提高中小企业的招聘效果呢？根据招聘工作的特点，中小企业提高招聘有效性的对策可从以下八方面考虑，做好以下八项工作。

一、做好人力资源规划

　　中小企业要做好人力资源战略规划，准确界定企业所需要的各类人才，在此基础上开展招聘工作：一是要搞清人才的主次。关系到企业当前发展的关键技术、关键管理岗位的人才需优先考虑。二是要处理好人才"即用与储存"的关系。即用型人才应成为当前的主要对象，但也决不可忽视储备型人才的吸收，因为企业人力资源规划要着眼于企业的战略目标、长远利益，必须建立企业的人才储备库。在界定企业人才时，除专长、能力外，还应看其内在的标准，如是否具有较强的事业心、责任感等。

二、充分认识招聘工作对企业的重要影响

　　宝洁公司的前任CEO曾经说过，"在公司内部，我看不到比招聘更重要的事了"。如果员工招聘环节出现差错，企业将会在后期付出一系列代价，如产生重复招聘成本及企业失去稳定等。从企业内部来说，招聘关系到企业的生存和发展。内部招聘能激励员工的工作激情，外部招聘能为企业注入新鲜血液，两者都能调整和改善组织结构，提高企业竞争力。从企业外部来说，一次成功的招聘活动就是一次成功的企业宣传。因此，很多公司每年都会把各大高校作为招聘地点，分发大量宣传介绍公司的资料，无论有没有招到人，招聘活动都会使不少人了解公司，对公司留有一定的印象，这就是一种有价值的宣传。

三、选择合理的招聘渠道和方法

　　企业招聘渠道分内部招聘和外部招聘。企业内部招聘花费少，并且能提高员工的工作热诚，起到激励的作用。外部招聘的方法比较多，比如广告招聘、人才市场、校园招聘、委托招聘和网络招聘等。企业外部招聘也是一种有效的与外部信息交流的方式，企业可借此树立良好的外部形象。新员工的加入，会给企业带来新的观点和新的思想，有利于企业经营管理和技术创新，防止僵化。网络招聘覆盖面广，无地域限制，省时且费用较低，这些特点比较适合中小民营企业。当然，对于任何企业来说，内外结合的招聘渠道才是最科学的选择。

四、建立明确的招聘目标

在不准确或不完整的需求下招募到的人员，往往在磨合阶段会给企业带来较大的纠正成本，甚至会影响工作的分配与执行。中小企业的制度一般不健全，招聘工作可能缺乏职务说明书做参考。因此人力资源部或招聘人员在招聘前应当通过沟通等方式，引导用人部门准确描述出职位的职责和全面具体的能力素质要求，建立明确的招聘目标。在招聘过程中也应当与用人部门保持畅通的沟通，以确保不偏离招聘需求，从而提高招聘效率与成功率。

五、提高招聘人员的综合素质

每一次招聘都是一家企业形象的展示，招聘人员的素质会影响企业在应聘者心目中的形象。企业应当树立招聘岗位的窗口意识，并让专业人士守好人力资源开发的入口关。在招聘开展前，对参与招聘的人员要进行相关招聘知识的培训与指导工作，让他们准确掌握企业的基本信息；向应聘者传达信息时要做到实事求是，既不能夸大也不能贬低企业提供的待遇等方面问题，以确保招来的人是真正想来而不是在夸大事实的情况下被哄骗来的，同时招聘小组要与用人部门进行有效沟通，准确把握招聘要求，使录用者与用人部门要求之间的差距达到最小化，最终要做到专业化和职业化。

六、注重企业形象设计和宣传

中小企业实力不强，在吸引人才方面的竞争力不如大型企业，在企业形象宣传方面尤其应该重视。招聘人员的职务级别和个人素质，会直接影响招聘的成功与否。企业对招聘的不重视给应聘者最直接的印象就是该企业对员工不重视。招聘人员的招聘工作态度和谈吐气质，很容易影响应聘者对企业的看法。如果在招聘方和应聘者接触的过程中，招聘方给应聘者的印象不够专业，就很容易给应聘者留下企业的整体素质较差的印象。企业在现场的招聘中，从广告刊登、摊位布置到接待面试、场地布置和参观企业等，处处都应突出企业的优势以吸引应聘者。中小企业做好招聘工作，其作用不仅仅是可以招聘到合适的人才，还可以通过招聘工作展示企业的形象，扩大企业的影响力。

七、重视对应聘者的背景调查

在录用员工之前的背景调查经常被招聘单位所忽视，但这恰恰是很重要的环节。例如现在企业的销售人员挪用、侵占企业货款甚至携款潜逃的事情时有发生。还有很多应聘者伪造学历、资格证书等，企业没有审查就录用，一旦发现往往为时已晚，因为企业已经为员工在培训、保险等方面投入了很多。另外还有一些企业利用不正当竞争的手段，故意派遣商业间谍打探公司的机密。这些都可以通过背景调查来避免。

八、礼退落选人员

中小企业应清楚地认识到应聘者来企业应聘是对企业感兴趣，应当得到尊重与感谢，特别是对于落选人员，面试结果出来后，应尽快给予礼貌的回答和感谢，同时，将其资料录入企业储备人才库，一旦将来出现岗位空缺或企业发展需要时即可招入，这既提高了招聘速度也降低了招聘成本，尤其适合中小企业。另外，有一些应聘人员有退回个人申请资料的要求时，企业一定要有专人负责完整及时地将资料退还给求职者本人，切不可以"概不退还"一言了之。人力资源已逐渐成为企业发展的战略性资源，拥有高素质的人才是企业健康、持久发展的前提，人员招聘作为人力资源管理的一项重要工作，对企业的生存和发展起着举足轻重的作用。如何提高招聘的有效性，是每一家企业都需要关注的课题，企业应根据不同的招聘要求，灵活选用适当的招聘形式和方法，在保证招聘质量的情况下尽可能降低投入成本，最大限度提高招聘工作的成效，为招聘的实施打下良好的基础，从而减少招聘的盲目性和随意性。通过有效的招聘为企业输送高素质人才，增强企业的竞争力。

8.3.3 招聘时间评估方法

招聘时间评估相对而言较容易得出，只要新聘人员在用人部门要求的日期前入职就表示招聘在时间上具备有效性。即便如此，招聘时间也不可能无限延长。有的企业将评估周期统一规定为三个月，每个季度初提出招聘需求（其他时间不开放招聘需求窗口），只要三个月内到岗，即视为满足了招聘的及时性要求。这种方法操作简单，但显然不甚合理，某些市场稀缺的关键人力资源可能不是三个月就能招聘到岗的，而一些初级岗位可能相对很容易招聘到岗，根本不需要三个月。如果在每个季度的其他时间，比如季度中期，某关键岗位员工跳槽，而此时用人部门又不能提出招聘需求的话，必然导致岗位空缺期延长，企业损失增加。还有的企业使用平均职位空缺时间（职位空缺总时间÷补充职位数×100%）作为考察招聘及时性的标准，反映平均每个职位空缺多长时间后新员工才能补缺到位。比如一家企业招聘10个初级职位和1个高级职位，前者20天招聘到岗，后者耗时6个月，那么总的平均职位空缺时间是34.5天，但这个时间其实对今后的招聘并没有太大的参考价值，无法为缩短高级职位的招聘周期提供明确可行的建议。而且每次招聘的具体职位都可能不同，其平均职位空缺时间自然也不一样，相互没有可比性，不能作为衡量招聘时间效率的标准。一个比较好的做法是以岗位的分类分层为基础，参考当地同行标准，结合本企业实际情况和过去不同职位的实际招聘时间为每个类别、每一层级的职位确定一个合适的职位平均空缺时间，并将其作为考察招聘及时性的标准，以反映各职位平均空缺多长时间才能补缺到位。显然，该指标越小，说明招聘效率越高。

8.3.4 招聘信度和效度评估方法

招聘方法的信度与效度评估是指检验招聘过程中所使用的各种测评方法的正确性与

有效性，有利于提高招聘工作质量。

1. 信度评估

信度主要是指测试结果的可靠性或一致性，简单地说就是指用测试法得到的测试结果的稳定性和一致性程度，即反复测试总是能得出同样的结论。稳定性和一致性程度越高，说明测试方法的信度越高；否则就意味着测试方法的信度低。例如，我们用一把尺子来测量某人的身高，结果为170cm；第二天我们再来测量，发现结果变成了175cm，一个人的身高是比较稳定的，一天之内不可能发生这么大的变化，这说明这把尺子的测量结果稳定性比较差，也就是说它的信度比较差。

对信度的测量通常采用稳定系数、等值系数、内在一致性系数三种指标。稳定系数是指用同一种方法对同一（组）应聘者在两个不同时点进行测试的结果的一致性。一致性大小可用两次结果之间的相关系数来测定。相关系数的高低既与测试方法本身有关，也与测试因素有关。此法不适用于受熟练程度影响较大的测试，因为应聘者在第一次测试中可能会记住某些测试题目的答案从而提高第二次测试的成绩。

等值系数是指对同一应聘者使用两种对等的、内容相当的测试结果之间的一致性。例如，如果对同一应聘者使用两张内容相当的个性测试量表进行测试，结果应当大致相同。

内在一致性系数是指将对同一（组）应聘者进行的同一测试分为若干部分加以考察，各部分所得结果应具有一致性。此外，还有评分者信度，即不同评分者对同一对象进行评定时所给分数的一致性。例如，多个考官在同一次面试中使用同一种工具给同一个被试者打分，如果所给的分数相同或相近，则这种工具具有较高的评分者信度。当然，在使用这一指标时应排除评分者主观偏差引起的测评误差。

2. 效度评估

效度即有效性或准确性，是指实际测试到的应聘者的有关特征与想要测试的特征的符合程度，也就是指在多大程度上能测量出要测的内容。如果测量出要测内容的有效程度比较高，说明测试方法的效度比较高，反之就表明测试方法的效度比较低。例如，如果用英语试卷来测试求职者的人力资源管理知识，那么这份试卷就是低效度的，因为当某个求职者的成绩比较低时，并不能说明它的人力资源管理知识不够，这有可能是由于求职者的英语水平较低才导致他无法回答出问题。但是如果我们用这份试卷连续测试其几次，发现总是这名求职者的成绩最差，那说明这份试卷的信度较高。效度检测一般有预测效度、内容效度和同侧效度三种指标。

预测效度是指测试方法用来预测将来行为的有效性。将应聘者在被雇用之前的测试分数与被雇用之后的实际工作绩效进行比较，两者的相关程度越高，说明测试方法的效度越高。以后可根据此法来评估和预测应聘者的潜力。反之，说明此法在预测人员潜力上效果不大。例如，企业使用某种测试方法进行员工的选拔录用，甲在测试中的分数比乙高，但是录用之后经过一段时间发现，在相同的条件下，乙的工作绩效却比甲好，这就说明该测试方法的效度不高。

内容效度，即测试方法能真正测出要测内容的程度，可以将测试内容与实际工作绩效进行比较，两者的相关程度越高，说明这种测试方法的内容效度越高。内容效度主要考察所用的方法是否与想测试的特性有关，如招聘一个打字员，如果使用打字速度和准确性作为测试方法，那么它的内容效度就比较高；如果用计算机维修技术作为测试方法，它的内容效度就比较低，因为计算机维修技术并不是打字员的工作职责。内容效度的检验主要采用以下方法，首先要在工作分析的基础上，确定从事某一职位所必备的工作行为，然后再判断测试的内容是否能够准确代表这些行为。与预测效度不同，内容效度不涉及测试的成绩。内容效度多应用于知识测试与实际操作测试，而不适用于测试能力和潜力。

同侧效度是指对现有员工实施某种测试，然后将测试结果与员工的实际工作绩效考核得分进行比较，若两者的相关系数很大，则说明此测试效度很高。例如，已知甲的工作绩效比乙好，用某种测试方法对他们进行测试，发现甲的成绩就是比乙高，说明这种测试方法的效度比较高，反之则认为该测试方法的效度较低。

运用同侧效度测量测评方法的效度虽然省时省力，但该方法也存在固有缺陷。这种效度是根据现有员工的测试结果得出的，而现有员工所具备的经验、对组织的了解等，是应聘者所无法具备的。因此，应聘者有可能因缺乏经验而在测试中得不到高分，从而被错误地判断为没有潜力或能力。其实，他们若经过一定的培训或锻炼，完全有可能成为称职或优秀的员工。虽然在理论上信度和效度评估对于评价一种测评方法的有效性十分有效，但信度和效度评估对数据的收集与积累要求较高，因此在企业实践中信度和效度评估往往被忽略。

8.3.5 招聘成本收益评估方法

1. 招聘成本评估

（1）招聘成本的内容。招聘成本评估是对招聘工作中的各项支出进行评估，即对招聘中的费用进行调查、核实，并对照预算进行评价的过程。对招聘工作的成本进行评估，是员工招聘过程中不可缺少的重要阶段，包括招募、选拔、录用、新员工安置以及新员工岗前培训等环节发生的费用。

1）招募费用。招募费用是为吸引和确定企业所需内外人力资源而发生的费用，主要包括招募人员的直接劳务费用（工资与福利），直接业务费用（咨询费、广告费、宣传费、差旅费等），间接管理费用（行政管理费用、场地租赁费用等）。招募费用既包括在企业内部或外部招募人员发生的费用，同时也包括吸引未来可能成为企业成员人选的费用，如委托教育机构进行人才培养的费用、奖学金费用以及各种宣传费用。

2）选拔费用。选拔费用由对应聘人员进行鉴别选择，以做出录用决策过程中所支付的费用构成。在一般情况下，主要包括以下几个方面的费用：初步口头面试，进行人员初选；应聘者填写求职者工作申请表，并汇总资料；进行各种知识测试与心理测验；进行诊断性面试，内部选拔人员现有工作情况调查，提出评价意见；根据应聘者的资料、知识测试成绩、心理测验结果、面试中的表现和调查评价意见等，召集相关人员座谈录用人选，对录用人员进行背景调查，获取有关证明材料，通知背景调查合格者体检，通知体检合格者录用信息。

3）录用费用。录用费用是指经过招募选拔后，把合格人员录用到企业中所发生的费用。录用费用包括录取手续费、调动补偿费、搬迁费和旅途补助费等由录用引起的有关费用，以及在人员录用中与前一任职单位之间的合约纠纷可能产生的费用等。

4）安置费用。安置费用是为安置已录取员工到具体工作岗位上所发生的费用，包括安排新员工的工作所必须发生的各种行政管理费用、为新员工提供工作所需的设置条件、欢迎新员工入职的相关费用以及录用部门因安置人员所损失的时间成本等费用构成。

5）适应性培训费用。适应性培训费用也称新员工培训费，是企业对上岗的新员工在企业文化、规章制度、基本知识和基本技能等方面进行培训所发生的费用。适应性培训费用由培训和受培训者的工资、培训和受培训者离岗的人工损失费用、培训管理费用、资料费用和培训设备折旧费用等组成。

（2）招聘成本评估的方法。招聘成本评估一般分为两个步骤，一是核算招聘成本，二是将核算后的实际花费成本与招聘预算成本相比较，如果实际成本超过了预算成本则可以认为该次招聘超支。招聘成本的核算可分为直接成本核算和间接成本核算两个部分。

直接成本就是招聘中实际花费的成本，直接成本核算就是对招聘预算中的相关项目，列出招聘的实际支出，并加以计算和评估。员工招聘的直接成本是直接的费用支出，因此，可以以货币单位加以核算。

间接成本是招聘中所花费的其他不能直接用货币形式衡量的成本。由于此部分成本不是直接花费，因此只能估算。由于此部分成本只能间接估算，不能准确衡量，因而许多企业在成本核算时往往会忽略此部分成本。对于有条件的企业，在员工招聘尤其是高级人才招聘时，要注意招聘中的无形成本支出，以便规范组织员工招聘的成本行为，有效地控制员工招聘的总成本。

招聘成本核算完毕后，将核算的每一项具体成本与招聘预算相比较，用以判断具体支出项目的合理性。比如实际核算的广告费与招聘预算中的广告费相比较，如果实际核算的广告费远远大于招聘预算中的广告费，则要对招聘预算和招聘过程中的广告进行再审视，弄清楚是招聘预算不准确，还是招聘过程中广告费出现了"浪费"，据此对招聘费用进行合理评价，为下一次招聘提供建议。

2. 招聘收益评估

招聘工作投入了资金，对其进行产出评价就是对收益的量化考核。一般来说，新员工充实到企业后，招聘工作基本结束。但从长远来看，招聘是一个具有延续性的工作。新员工入职后，不仅能够完成基本要求的工作，为组织创造出预期的收益，同时随着新员工潜力的发挥，还要能够创造出更多的新价值。招聘的收益价值可以在新员工入职后，以其在某岗位上所做出的业绩、利润或以其他方式进行绩效考评得到的结果来衡量，也可以与历史同期或同行业的标准做比较，来确定招聘该员工的收益。同时，可以通过招录的新员工为企业带来的直接经济利益、企业产品质量改善、市场份额增长的幅度、市场竞争力的提高及未来支出的减少等各个方面来衡量。另外，招聘广告除了能吸引符合要求的求职者外，也能引起部分消费者的关注，因此，在这里计算招聘投资效益时，有必要将广告的效应加以考虑。

（1）招聘收益成本比。招聘收益分为招聘总收益和招聘净收益两个部分。假设企业员工的薪金收入完全代表员工对企业所做出的贡献，则招聘总收益可以用公式表示为：

$$招聘总收益 = \sum_{n=1}^{i} W_n$$

式中，i 为实际招聘人数；W_n 为第 n 个被录用员工的考核期限预期或当期的总报酬，可以月或者年为计算周期。

$$招聘净收益 = 招聘总收益 - 招聘费用$$

$$招聘成本收益率 = \frac{招聘总收益}{招聘费用} \times 100\%$$

（2）留职 n 年或以上的员工的数量或百分比。该比例说明企业招聘录用人员的适合度以及稳定性。一般来说，在企业工作的时间越长，说明该员工接受的培训、考核越多，为公司的贡献越大，招聘收益越高，反之亦然。

$$留职 n 年或以上员工百分比 = \frac{留职 n 年以上员工人数}{本批招聘总人数} \times 100\%$$

（3）业绩优良新员工的数量或百分比。该比例说明所招聘的新员工的优秀率，该比例越大，说明新员工总体素质、能力较强，可能为公司创造更多收益，反之亦然。

$$业绩优良新员工百分比 = \frac{业绩优良新员工人数}{本批招聘总人数} \times 100\%$$

（4）新员工晋升百分比。该比例说明所招聘的新员工获得晋升的比率，该比例越大，说明新员工的综合素质越高，潜力发挥越充分，对企业的贡献度越大。

$$新员工晋升百分比 = \frac{新员工晋升人数}{本批招聘总人数} \times 100\%$$

（5）被推荐候选人中被录用且业绩突出比。该比例反映了新员工被录用后的实际工作表现，该指标具有较强的说服力，新员工通过实际业绩说明其为公司创造的价值，并反映出招聘工作的后期效果良好与否。

$$被推荐候选人中被录用且业绩突出比 = \frac{业绩突出员工数}{被推荐候选人总数} \times 100\%$$

（6）招聘渠道的效益评估。有时为了衡量每一种招聘渠道的成本效益，为企业找到一种成本效益比最高的招聘渠道，还需要对每一种招聘渠道进行效益评估。通常采用从每种招聘渠道所吸引的应聘者数量、每个合格应聘者的成本以及每种渠道来源的应聘者中优秀者的数量等几个方面对招聘渠道的效益进行评估，为组织找到最经济、效率最高的招聘渠道组合。

以上介绍了招聘收益（效益）的评估方法，但值得注意的是，以上所用的招聘收益的衡量均是相对指标，并不是新员工带来的企业额外收益的具体量化。因为，新员工为企业所创造的收益通常是多种因素共同作用的结果，很难把新员工创造的额外收益单独剥离出来。也正因如此，许多企业在评估企业招聘收益的时候会采用相对容易操作的替代性方法。

招聘评估实际上是对招聘人员工作成效的评估，在实践中也有许多企业采用新员工满意度来衡量招聘的成效。新员工满意度指标分为新员工对招聘工作的满意度比和新员工对企业的满意度比两种。

$$新员工对招聘工作的满意度比 = \frac{对招聘工作满意的员工数量}{本批招聘总人数} \times 100\%$$

$$新员工对企业的满意度比 = \frac{对企业满意的员工数量}{本批招聘总人数} \times 100\%$$

求职者是企业招聘过程的全程参与者，由于身份和地位的差别，他们对招聘效果有着不同的看法。因此，招聘结束后，对录用的员工和没有录用的员工进行抽样调查，了解他们对于企业招聘的有效性和科学性的看法，是十分必要的。由于求职者的身份地位不同，往往能较真实地反映企业招聘中存在的问题，特别是没有录用的求职者，他们的看法较为客观。从企业来说，如果企业招聘活动在求职者眼中是高效、公正和科学的，那么也有利于企业形象的建设。可以采用新员工对招聘工作进行满意度评价，"满意"与"比较满意"的比例越高，说明新员工对企业招聘工作的认可度高，可以在一定程度上反映招聘人员的工作情况。当然在采用满意度调查时，还往往会设计不足和建议模块，征求新员工对改善企业招聘工作的建议。

新员工对招聘工作的满意度是对招聘过程的评估，而新员工对企业的满意度则是对招聘效果的一种衡量。企业在进行新员工满意度调查时，对企业总体"满意"和"比较满意"的新员工的数量越高，说明新员工对企业的认可程度越高，员工则越有可能表现出较好的工作状态和绩效，企业招聘的整体效果就越好。

8.4 招聘评估方案设计和招聘评估报告

8.4.1 招聘评估方案设计

一般来说，在进行招聘评估之前应先设计招聘评估方案，用以说明招聘评估的目的、招聘评估的依据、招聘评估的内容、招聘评估的方法等。因为不同企业招聘评估的内容和重点会有所不同，但都不会脱离本章所介绍的内容，因而对于如何设计招聘方案本书不做详细阐述，仅以某企业的招聘评估方案为样本，供大家参考。

<h2 style="text-align:center">招聘效果评估方案（样本）</h2>

一、招聘评估目的

1. 检验招聘工作的成果与招聘方法的有效性程度
2. 下次招聘工作的改进

二、招聘评估工作小组构成

招聘工作评估小组由人力资源部经理、招聘工作人员及用人部门的负责人组成。

三、评估内容

（一）招聘需求完成情况

1. 招聘完成率

$$招聘完成率 = \frac{新入职人数}{计划招聘总人数} \times 100\%$$

2. 招聘周期

招聘周期是指从提出招聘需求到人员实际到岗之间的时间。

（二）招聘成本评估

1. 单位招聘成本

招聘成本是指为吸引和确定企业所需要的人才而支出的费用，主要包括发布招聘广告、差旅、参加招聘会租用展位、甄选等产生的招聘费。

$$单位招聘成本 = \frac{招聘费用}{招聘新员工人数} \times 100\%$$

2. 选拔成本

选拔成本由对应聘人员进行人员测评与选拔，以做出决定录用与否时所支付的费用构成。

（三）招聘渠道有效性评价

1. 通过各招聘渠道发布招聘信息引发申请的数量：应聘比

$$应聘比 = \frac{应聘人数}{计划招聘人数} \times 100\%$$

2. 可供筛选的候选人数量：可录用比

$$可录用比 = \frac{各种测试通过人数}{合格应聘人数} \times 100\%$$

式中，各种测试通过人数为通过企业甄选各种测评过程进入最后录用候选的人数，合格应聘人数为通过简历或应聘表筛选之后的初步合格人数。

（四）招聘过程与应聘者的沟通有效性：报到率

$$报到率 = \frac{实际报到人数}{发放录取通知书人数} \times 100\%$$

（五）新招聘员工的质量与稳定性：转正率

$$转正率 = \frac{转正人数}{实际报到人数} \times 100\%$$

转正人数为通过试用期考核正式转正的新员工数量，试用期为 2 个月。

（六）用人部门满意度

用人部门满意度主要从信息沟通反馈的及时性、提供人员的适岗程度、招聘分析的有效性等方面进行综合评估。

四、招聘效果评估数据来源

1."人力资源补充月报 1：招聘工作分析"。
2."人力资源补充月报 1：招聘人员明细"。
3."人工费用月报：招聘费"。
4.各部门提交的"招聘申请表"。
5.员工试用期转正记录。

五、评估总结

招聘工作结束后，招聘工作的主要负责人撰写招聘工作评估报告，报告应真实地反映招聘工作的过程，为企业下一次的招聘工作提供经验。

六、附件

附件一："2016 年招聘效果评估表"
附件二："2017 年招聘效果评估表"

8.4.2 招聘评估报告

招聘评估报告有时会被变通称为招聘总结、招聘小结等。报告一般包括招聘的整体情况介绍、招聘过程状况、招聘结果状况、改进建议等内容。本章对于如何写作招聘评估报告不做详细介绍，仅以某企业招聘评估报告为样本，供大家参考学习。

招聘评估报告（样本）

目　录

一、评估目的 ··· 246
二、评估内容和方法 ··· 246
　　招聘数量评估 ··· 246
　　招聘质量评估 ··· 246
　　招聘成本评估 ··· 246
　　招聘时间评估 ··· 246
　　招聘渠道对比分析 ··· 246
　　招聘广告分析 ··· 247

三、甄选工作评估 ·· 247
甄选时间评估 ·· 247
甄选质量评估 ·· 247
四、录用工作评估 ·· 247
录用总成本评估 ·· 247
录用质量评估 ·· 247
五、其他评估 ·· 248
六、招聘活动总结 ·· 248
七、经验总结 ·· 248

一、评估目的

企业对招聘方案的评估有利于检验招聘计划的有效性，有利于正确评估招聘人员的工作业绩，有利于提高招聘工作质量，有利于降低招聘费用，有利于发现企业内部的一些管理问题。根据公司招聘管理制度的要求，对本次招聘全面评估总结如下。

二、评估内容和方法

招聘数量评估

本次招聘会以校园招聘会的开展形式面向广大毕业生，不仅给毕业生提供了一个就业的平台，有利于其个人目标的实现，而且这些毕业生的入职可以为公司注入新鲜血液，促进公司目标的实现。本次计划招聘的人数相对较多，达到24个，因此吸引了不少毕业生前来投递简历，最终收到简历523份，录取24名新员工。

招聘质量评估

本次招聘的最终目的是录用合适人才，根据初审合格率、复审合格率、录用比综合分析招聘效果为相对满意，目前这些新员工基本上都能胜任所在岗位工作。

招聘成本评估

本次招聘成本主要由两个部分构成，一是发生在招聘人员身上的费用，包括住宿费、餐饮费等；二是发生在招聘对象方面的费用，包括宣传海报的费用、设备器材方面的费用等。对此次招聘成本的评估，我们不仅关注这些数字，还考虑到外部经济环境和招聘工作的质量。将招聘成本与预算成本、行业成本和企业历史成本比较，实际成本低于预算成本和行业成本，应该说招聘小组的成本控制还是令公司比较满意的。

招聘时间评估

本次招聘会于11月26日至11月27日在中国某著名高校（此处省略学校名）召开，要在两天的时间内招聘到一定数量的合格应聘者，这确实给了招聘小组不少压力。招聘小组充分认识到由于岗位职责的不同，所需的时间也不同，因此花了大量时间在招聘销售经理和服装设计师上。

招聘渠道对比分析

采用外部招聘会的形式，虽然在招聘成本和招聘时间以及招聘的准确度方面不如内部招聘，但是外部招聘面向范围广，招聘数量方面明显处于优势。招聘会虽然是校园招聘会的形式但还是有一大部分社会青年在此期间向我们投来简历，这样就解决了中高层管理岗位以及一些需工作经验方能上岗的人才空缺问题。

招聘广告分析

招聘广告是企业快速有效发布招聘信息的载体，招聘广告的成效好不好，主要取决于广告媒体的选择和广告内容的设计。此次广告内容由设计部人员设计，由公司高管审核通过再由专业广告公司制作。可见公司对宣传广告的重视，事实也显示公司的宣传广告在一方面确实吸引了更多求职者。

三、甄选工作评估

人员甄选是一个复杂的过程，它由筛选应聘者材料、面试、终审组成。这个过程对于招聘工作的成效主要体现在四个方面：一是甄选时间，二是甄选质量。所以，对于甄选工作成效的评估从上述两个方面展开。

甄选时间评估

为了使招聘的人员尽早上岗，招聘小组加快了甄选的速度，尽可能快地挑选出符合岗位要求的人员，让其走上工作岗位、发挥作用。甄选时间主要用于筛选应聘者材料、知识、技能、经验、人品等，因招聘岗位、甄选对象、甄选人员的不同而花费的时间也不同。小组成员从诸多简历中甄选出面试者保证了后期活动的开展，体现了小组成员对甄选时间的把握。

甄选质量评估

甄选质量体现在人员录用后，新员工进入公司的稳定性、成长性及业绩状况。整体上来看大部分员工都能适应公司的环境，全心地投入工作，在此期间未出现重大违规违纪现象，由此可见本次招聘的质量良好。

四、录用工作评估

录用工作主要包括拟录用人员的背景调查、体检、录用报到手续办理、劳动合同签订、入职培训等。录用工作的评估主要从录用总成本和录用质量两方面展开。

录用总成本评估

录用总成本由录用成本和安置成本组成。录用成本是指公司把通过甄选的合适人员录用到公司中发生的费用。录用成本主要有录用手续的办理费、旅途补助费和违约补偿金等。安置成本是指为了让被录用人员到具体的岗位上好好开展工作而支出的一些费用，主要有行政管理费等。从总体来看本次招聘的录用总成本都在可控范围之内。

录用质量评估

录用质量的高低，直接取决于录用工作的执行情况，即录用候选人的背景审查、体检、录用手续的办理、劳动合同签订和入职培训等。新员工的满意度能反映新员工对工作满意与否的程度，从对部分新员工的调查来看，员工的满意度总体较高。

五、其他评估

招聘总成本评估

招聘总收益评估

招聘总成本效用评估

六、招聘活动总结

根据公司人员需求协调会决议，公司准备于 11 月 26 和 11 月 27 日在某高校招聘 24 名不同岗位员工，专门组成招聘小组由公司人事行政部经理全权负责。计划招聘 24 人，实际上岗 24 人，录用人员如期上岗。总体来说招聘工作取得圆满成功。

七、经验总结

本次招聘的成功之处主要有：招聘工作的说明书做得专业，招聘政策的制定符合市场行情，招聘计划具有很好的指导价值；招聘广告效果很好，吸引了大量求职者；应聘者的专业素质都很高；新员工外出培训的组织工作做得好，员工满意度很高。不足之处是：虽然招聘 24 人，但是离公司的要求还有差距，下次应该增加替补人选。

学习建议

在本章的学习过程中，大家应该把重心放在招聘评估的内容和方法上，掌握招聘效果评估的一般内容和实现方法，知晓招聘评估的一般流程，能够对一次小型招聘效果进行评估，了解影响招聘效果的因素。

【本章重点】

招聘评估的内容和方法、招聘数量评估、招聘质量评估、招聘过程评估、招聘评估方案设计、招聘评估总结报告。

【本章难点】

招聘评估的内容和方法。

核心概念

招聘评估、招聘成本评估、招聘效率评估、录用人员效果评估、数量评估、质量评估、时间评估、招聘成本、招募费用、甄选费用、安置费用、录用费用、招聘收益、招聘质量、评估方案、评估报告。

课后思考与练习

1. 招聘评估的内容有哪些？
2. 招聘评估的标准有哪些？
3. 哪些因素会影响招聘评估的结果？

4. 招聘质量评估的方法有哪些？
5. 你认为招聘数量评估和招聘质量评估哪一个更为重要？为什么？
6. 为什么评估招聘效果前要制订招聘评估方案？
7. 如何撰写招聘评估报告？一般包括哪些内容？

实训应用

实训项目：招聘评估总结报告

实训目的：通过实训使学生掌握招聘评估的一般内容和方法，能够针对不同的招聘形式选定招聘评估内容。

实训内容：中国晨逸集团是全球大型家电第一品牌，目前已从传统制造家电产品的企业转型为面向全社会孵化创客的平台。在互联网时代，晨逸集团致力于成为互联网企业，颠覆传统企业自成体系的封闭系统，变成网络互联中的节点，互联互通各种资源，打造共创共赢新平台，实现利益相关方的共赢增值。2018年，根据公司业务发展需要，面向全球进行招聘。首先根据集团年度人力资源规划制订了招聘计划，大体内容包括：①招聘总人数250人，分公司总经理5人，各省区负责人21人，高级技术人员50人，储备干部174人。拟选择招聘渠道有猎头公司（招聘预算30万元）、校园招聘（招聘预算50万元）、大型招聘会（招聘预算15万元）。②招聘时间从2018年5月5日至8月8日。在招聘过程中实际花费费用如下，校园招聘广告费1.5万元，支付猎头公司费用45万元，招聘会广告费5 000元，校园招聘差旅费15万元，学生笔试、面试、测试等费用共花费16万元，学生体检、背景调查、入职等共花费10万元，为新招聘学生准备办公资料等共花费10万元；与猎头公司谈判共花费直接和间接费用2万元，参与猎头公司组织的人员测试共花费5万元，为分公司总经理准备办公场所和办公资料共花费15万元。参加大型招聘会共花费16万元；通过大型招聘会收集简历5 600份，初步筛选花费2万元，笔试、面试和测试共花费23万元，最后进入录用程序的为100人，发出录取通知书100份，实际报告人数为80人。

最终录用上岗人数为分公司总经理5人，各省区负责人20人，高级技术人员45人，储备干部180人。分公司总经理入职报到时间为2018年10月10日，各省区负责人入职报到时间为2018年9月10日，高级技术人员的入职报到时间为2018年9月10日，储备干部的统一入职时间为2018年7月1日。

请据上述提供材料，为本次招聘做详细评估，并编写评估报告。

章末案例

案例1

2017年6月，一家IT公司的人力资源部进行了用人部门人才需求调查，共得到35

个岗位需求，公司通过中华英才网和当地报纸发布了招聘信息，共收到简历520份，通过简历筛选，公司按照5∶2的比例选定了210个求职者进行笔试，按照2∶1的比例选定了105个求职者进行面试和心理测试，历时25天，共录取了29名合格的求职者，但最终只有24名求职者来公司报到并签订了劳动合同，这24名新员工在2007年年底的绩效考评中，23名为优秀，1名为良好。

问题：
你认为应从哪些方面对案例1的招聘进行评估？

案例2

华夏公司为了加强销售工作，从2017年3月开始招聘销售经理，通过层层选拔，采用了笔试、面试、性格测评，还请了大学教授设计了情景面试程序，终于选拔出了一位合格的销售经理，花费将近2万元。该销售经理上任后倒也称职，但半年后辞职，带走了公司一半的客户，使公司遭受巨大损失。

问题：
你认为案例2失败的原因是什么，应如何通过招聘评估避免此事件的发生？

案例3

王某是高新建筑公司的招聘专员，去年，高新建筑公司通过网络、现场招聘和熟人推荐等方式共招聘了40多名员工。年底，小王通过对招聘工作的总结发现，在网络招聘中，每100份简历才可以找到一两位合适的候选人，并且很多并不是真正想找工作，只是看看，他们大多是文秘、管理类的求职者；现场招聘收到的简历中具有较强的土木工程经验，求职意愿也较强烈的求职者比较多；熟人推荐的求职者则两极分化比较明显。

问题：
1. 你认为案例3中招聘信息的发布媒体选择是否合适，为什么？
2. 外部招聘有哪些招聘媒介可供选择，各自的优缺点是什么？

案例4

优优集团人力资源部对近三年来引进的员工的工作绩效与招聘过程中的面试、笔试、心理测试成绩进行了分析。结果发现，销售类员工的工作绩效与面试评价的正相关程度较高，与笔试成绩的相关程度不高，而专业技术人员的工作绩效与面试成绩没有显著的相关关系，与笔试成绩呈正相关。心理测试结果有的十分准确，有的则不甚准确，甚至与个人表现相反。

问题：
你怎么看案例4中所用的选拔测评方法？是否需要改进，如果需要，如何改进？

案例5

从事手机研发工作的小张通过网络得知异地某知名企业招聘一名研发人员，于是打电话过去询问，对方在简单沟通后约小张去公司面试，并承诺报销往返车费。小张于是前往公司应聘，该公司在简单问了几个问题后告诉小张三天后给予答复，三天后小张打电话询问，对方称再等几天，小张只好先返回居住地。刚到家，对方又让他去复试。复试结束后对方跟他说我们只想招一个一般的，你太优秀了，我们要考虑考虑，然后承诺会邮寄路费给他。小张回来后从此未收到该公司的任何消息，于是十分气愤，在多个人力资源管理论坛发帖揭露该公司的荒唐招聘。

问题：

1. 你认为案例 5 中问题发生的根源是什么？
2. 如何借用求职者的评价对招聘进行评估？

相关链接

全国大学生创业服务网：http://cy.ncss.org.cn/
全国大学生就业公共服务立体化平台：http://www.ncss.org.cn/
中国人才网：http://www.cnjob.com/
中华英才网：http://www.chinahr.com/
智联招聘：http://ts.zhaopin.com/
前程无忧：http://www.51job.com/
中国人力资源网:http://www.hr.com.cn
中国人力资源开发网：http://www.chinahrd.net
中国外语人才网：http://www.jobeast.com/
中国汽车人才网：http://www.carjob.com.cn/
猎聘网：http://www.liepin.com/
人力资源总监：http://cho.icxo.com/
中国服装人才网：http://www.cfw.cn/
IT 英才网：http://it.800hr.com/
应届生求职网：http://www.yingjiesheng.com/
过来人求职网：http://www.guolairen.com/
中国教育在线：http://www.eol.cn/

参考文献

[1] 冯海艳.我国企业人才招聘现状及趋势研究[J].中国外资,2014(5):1-3.

[2] 毕蕾.企业有效招聘对策浅析[J].现代商业,2010(24):210.

[3] 冉斌,李雪松.人是最重要的:员工招聘六步法[M].北京:中国经济出版社,2004.

[4] 孙健敏,彭文彬.无领导小组讨论的设计程序与原则[J].北京行政学院学报,2005(1):35-40.

[5] 李红英.无领导小组讨论评分环节的设计[J].中国人力资源开发,2009(7):45-48.

[6] 张世娟,冯江平.角色扮演测评技术的研究与发展[J].教育研究与实验,2009(3):89-92.

[7] 张世娟.角色扮演技术在中层管理人员选拔中的应用演讲[D].昆明:云南师范大学,2007.

[8] 唐镶,史珍珍.企业招聘效果评估研究[J].中国人力资源开发,2011(3):10-14.

[9] 肖洁.招聘效果评估体系研究[J].经济管理,2016(5):2-5.

[10] 张四龙.招聘效果评估的实施策略[J].中国人力资源开发,2012(9)42-46.

[11] 杰夫·斯玛特,兰迪·斯特里特.哈佛商学院最有效的招聘课[M].任月园,译.广州:广东人民出版社,2015.

[12] 戴尔.员工招聘与选拔[M].李铮,韩颖,译.北京:中国轻工业出版社,2009.

[13] 王丽娟.员工招聘与配置[M].上海:复旦大学出版社,2012.

[14] 王慧明.员工招聘[M].北京:清华大学出版社,2015.

[15] 杨倩.员工招聘[M].西安:西安交通大学出版社,2012.

[16] 迪迪·多克.员工招聘[M].徐湲植,译.北京:世界图书出版社,2011.

[17] 王挺,寇建涛.员工招聘[M].北京:北京大学出版社,2012.

[18] 张颖崑.招聘管理实务[M].北京:中国物资出版社,2010.

[19] 葛玉辉.招聘与录用管理[M].北京:清华大学出版社,2014.

[20] 董福荣,赵云昌.招聘与录用[M].大连:东北财经大学出版社,2006.

[21] 蒂姆·欣德尔.招聘技巧[M].高效云,张晨励,译.上海:上海科学技术出版社,2000.

[22] 廖泉文.招聘与录用[M].北京:中国人民大学出版社,2002.

[23] 马克斯·梅斯梅尔.招聘计划[M].王宝,译.海口:海南出版社,2002.

[24] 戴维·沃克.招聘艺术[M].龚晔,译.北京:中国社会科学出版社,2001.

[25] 纪新华.招聘与应聘[M].佛山:南海出版社,1998.

[26] 边文霞.员工招聘实务[M].北京:机械工业出版社,2011.

[27] 姚裕群.员工招聘与配置[M].北京:清华大学出版社,2016.

[28] 黛安娜·阿瑟.员工招聘与录用(原书第5版)[M].卢瑾,张梅,李怡萱,译.北京:中国人民大学出版社,2015.

[29] 李丽娟,张骞.员工招聘与录用实务[M].北京:中国人民大学出版社,2015.

[30] 赵淑芬.员工招聘与甄选实务手册[M].北京:清华大学出版社,2013.

[31] 李旭旦,吴文艳.员工招聘与甄选[M].上海:华东理工大学出版社,2009.

[32] 宋艳红.员工招聘与配置[M].北京:北京理工大学出版社,2014.

[33] 贺清君.招聘管理从入门到精通[M].北京:清华大学出版社,2015.

[34] 于海波.员工招聘与素质测评[M].北京:对外经济贸易大学出版社,2009.

[35] 张震.浅析角色扮演在小组工作中的应用[J].人才资源开发,2016(8):116.

[36] 张小兵,孔凡柱.人力资源管理[M].2版.北京:机械工业出版社,2013.

[37] 廖泉文.招聘与录用[M].3版.北京:中国人民大学出版社,2015.

[38] 王贵军.招聘与录用[M].3版.大连:东北财经大学出版社,2015.

[39] 刘葵.招聘与录用实务[M].2版.大连:东北财经大学出版社,2016.

[40] 赵曙明.招聘甄选与录用[M].北京:人民邮电出版社,2014.